العمائر الدينية في المغرب الأوسط

د/مبارك بوطارن

نشر هذا الكتاب بدعم من وزارة الثقافة-الجزائر-

في إطار تظاهرة تلمسان عاصمة الثقافة الإسلامية 2011

مؤسسة كنوز الحكمة

Kounouz El-Hikma

للنشر و التوزيع

◆◆◆◆◆

العمائر الدينية في المغرب الأوسط

◆◆◆◆◆

د/مبارك بوطارن

رقم الإيداع القانوني:865 -2011

العنوان: حي الشمس الضاحكة عمارة (أ) الأبيار – الجزائر

الهاتف فاكس ☎021.79.96.21 / الجوال 📱213.0770300866

elhikma_enslsh@yahoo.fr

مقدمة

كان انتشار الإسلام في بلاد المغرب نقلة عظمى في تاريخ المغرب العربي، فلم يلبث المغرب أن تحول منذ بداية القرن الثاني للهجرة إلى قطر إسلامي يدين بالإسلام ويصطبغ بالصبغة الإسلامية وذلك في جميع مناحي الحياة سواء أدبية أم مادية، كما أقيم فيه مصران هما القيروان وتونس كان لهما الأثر البالغ في تعريب البلاد ونشر الحضارة الإسلامية، وسرعان ما تعددت المدن الإسلامية المحدثة بالمغربين الأوسط والأقصى في القرن الثاني للهجرة، وأنشئت المساجد الجامعة، كما أقيمت الدور والقصور والأربطة، وأخذت العمارة الإسلامية في المدن المحدثة والمدن القديمة تصبغ على مر القرون بلاد المغرب طابعه الفريد.

أما موضوع هذا الكتاب فيتناول بالدراسة العمائر الدينية في المغرب الأوسط، فيما بين القرنين السادس والثامن الهجري، وهي فترة احتضنت ثلاث أسرات حاكمة هي: أسرة المرابطين و الزيانيين و المرينيين كما أن لهذه الفترة الزمنية أيضا أهمية خاصة في تاريخ المغرب الأوسط تتلخص في أن معظم مبانيها الدينية مازالت تحتفظ بمعالم عمارتها الأولى وأنها تمثل أيضا فترة الازدهار بالنسبة لفنون العمارة والزخرفة الإسلامية في بلاد المغرب الأوسط،

وأن دراستها تساعد على تسليط الضوء على الأنماط المعمارية والفنية لهذه الأعمال والتيارات الفنية والمعمارية التي تأثرت بها أو أثرت فيها.

ولا يعني تناولنا للعمارة الدينية المرابطية والزيانية والمرينية في المغرب الأوسط أنها لم تسبقها عمائر أخرى، فمما لاشك فيه أن المغرب الأوسط شهد في القرن الثاني الهجري (الثامن الميلادي) قيام مدينتين في المغرب الأوسط، الأولى هي مدينة تاهرت التي تم إنشاؤها على يد عبد المرحمن بن رستم سنة 144هـ على مقربة من مدينة تيارت الحالية والمدينة الثانية مدينة أجادير[1] الملاصقة لمدينة تلمسان الحالية (خريطة رقم1) التي دخلها إدريس الأول[2] غازيا في سنة 174هـ ـ 790م وأنشأ بها مسجدا جامعا لم يبق منه حاليا

---

1 ـ أنشأها البربر على أنقاض مدينة رومانية تسمى " بوماريا " وقد أطلقوا عليها تسمية أجادير التي يقصد بها الحصن أو القلعة نظرا للموقع الإستراتيجي الذي تتمتع به إذ تقع في سفح جبل الصخرتين الذي يحدها جنوبا، ويحيط بها نهر مشكانة شرقا . **راجع** : الشريف الإدريسي: نزهة المشتاق في ذكر الأمصار والأقطار والبلدان والجزر والمداين والآفاق، نشره دي غويه ودوزي، ليدن، 1894، ص 78.

2 ـ هو إدريس بن عبد الله بن حسن بن حسن بن علي بن أبي طالب، فر سنة 169هـ من المشرق قاصدا المغرب عقب الفتنة التي نشبت بين العلويين والعباسيين، استقر بالمغرب الأقصى وأسس به مدينة فاس التي اتخذها عاصمة لدولته. **راجع**: عبد العزيز سالم: تاريخ المغرب في العصر الإسلامي، مؤسسة شباب الجامعة، الإسكندرية، بدون تاريخ، ص 381.

إلا مئذنته التي ألحقت به في عهد بني زيان، وقد تبع إنشاء هاتين المدينتين في القسم الشرقي من المغرب الأوسط إنشاء عدة مدن نذكر منها مدينة سدراته التي أنشأها الخوارج الإباضية على مقربة من مدينة ورقلة الحالية بعد أن أرغمهم الفاطميون على الرحيل من تاهرت إلى أعماق الصحراء الجزائرية.

كما أنشأ زيري بن مناد الصنهاجي مدينة أشير في سنة 324 هـ ـ 936م، وبنو حماد[1] قلعة بني حماد أو قلعة أبي الطويل كما ذكرها البكري[2] ثم مدينة بجاية(خريطة رقم1)، وقد أسفرت الحفائر الأثرية التي أجريت

---

1 ـ يرجع نسب بنو زيري إلى زيري بن مناد الصنهاجي مؤسس الدولة الزيرية بأشير وأما بنو حماد فينسبون إلى حماد بن بلكين بن زيري أحد أحفاد زيري ابن مناد، ويذكر المؤرخون أن المعز لدين الله الفاطمي لما عزم على الانتقال من إفريقية إلى القاهرة استقدم بلكين بن زيري بن مناد وولاه أمر إفريقية والمغرب الأوسط مـما آثار غضب بعض قبائل زناته ـ فأوقع الزيريين في معارك طاحنة معهم دامت سنوات طويلة وسرعـان مـا إمتـد هذا الغضب إلى بعض أفراد الأسرة الزيرية نفسها.

ففي عهد أبي الفتح المنصور أدى انشغاله برد الأخطار المستهدفة للقيروان إلى تنكر عمـه لـه حـماد بن بلكين واستقلاله بالمغرب الأوسط، فخرج من أشير ونزل بالقرب من المسيلة وهناك اختط قلعة بني حماد، وبـذلك انقسمت الدولة الزيرية الصنهاجية إلى زيرية بقيادة أبي الفتح المنصور بالقيروان، ودولة بنو حماد بن بلكين في القلعة ثم بجاية (المرجع نفسه، ص 555).

2 ـ **البكري** : المغرب في ذكر بلاد إفريقية والمغرب، نشره دي سلان، باريس 1965 ص 49، 53، 54.

في هذه المدن عن الكشف عن بقايا مساجد وقصور لم تصل إلينا للأسف   في حالة طيبة، التي من خلالها كان من الممكن التعرف على الأساليب المعمارية والفنية السائدة آنذاك، ومع ذلك فقد أمكننا بفضل اللقى الأثرية التي تم العثور عليها التعرف على بعض الأساليب الزخرفية المستخدمة في هذه الفترة، كأساليب الزخرفة النباتية والهندسية التي تزدان بها أثار قلعة بني حماد مثلا والتي يغلب عليها طابع الفن البربري.

ومن أقدم المساجد التي ما تزال قائمة في المغرب الأوسط ـ وإن كانت قد تعرضت لكثير من التجديدات ـ ما يرجع إلى عهد الزيريين و الحماديين، فقد وصلت إلينا من هذه الفترة آثار ثلاثة مساجد تقع كلها في القسم الشرقي   من المغرب الأوسط، منها اثنان ما يزالان قائمان إلى الآن هما مسجد سيدي أبي مروان بعنابة والمسجد الجامع بقسنطينة، أما الثالث فهو مسجد قلعة بني حماد الذي لم يبق منه إلا المئذنة وأجزاء بسيطة من جدرانه. ولما كانت تلك المساجد ترجع إلى فترة سابقة على الفترة الزمنية التي نحن بصدد البحث فيها، فقد رأينا ضرورة التطرق إليها على نحو موجز، وهذا للتوصل إلى إبراز خصائص عمارتها، ومدى موافقتها لنمط العمائر الدينية المرابطية والزيانية، فمسجد سيدي مروان بعنابة يرجع تاريخ إنشائه إلى عصر الدولة الزيرية،

وتحديدا تم إنشاؤه في عهد الأمير المعز بن باديس (407 ـ 445 هـ/ 1016 ـ 1062م).

ويغلب على عمارة هذا المسجد الطابع المعماري لمساجد إفريقية (تونس) التي ترجع إلى القرن الثالث الهجري (التاسع الميلادي)، خاصة جامع صفاقس الذي يشبه هذه المساجد في كثير من عناصره المعمارية كاتساع البلاط الأوسط عن بقية بلاطات المسجد، واشتمال أسكوب المحراب على قبتين تشبه طريقة بنائهما القباب الصنهاجية والفاطمية التي ترجع إلى نفس الفترة والمتمثلة في القبة المفصصة التي شاع استخدامها في القرن الرابع الهجري (العاشر الميلادي).

أما جامعا قلعة بني حماد وقسنطينة فيرجع تاريخ إنشائهما إلى عصر بني حماد، فالجامع الأول أقيم في نهاية القرن الرابع الهجري، أما الجامع الثاني فيعود تاريخ بنائه إلى سنة (530هـ/1135م)، وعلى الرغم من تعرضهما لتجديدات تجعل من الصعب معرفة مخططهما الأول فإنه بدون شك يوجد من العناصر الفنية والمعمارية ما يجمعهما من حيث الشبه بمساجد إفريقية بحكم وقوع هذه المنطقة تحت حكم الزيريين الذين استخلفهم الفاطميون في الحكم بعد أن انتقلوا إلى مصر.

وكما أشرنا سابقا، فإن تشابه العناصر المعمارية وتماثلها في مساجد المغرب الأوسط التي ترجع إلى الفترة الزيرية و الحمادية مع مثيلاتها بمساجد إفريقية يعبر بصدق عن تأثرها بالأساليب المعمارية الإفريقية بصفة خاصة، والمشرقية على وجه العموم.

وفي هذه الأثناء وصل المرابطون الذين انطلقوا من المغرب الأقصى غازين المغرب الأوسط فاتخذوا من مدينة تلمسان حاضرة لهم في المغرب الأوسط وواصلوا سيرهم نحو الشرق إلى أن بلغوا مدينة الجزائر فكان هذا الحدث بداية لعهد جديد في تاريخ المغرب الأوسط، إذ أصبح اعتبارا من بداية هذه الفترة مقسما إلى قسمين: شرقي يتولاه الحماديون وأقاموا به مدنا تألقت فيها عمائرهم وتميزت بسيادة الأساليب الفنية والمعمارية المشرقية عليها، وقسم غربي: أصبح خاضعا لدولة المرابطين حيث اكتفوا فيه بإنشاء مدينة تاجرارت بجوار مدينة أجادير القديمة، ولم ينشئوا عقبها مدنا جديدة في المغرب الأوسط بل كانوا يحرصون على بناء المساجد في كل مدينة يدخلونها، فكان نصيب المغرب الأوسط ثلاثة مساجد هي: المسجد الجامع بمدينة الجزائر[1] ـ الحالية ـ والمسجد الجامع بتلمسان، والمسجد الجامع بندرومه، ثم خلفهم الموحدون

---

1 ـ وكانت تسمى في هذه الفترة بجزائر بني مزغنا نسبة إلى القبيلة التي كانت تسيطر على الناحية آنذاك .

الذين لم يسجلوا أي إنشاءات جديدة بالمغرب الأوسط، ثم جاء الزيانيون والمرينيون الذين تركوا لنا إلى جانب المرابطين مجموعة رائعة من العمائر الدينية التي بدراستها ستتضح لنا الرؤية حول طرزها المعمارية وأساليبها الزخرفية والتأثيرات التي خضعت لها.

وقد قسمت هذا الكتاب إلى خمسة فصول، مهدت لكل منها بمقدمة تاريخية استعرضت فيها نسب الأسرة الحاكمة وكيفية وصولها إلى الحكم وأنهيت كل فصل بملخص موجز تعرضت فيه لأهم النتائج.

هذا وقد اعتمدت في دراستي لهذه العمائر الدينية كلها على أساسين الأول: هو الدراسة النظرية إذ استندت فيها إلى المادة العلمية التي استقيتها من كتب المصادر، والمراجع العربية والأجنبية المحدثة والدوريات العلمية عن أولئك الذين كان لهم شرف السبق في الكتابة حول هذه العمائر، وهنا قمت بتحليل آرائهم ووجهات نظرهم، والأساس الثاني هو الدراسة الميدانية التي قمت فيها بزيارات ميدانية إلى مواقع هذه العمائر وذلك لرفع هذه المباني هندسيا ومعاينتها على الطبيعة وللتأكد من صحة ما كتب حولها والخروج بنتائج تؤكد أو تنفي ذلك، حيث غالبا ما كانت الدراسة الميدانية هي الدعامة

الأساسية التي استندت إليها في دارسة بعض تلك العمائر وذلك لعدم توفر المادة العلمية حولها.

ومع ذلك لا يمكن أن نغفل ما لبعض المصادر العربية والمراجع الحديثة من أهمية بالغة، إذ لا يمكن للباحث في الآثار الإسلامية الاستغناء عنها في مثل هذه الدراسات، وذلك لدعم آرائه وتجنب التناقض أو الأخطاء التي قد يقع فيها وإخراج دراسته بصفة متكاملة وذلك من جميع الجوانب.

ونخص بالذكر بعض المصادر المهمة في دراسة تاريخ المغرب:

" كتاب الأنيس المطرب بروض القرطاس" لابن أبي زرع، وقد اعتمدت عليه في الفصل الأول ولذلك في التعريف بالمرابطين بصفة عامة وبالتعريف بشخصية يوسف بن تاشفين مؤسس هذه الدولة بصفة خاصة بالإضافة إلى هذا قد أنار لي الطريق في تأريخ العمائر المرابطية، الأمر الذي يمكّن من دراستها، كما كان لي إحدى الدعامات الأساسية التي اعتمدت عليها في استنباط ما توصلت إليه من نتائج تخص هذا الفصل.

وكتاب " بغية الرواد في ذكر الملوك من بني عبد الواد " لأبي زكريا يحي بن خلدون الذي تم تحقيقه من قبل الأستاذ "الفريد بل" المدرس بالمدرسة الفرنسية الإسلامية بتلمسان، كما قام بتحقيقه أخيرا الدكتور عبد الحميد

حاجيات الأستاذ بجامعة الجزائر، ويعد هذا الكتاب من أهم المصادر التي تناولت تاريخ ملوك بني زيان، وما يرجع إليهم من منشآت معمارية، وقد أفادني في تأريخ بعضها ومعرفة الأعمال التي ألحقها بعض الأمراء الزيانيين بالمنشآت المرابطية.

وكتاب "التشوف إلى رجال التصوف" لأبي يعقوب يوسف بن يحي بن عيسى بن عبد الرحمن التادلي الملقب بابن الزيات، وقد اعتنى بنشره الأستاذ أدولف فور، وهو كتاب يتناول تراجم مشايخ الصوفية في المغرب والأندلس، وقد اعتمدت عليه في معرفة حياة بعض المشايخ مثل سيدي أبي مدين الذي جمع فيه كل ما سمعه عنه أو كتب حوله في المصادر السابقة وهذا مما يغني الباحث عن الرجوع إلى بقية المصادر وذلك في ترجمة الشيخ الصوفي المذكور.

وكتاب "أنس الفقير وعز الحقير" لأبي العباس أحمد الخطيب الشهير بابن قنفذ القسنطيني (ت.810 هـ/1408م)، الذي اعتنى بنشره الأستاذ محمد الفاسي وأدولف فور وتكمن أهمية هذا الكتاب في ذكره لتراجم الكثير من مشايخ المغرب والأندلس، ومنهم على سبيل المثال الشيخ سيدي أبي مدين الذي تعرض لترجمة حياته بالتفصيل، كما أنه قد أخذ بعض معلوماته من كتاب

"التشوف إلى رجال التصوف" لابن الزيات لكنه لم يكن موفقا في بعض ما اقتبس لأنه راح يخلط بين أسماء بعض الشخصيات.

وكتاب "البستان في ذكر الأولياء والعلماء بتلمسان" للشيخ الإمام أبي عبد الله بن أحمد الملقب بابن مريم الشريف المليتي المديوني التلمساني، الذي يعد مصدرا مهما في إفادة الباحثين في تراجم بعض أسماء الأعلام من العلماء الذين كانت لهم بصمات في التاريخ الإسلامي كما أن أسلوب صاحب هذا الكتاب تميز بالدقة وذكر أسماء العلماء الذين كان قد أخذ عنهم بعض الأخبار، الأمر الذي جعل منهج هذا المؤلف سليما ودقيقا فيما يرويه.

وكتاب "تاريخ بني زيان ملوك تلمسان" وهو مقتطف من كتاب " نظم الدر و العقيان في بيان شرف ملوك بني زيان وذكر ملوكهم الأعيان ومن ملك من أسلافهم فيما مضى من الزمان " لمحمد بن عبد الله التنسي (ت . 899 هـ /1493م) الذي حققه الأستاذ محمود بوعياد ويفيد هذا المصدر خصوصا في معلوماته العامة عن تاريخ دولة بني زيان وذلك منذ قيامها حتى آخر سلطان عاصره المؤلف، واستعنت به في معرفة تراجم بعض السلاطين الذين ورد ذكرهم في هذا الكتاب.

أما فيما يخص المراجع الحديثة فقد اعتمدت في بحثي على المراجع الفرنسية باعتبار المستشرقين الفرنسيين هم أصحاب السبق في الدراسات الأثرية المغربية وذلك بحكم تواجدهم في شمال إفريقيا فترة طويلة امتدت بامتداد الاستعمار الفرنسي لتلك المنطقة، الأمر الذي ساعدهم على دراسة الآثار الإسلامية الموجودة في منطقة المغرب الإسلامي ونخص بالذكر من هؤلاء المستشرقين جورج مارسي الذي تعتبر مؤلفاته في مجال العمارة الإسلامية هي المرجع الأول لكل باحث ودارس للعمارة الإسلامية المغربية، وتتميز مؤلفاته بكونها موسوعية تتعرض لعمارة المغرب الإسلامي كله   (مغرب أدنى، أوسط، أقصى) في حين جاءت مقالاته أكثر تخصصا وتحديدا للموضوعات التي يتطرق إليها، وقد زودت هذه المؤلفات والمقالات بصورة فوتوغرافية ومخططات هندسية ورسومات للعناصر المعمارية ساعدت في التعرف على أنماط العمارة الإسلامية في المغرب ودراسة التأثيرات الواردة إليها والمنطلقة منها. وبالإضافة إلى جورج مارسي فقد استعنت بمؤلفات لوسيان جولفان وإيلي لامبير ورينيه باسيه وهنري تيراس والفريد بل والأستاذ رشيد بوروبية أحد المتخصصين الجزائريين في الآثار الإسلامية بالجزائر، حيث جاءت مؤلفاته مدونة باللغة الفرنسية.

وأما عن المراجع العربية فقد اعتمدت بشكل كبير على مؤلفات الأستاذ السيد عبد العزيز سالم نذكر منها: تاريخ المغرب الكبير، قرطبة حاضرة الخلافة تاريخ وحضارة الإسلام في الأندلس، بالإضافة إلى المقالات المتخصصة التي نشرت في مختلف المجلات العلمية وكذلك استعنت بمؤلفات الأستاذ الدكتور أحمد فكري واستفدت منها في رده عن بعض آراء المستشرقين المغرضة، وقد ساعدتني هذه المراجع مجتمعة في الإلمام بالموضوع وسهلت لي البحث في جوانبه حتى أمكنني إبرازه في هذا الشكل المتواضع.

وبناء على ما تقدم أرجو أن يكون لما قدمته في هذه الكتاب من عمل فائدة عامة وخدمة للحضارة الإسلامية، كما أرجو أن أكون قد أحسنت في عرض الأفكار وتناولها وتحليلها، بالرغم من إحساسي أني قد بذلت جهدا في هذه الدراسة، إلا أني على يقين أنه جهد لم يصل إلى الكمال إذ طلب الكمال في عمل الإنسان محال.

❖ المساجد المرابطية الجامعة

شهد المغرب الإسلامي في النصف الثاني من القرن الخامس الهجري قيام دولة أرست قواعدها على أسس دينية تنبذ الفساد وتدافع عن مبادئ الدين الإسلامي عرفت بدولة المرابطين نسبة إلى رباط[1] عبد اللـه بن ياسين المؤسس الحقيقي لهذه الدولة، وينتسب المرابطون إلى قبائل صنهاجة التي تقطن الأراضي الجنوبية من الصحراء المغربية، وقد عرف المرابطون أيضا بالملثمين، لأنهم كانوا يغطون الجزء السفلي من وجوههم بلثام داكن اللون

---

1 ـ **الرباط**: هو المكان الذي تجتمع فيه خيل المسلمين لمحاربة العدو، ومنها جاءت كلمة مرابط أي الملازم للمكان، ويجمع الرباط بين الصفتين الحربية والدينية، لأنه يمثل أيضا المكان الذي يجتمع فيه نفر من المسلمين للتفرغ للعبادة والجهاد في سبيل اللـه ضد أعداء الدين.

يتكون الرباط في الإسلام عادة من صحن تحيط به غرف انفرادية، ويتقدمه مسجد صغير تعلوه مئذنة تستعمل للأغراض الدينية والحربية كمراقبة السواحل وتوصيل الإشارات الضوئية أثناء الليل.

راجع: السيد عبد العزيزسالم: تاريخ المغرب الكبير، جـ 2، الدار القومية للطباعة والنشر، الإسكندرية، 1966، ص 694.

ـ محمد بن تاويت، محمد عفيفي: الأدب المغربي، بيروت،ط 2، 1969، ص 92.

لمقاومة طبيعة الصحراء القاسية، كما عرفوا أيضا باللمتونيين نسبة إلى انتمائهم إلى قبيلة لمتونة[1]. (خريطة رقم 2).

ولما إشتد ساعد المرابطين خرج بهم قائدهم (عبد الله بن ياسين) من رباطه الضارب في أعماق الصحراء في اتجاه الأراضي الجنوبية من المغرب الأقصى للجهاد في سبيل الله وإحياء للتعاليم الدينية، وقد أمضوا ما يقرب من عشرين سنة في معارك طاحنة خضعت لهم خلالها أغلب القبائل البربرية في المغرب الأقصى.

وبعد أن دان المغرب الأقصى بالطاعة للمرابطين، سير قائدهم "يوسف بن تاشفين" جيشا كبيرا بقيادة "مزدلي التلكاني" لغزو قبائل المغرب الأوسط ففتح تلمسان. وفي سنة (472 هـ/1079م)[2] غزا يوسف بن تاشفين

---

1 ـ **راجع**: ابن الخطيب: كتاب أعمال الأعلام، نشره ليفي بروفنسال، رباط الفتح 1934، ص 278.

- **ابن عذاري**: البيان المغرب في أخبار الأندلس والمغرب، دار الثقافة، بيروت 1980،ج2، ص 243.

مجهول: كتاب الحلل الموشية في ذكر الأخبار المراكشية، مطبعة التقدم، تونس 1329 هـ، ص 8، 10.

2 ـ ابن عذاري : البيان المغرب، جـ 4، ص 29.

المناطق الغربية من المغرب الأوسط ووصلت قواته إلى مدينة الجزائر[1] وانقسم المغرب

على شطرين: الشرقي: يحكمه الزيريون والحماديون، والغربي: يحكمه المرابطون، وأصبح

للمرابطين على هذا النحو دولة مترامية الأطراف في المغرب، وشكلوا بذلك قوة إسلامية

هائلة استعان بها ملوك الطوائف في الأندلس للتصدي لملوك النصرانية في شبه جزيرة

إيبيريا، ولم يتردد يوسف بن تاشفين في تلبية نداء مسلمي الأندلس فعبرت جيوشه المجاز

ونزلت بالجزيرة الخضراء سنة 476 هـ حيث انضمت إلى جيش الأندلسيين على مقربة

من الزلاقة (شمال بطليوس) وهناك دارت موقعة ضارية انهزمت فيها قوى النصرانية

وتراجعت حشودهم المقهورة إلى الشمال، واستعاد ملوك الطوائف في الأندلس هيبتهم

بهذا الانتصار الحاسم، غير أنهم لم يلبثوا أن

---

1 ـ حول دولة يوسف بن تاشفين، أنظر:

السلاوي (أحمد بن خالد الناصري): الاستقصاء لأخبار دول المغرب الأقصى، الدار البيضاء، بدون سنة طبع، جـ 1، ص 106، 107.

ـ البيدق: كتاب أخبار المهدي بن تومرت وابتداء دولة الموحدين تصحيح ليفي بروفنسال باريس 1928، ص 98- 125.

ـ ابن عذاري: البيان المغرب ، جـ 4 ، ص 21- 30.

- ابن الخطيب: كتاب أعمال الأعلام، ج2، ص 276 وما يليها.

عادوا إلى مثل ما كانوا عليه من التنازع فيما بينهم وأتاحوا الفرصة لملك قشتاله وليون بالتدخل في منازعاتهم الأمر الذي دعا يوسف بن تاشفين إلى عزلهم عن عروشهم الواحد بعد الآخر وربط الأندلس مع المغرب في وحدة سياسية وحضارية وثيقة[1].

في عهد المرابطين شهدت بلاد المغرب والأندلس نهضة عمرانية كبيرة في جميع مناحي الحياة: أدبية ومادية، واهتم أمراء المرابطين بالتعمير السلمي في الوقت الذي كانت قواتهم تذبّ عن الإسلام وتتصدى لقوى العدوان في الأندلس، وتحرز الانتصار بعد الانتصار في إقليش وإفراغة والزلاقة الثانية، وحرص أمراء المسلمين على إنشاء المساجد الجامعة في سائر المدن، وتحصين المدن بالأسوار والقلاع وإقامة الأربطة والمحارس في الثغور والمناطق القريبة من دار الحرب، ولهذا فإن فنون العمارة المرابطية تتمثل أساسا في المنشآت الدينية والعسكرية. أما الذي يهمنا من تلك المنشآت بالنسبة لموضوع الدراسة فهي المساجد الجامعة

---

1 ـ سحر السيد عبد العزيز سالم: التاريخ السياسي لمدينة بطليوس الإسلامية، رسالة ماجستير، كلية الآداب، جامعة الإسكندرية، 1984، ص 74.

في المغرب الأوسط، هذا ومن المعروف أن عددا من تلك المساجد الجامعة التي أقامها المرابطون بالمغرب الإسلامي قد وصلت إلينا في حالة سليمة وإن كانت قد أضيفت إليها إضافات وزيادات في عصور لاحقة ومن هذه المساجد الجامعة جامع القرويين بفاس، والمساجد الجامعة في كل من الجزائر وندرومة وتلمسان بالمغرب الأوسط، وتشكل هذه المساجد الأخيرة موضوع الدراسة التي سنلقي من خلالها الضوء على مميزات العمارة والفن في عهد المرابطين والمكانة السامية التي تشغلها هذه العمائر بين المنشآت المعاصرة لها، وسوف نتناول فيما يلي بالدراسة كل مسجد على حده بدءا بالأقدم فالأحدث.

1- المسجد الجامع بالجزائر

أ ـ تاريخ إنشاء المسجد:

يرجع الفضل في إنشاء المسجد الجامع بمدينة الجزائر إلى المرابطين، ولكن تاريخ إنشاء هذا الجامع مازال غامضا، فعلى الرغم من إجماع الباحثين في الآثار الإسلامية بالمغرب على أن "يوسف بن تاشفين" هو الذي قام ببنائه، إلا أننا مازلنا نجهل حتى الآن التاريخ الثابت لإنشائه لانعدام الدلائل المادية التي لا غنى عنها للباحث في التوصل إلى معرفة التاريخ الدقيق للإنشاء سواء كانت هذه الدلائل نصوصا تاريخية أم كتابات تأسيسية، ولهذا فقد تركزت

محاولات الباحثين للوصول إلى تاريخ إنشائه على النقش الأثري المسجل في منبره ويحمل تاريخ الإنشاء واسم المشرف على صناعته وهذا النقش التاريخي يعتبر في الحق أقدم كتابة عثر عليها في هذا الجامع، وفيما يلي نصها:

"بسم اللـه الرحمن الرحيم[1] أتم (هاذا) المنبر في أول شهر رجب الذي من سنة تسعين وأربعمائة من عمل محمد"[2].

أثار هذا النقش الكتابي الكثير من التساؤلات حول صحة قراءته كما كان موضع نقاش كثير من الباحثين المهتمين بالنقوش الكتابية، فيرى "بيـرك" أنه لا يمكن أن نقطع بإرجاعه إلى عهد "يوسف بن تاشفين" (453 ـ 500 هـ) (1106 ـ 1061م) في غياب النصوص الكتابية التأسيسية والتذكارية التي تشكل الدليل المادي الذي يقطع بصحة انتساب البناء المذكور إلى "يوسف بن تاشفين"[3].

1 ـ وردت الكلمة في النقش بهذه الصورة (هاذا)

2 - E COMBE-J. SAUVAGET ET WIET: Répertoire chronologique D'épigraphie arabe, T.VIII, Le Caire, 1937, P:35.

3 - BERQUE (A) : L'Algérie terre d'art et d'histoire, Victor Heinz ALGER, 1937, P: 144.

بينما اكتفى بعض الباحثين في الآثار الإسلامية في المغرب والأندلس بذكر النقش الكتابي دون أن يرجعوا تاريخ إنشاء الجامع إلى التاريخ الوارد في النقش، وهؤلاء الباحثون هم: جورج مارسي، وإيلي لامبير، ولوسيان جلفان، ورشيد بورويبة، وعلى هذا الأساس كان تأريخهم للمسجد ليس على وجه التحديد، إنما معاصرا لتاريخ صنع المنبر، وقد جاء على لسان "لوسيان جلفان" في معرض حديثه عن تاريخ إنشاء الجامع لم يرد أي مصدر تاريخي نستطيع من خلاله معرفة تاريخ بناء الجامع كما يرجع جلفان أن يكون الجامع قد سبق صناعة المنبر بعدة سنوات لأن يوسف بن تاشفين لم يتمكن من افتتاح مدينة الجزائر إلا في سنة 475هـ/1082م، كما يرجح أن يكون الفراغ من إنشائه في سنة 490 هـ/1097م[1].

وإذا ما سلمنا بأن النقوش الكتابية هي الدليل المادي الذي نعتمد عليه في تأريخ أي بناء أثري إذا ما اختلفت آراء المؤرخين في نسبته على عصر ما، أعتقد أن إنشاء جامع الجزائر قد سبق التاريخ المسجل بالنقش الكتابي على المنبر بعدة سنوات، وأن التاريخ الوارد في نقش المنبر لا يحدد في هذه الحالة

1 - GOLVIN (L) : Essai sur L'architecture religieuse musulmane, T4, Klincksick , France, 1979, P:175.

تاريخ الفراغ من بناء المسجد، خاصة وأن الأمير يوسف بن تاشفين كان يتمتع بروح دينية عالية، حيث حرص على بناء المساجد في كل أزقة مدينة فاس[1] وشوارعها، وكان يعاقب سكان هذه الأزقة إذا كانت تخلو من المساجد[2]. ومثل هذه الحماسة الدينية المتوفرة لدى ابن تاشفين تساعد على التعجيل في البناء والعمل على الفراغ منه بأسرع وقت، ولهذا فمن الممكن جدا أن يكون المسجد الجامع بالجزائر قد أنشئ في السنوات الأولى لدخول الأمير يوسف بن تاشفين مدينة الجزائر إذ لا يعقل أن تظل مدينة الجزائر بلا مسجد جامع زهاء

---

1 ـ فاس: مدينة بالمغرب الأقصى، أسسها إدريس عبد الله (إدريس الأول) سنة 172 هـ ـ 788 م ـ وتتكون عمرانيا من عدوتين:

ـ عدوة الأندلسيين: وتمثل فاس القديمة، وهي التي أسسها إدريس الأول شرقي مدينة فاس الحالية، وقد أطلق عليها هذا الاسم نسبة إلى سكانها الوافدين من الأندلس.

ـ عدوة القرويين: أسسها ابنه إدريس بن إدريس بن عبد الله سنة 192 هـ ـ 807 م غربي المدينة القديمة (عدوة الأندلسيين) وسكنها العرب الوافدين من القيروان والأندلس فسميت بعدوة القرويين نسبة إلى عرب القيروان (خريطة رقم 1).

راجع: الإدريسي: نزهة المشتاق، ص 86.

السيد عبد العزيز سالم: تاريخ المغرب في العصر الإسلامي، ص 411.

2 ـ ابن أبي زرع: الأنيس المطرب بروض القرطاس، تعليق محمد الهاشمي، الرباط، 1936، ج2، ص 44.

خمسة عشرة سنة في الوقت الذي كان يوسف بن تاشفين ـ لحماسه الديني الشديد ـ ينزل بسكان المدينة أقصى العقوبات إن كانت تخلو من المساجد.

ولقد تعرض جامع الجزائر منذ تأسيسه لبعض الزيادات والتجديدات أتى بعضها على جوانب من عمارته الأولى، ولحسن الطالع أن هذه الإضافات لم تمس التخطيط العام للجامع كما حدث في بعض المساجد الجامعة الأولى كجامع القيروان[1] وقرطبة[2] . لتوسيعها والإضافة إليها كلما دعت الحاجة إلى ذلك أو لإسباغ حليات لتجميل المظهر العام لبنيانها، بل على الضد من ذلك فقد احتفظ جامع الجزائر بنظامه التخطيطي، أما الزيادات التي أضيفت إليه فقد اقتصرت على بعض عناصره المعمارية كالمئذنة أو بعض الملحقات، وترجع أولى الزيادات إلى عهد بني زيان عندما أمر أبو تاشفين حاكم تلمسان ـ آنذاك سنة 724هـ/1324م، بإضافة صومعة إلى الجامع ويتمثل ذلك بجلاء   في نقش كتابي على لوحة رخامية مثبتة على الجدار الشمالي للجامع ـ سنتناولها

---

1 ـ راجع: أحمد فكري: مساجد الإسلام (المسجد الجامع بالقيروان) دار المعارف مصر، 1936، ص 12.

2 ـ السيد عبد العزيز سالم: قرطبة حاضرة الخلافة، مؤسسة شباب الجامعة، الإسكندرية سنة 1984، ج 2، ص 269، 270.

بالدراسة فيما بعد ـ كما قام بنو مرين وفقا لما ذكره ابن مرزوق[1] ببعض الأعمال الإنشائية ولكنه لم يشر بالتحديد إلى تلك الأعمال، ومع كثرة عمليات التجديد والترميم أصبح من المتعذر معرفة ما أضافوه إلى الجامع.

ثم تعرض الجامع في العصر العثماني (وبالذات في عام 936هـ/1529م) بحكم موقعه القريب من شاطئ البحر إلى قذائف المدفعية العثمانية، وذلك أثناء حصار القائد "خير الدين بربروس" لمدينة الجزائر ولم ينج الجامع أيضا من قذائف الأسطول الفرنسي بقيادة دي كيسن DUQUESNE سنة 1095 هـ/1683م، فقد أصابت هذه القذائف جدار القبلة المواجه للبحر مما ألحق الضرر بمحرابه[2].

وفي سنة 1356 هـ/1937م أضيف إلى الجهة الشمالية من الجامع خمسة عشرة بائكة عقودها متجاوزة لنصف الدائرة على شكل حذوة الفرس

1 - LEVI PROVENCAL: Un nouveau texte D'Histoire mérinide, Le Musnard D'Ibn Mertoug , In Hesperis; 1925; P: 82.

2 - GOLVIN (L) : Essai sur L'architecture religieuse musulmane. T4, PP: 175, 176.

ومفصصة تشكل إيوانا موازيا لهذه الواجهة الشمالية وتزدان الأقسام العليا من العقود

بأشرطة من الزليج تضفي على واجهة المسجد

ـ المطلة على ساحة الشهداء حاليا ـ مظهرا جماليا، كما تقوم هذه العقود على عمد

رخامية انتزعت من مسجد السيدة الذي أقدمت الإدارة الفرنسية على هدمه بقصد

تسوية الأرض[1]، ويذكر لوسيان جلفان أن هذه الزيادة أجريت تنفيذا لأمر أصدره سلطان

قبائل النمور في ديسمبر سنة 1836م[2].

ب ـ النظام التخطيطي للمسجد :

يعتبر المسجد الجامع بالجزائر أقدم مساجد مدينة الجزائر وأجملها وعلى الرغم

من الفترة الزمنية الطويلة التي مرت على إنشائه إلا أنه مازال يحتفظ بتخطيطه الأول[3].

ولم يتعرض لزيادات في مساحته الداخلية على الإطلاق، ويذكر "ديفولكس" أن

الجامع كان مزودا في سنة 1866م بحديقة صغيرة كانت تقع

1 - BERQUE (A) : L'Algérie terre d'art et d'histoire, P: 145.

2 - GOLVIN (L) : OP CIT, P: 176.

3 - MARçAIS (G): Manuel D'art Musulman ed Auguste Picard, Paris 1926, P: 306.

خلف الجدار الجنوبي الغربي، كما يشير إلى وجود مصلى من الجهة الشمالية الشرقية يرجح أنه كان مخصصا لأداء صلاة الجنازة[1]، إلا أنه لم يتبق من هذين الملحقين أي أثر في الوقت الحاضر، وربما أزيلا أثناء فترة الاستعمار الفرنسي لتسهيل عملية التحديث العمراني.

وتخطيط الجامع على شكل مستطيل طوله ستة وأربعون مترا ونصف المتر، وعرضه ثمانية وثلاثون مترا ونصف، يتوسطه صحن مكشوف مستطيل الشكل يتساوى طوله مع ضعف عرضه، ويطل على الصحن من الجهة القبلية بائكة تتقدم بيت الصلاة، ويحيط بالصحن من جهته الشرقية والغربية مجنبتان كل منهما تشتمل على ثلاثة بلاطات تتعامد عقودها على جدار القبلة بينما يشغل المجنبة الشمالية أسكوب واحد (لوحة1).

■ بيت الصلاة :

يتكون بيت الصلاة من إحدى عشر بلاطة متعامدة على جدار القبلة على غرار النظام المنبثق من المسجد الأقصى والذي انتشر في المغرب

---

1 - DEVOULX. Les Edifices Religieux de L'ancien Alger, in Revue Africaine, 1870; P: 70.

والأندلس[1] ويتمثل في جامعي القيروان والزيتونة، وجامع قرطبة وأشبيلية، ويلاحظ أن البلاطة الوسطى أكثر اتساعا عن بقية البلاطات الأخرى إذ يبلغ اتساعها خمسة أمتار، وتقطع هذه البلاطات خمسة أساكيب موازية لجدار القبلة، ويلاحظ أن اتساع أسكوب المحراب والبلاطة الوسطى متساويان بمعنى أن هذا الأسكوب الذي يتقدم المحراب يزيد في الاتساع عن الأساكيب الأربعة الأخرى، ويرى الأستاذ "لامبير" أن هذه الظاهرة نتجت عن تردد البنائين في تصميمه، حيث يظهر ذلك في محاولة التوفيق بين الطابع الأندلسي ذي البلاطات المتعامدة على جدار القبلة وبين الطابع الشرقي الممثل في الجامع الأموي بدمشق، ويتميز بأروقته

أو أساكيبه الموازية لجدار القبلة، مما جعل المساحة بين البلاطات والأساكيب متساوية[2]، وقد ظهرت هذه الفكرة لأول مرة في المغرب في المسجد الجامع

---

1 - LAMBERT (E) : Les Mosquées de se Type Andalou En Espagne et en Afrique Du Nord, In Al Andalus, 1949, VOL XIV; PP: 282-289.

2 - LAMBERT (E) : L'art Musulman D'Occident Des Origines à La Fin du XVe Siècle, PARIS; 1966, P:107.

بالقيروان[1]، باعتباره أول جامع أسس في المغرب، ويرى الأستاذ "جورج مارسي"[2] أن أصل هذه الفكرة مسيحي، لأنها تتيح بفضل تقاطع أسكوب المحراب مع البلاطة الوسطى إقامة قبة تتقدم المحراب على النحو الذي نراه في جامع تلمسان، غير أن الدكتور "أحمد فكري": يعارض رأي الأستاذ "مارسي" ويؤكد أنها ابتكار إسلامي لا يمت إلى نظام البازليكا المسيحية بأية صلة[3].

ويطل بيت الصلاة على الصحن ببائكة من العقود عددها خمسة عقود، ويبدو عقد البلاطة الوسطى بارزا قليلا على الصحن، وقد غرست في الصحن أشجار النارنج والبرتقال على غرار صحون المساجد الجامعة بالأندلس[4] ويتوسط الصحن نافورة من الرخام.

---

1 ـ أحمد فكري: مسجد القيروان، ص 20، (الشكل 2).

2 - MARçAIS (G): L'art de L'Islam, Librairie L'arousse, PARIS, 1946; PP: 51- 52.

3 ـ أحمد فكري: المرجع السابق، ص 31، 32.

4 ـ أول من أباح غرس صحون المساجد في الأندلس بأشجار البرتقال صعصعة بن سلام وذلك استنادا إلى فقه الأوزاعي: (أنظر: السيد عبد العزيز سالم)، العمارة الإسلامية في الأندلس وتطورها، مجلة عالم الفكر، المجلد الثامن، العدد الأول، 1977 ص 89، 166.

■ المحراب والمنبـر:

يتوسط المحراب جدار القبلة، وهو عبارة عن حنية نصف دائرية معقودة، وتنفتح في جدار القبلة، على يمين جوفة المحراب غرفة لحفظ المنبر الذي كان لا يخرج منها إلا في صلاة الجمعة من كل أسبوع ويعتبر هذا المنبر هو أقدم منبر مازال قائما حتى الآن في المغرب الأوسط، كما أنه يعتبر أول منبر في المغرب يتحرك فوق قضبان حديدية[1].

ولهذا المنبر أيضا أهمية كبرى لاحتوائه على نقوش ذات طابع أندلسي مبكر مما يعكس التأثير الأندلسي على المغرب الإسلامي، وغلى يسار المحراب باب يؤدي إلى مخزن المسجد، ويعتبر منبر جامع الجزائر أقدم منبر إسلامي في المغرب الأوسط، كما يأتي في المرتبة الثالثة من حيث القدم في المغرب كله بعد منبر المسجد الجامع بالقيروان (242ـ249هـ/856ـ863م)، ومنبر جامع

1 ـ سبقه في ذلك منبر المسجد الجامع بقرطبة، إذ أثبتت الحفائر الأثرية التي أجريت في جوف أسطوان بيت المنبر عن مجرى كانت مثبتة فيه قضبان لجر المنبر من بيته ووضعه على يمين المحراب يوم الجمعة من كل أسبوع وقد أكد ذلك الإدريسي في وصفه لجامع قرطبة.

انظر عبد العزيز سالم، قرطبة حاضرة الخلافة، ج1، ص 344.

Felix HernandezM El Minbar movil del siglo X de la mezquita de Cordoba, in Al Andalus, 1959, vol XXIV, p 392.

الأندلسيين بفاس (370 ـ 375 هـ/980 ـ 985 م)[1]، ويرجع تاريخ إنشاء منبر المسجد الجامع بالجزائر إلى سنة (490 هـ/1096م) وقد سجل تاريخ الإنشاء في النقش الكتابي الذي يعلو عقد مدخل المنبر ونطالع فيه النص التالي:

-   **العمـود الأمين:** "بسم اللـه الرحمن الرحيم أتم هاذا المنبر"[2].

-   **العـارضة:** "في أول شهر رجب الذي"

-   **العمـود الأيسر:** "من سنة تسعين[2] وأربعمائة عمل محمد"

ويبلغ طول المنبر 2,60م أما عرضه فيقدر بـ 0,60 م، كما يصل ارتفاع عقد واجهته إلى مترين، والمنبر مصنوع من الخشب، وإذا كان منبر جامع الجزائر

---

1 - BOUROUIBA (R): L'art Religieux Musulman En Algérie, 2ed, S.N.E.D. ALGER, 1983,":121.

2 ـ لقد جاءت هذه الكلمة بالشكل التالي: تسع عوضا عن تسعين في بعض كتب من سبقنا إلى قراءتها ونذكر منهم:

- COLIN: Corpus des inscriptions arabes et Turques D'Algérie, N° 1, Leroux, Paris, 1901, P:1

- MARçAIS (G): La Chaire de la Grande Mosquée D'Alger, in Heperis 1921, P: 360.

- PIQUET VICTOR: Autour Des Monuments Musulmans Du Maghreb, T1, PARIS, 1948, P: 14.

يتشابه إلى حد كبير من حيث نظام الحشوات مع منبر القيروان، فإن زخارف واجهته تتشابه مع زخارف المنشآت الأندلسية المغربية، ويتكون المنبر من جلسة للخطيب، يصعد إليها عن طريق سبع درجات، يتقدم هذه الدرجات عقد كبير متجاوز نصف الدائرة يتخذ شكل حذوة الفرس ولكن رأسه يميل إلى[1] الانكسار، ويتكئ هذا العقد على عمودين من الخشب وتزدان جوانبه العليا ـ كما سبق أن ذكرنا ـ بشريط من النقوش الكتابية بالخط الكوفي، والجدير بالملاحظة أن فكرة استخدام عقد حذوة الفرس على الرغم مما أثير حولها من نقاش بين العلماء ليست مشرقية المصدر، بل هي ابتكار مغربي ولا صلة لها وما وجد من نماذج يرجع تاريخها إلى عصور تسبق ظهور الإسلام، ويزعم بعض العلماء أن هذه النماذج كانت الأصل في ظهور هذا العقد، ومع ذلك فإن أول عقد يمكن اعتباره فعلا أنموذجا لعقد حذوة الفرس ظهر في جامع القيروان وأما العقود التي أشار إليها العلماء في مواضع مختلفة من بلاد المشرق فليست سوى تعبير عن نماذج منفردة فكرتها زخرفية أكثر منها معمارية[2] ويقوم على جانبي العقد ريشتا المنبر، وهما على شكل مثلثين كبيرين

1 - MARçAIS (G): OP CIT, P: 368.

2 ـ أحمد فكري: المسجد الجامع بالقيروان ص 77، 78، مساجد القاهرة مدارسها (المدخل)، دار المعارف، مصر، بدون تاريخ، ص 27.

صممتا على شكل مثلثات ومربعات ومعينات تكسوها زخارف نباتية وهندسية ـ سنتناولها بالدراسة لاحقاـ وتتصل الريشتان بالعقد الكبير عن طريق عقدين صغيرين يضاهيان في ارتفاعهما ارتفاع عقد واجهة المنبر ويرتكز كل عقد منهما على عمودين رفيعين من الخشب، ومنبر جامع الجزائر ليس من طراز المنابر المستقرة في مكان واحد كمنبر جامع القيروان والمنابر الشرقية، بل هو من طراز المنابر المتحركة ويتم ذلك عن طريق أربع عجلات حديدية تسير فوق قضبان من الحديد يمتد جزء منها بطول غرفة المنبر الواقعة إلى يمين المحراب، والجزء الثاني يتصل بالأول ويمتد داخل بيت الصلاة، وقد عمد المرابطون إلى مثل هذا الأسلوب ـ القضبان الحديدية ـ ليسهل عليهم رفعها وطيها، وهي متصلة بالجزء الداخلي الذي يوجد بالغرفة التي يحفظ المنبر بداخلها بعد الانتهاء من صلاة الجمعة، ولا تعتبر فكرة إقامة المنبر بهذه الطريقة فريدة من نوعها في المغرب ـ فيما أعلم ـ ولكنها جاءت تقليدا لمنبر جامع قرطبة وهذا يخالف رأي "جورج مارسي" الذي يذهب إلى أنها نظاما

حديثا أدخل على الجامع[1]، كما يعتقد أن يكون العقدان الصغيران الجانبيان قد عملا

حديثا.

جـ ـ العناصر المعمارية وأصولها:

1 ـ نظام الروافع أو الدعائم:

إذا استثنينا الأعمدة التي تحمل بوائك الرواق الشمالي وعمودي المحراب فإن

بقية روافع الجامع لا تعدو دعائم يبلغ عددها 72 دعامة من الحجارة تكسوها طبقة

من الجص الأبيض وبين كل دعامة وأخرى نحو 3,40 م، وهي نفس سعة البلاطات،

وتتوزع هذه الدعامات على عشرة صفوف متعامدة على جدار المحراب، ينتج عنها إحدى

عشرة بلاطة، كما تمتد عرضيا بموازاة جدار القبلة أربعة صفوف من الدعائم تضم خمسة

أساكيب تنبت من كل منها أربعة عقود طولية وعرضية، وتنقسم دعامات جامع الجزائر

إلى ثلاثة أنواع:

---

1 ـ MARçAIS (G): OP CIT, P: 368.

أ ـ دعامات مستطيلة:

عددها 25 دعامة، يتراوح متوسط طولها ما بين 0,81م إلى 0,85م، أما متوسط عرضها فيتراوح ما بين 0,67م إلى 0,72م ويقع هذا النوع من الدعامات في الصف الثاني والرابع من صفوفا لدعامات التي تحدد أساكيب بيت الصلاة، كما تشغل أيضا مجنبتي الجامع.

ب ـ دعامات على شكلT اللاتيني:

وعددهما ثمانية دعامات ـ تقع أربع منها في البلاطات الوسطى حيث تتناوب مع الدعامات المتقاطعة ـ وتتخذ باقي الدعامات مواقع مختلفة بين صفوف الدعامات التي تحيط بالصحن، وهذه الدعامات عبارة عن مستطيل يتوسطه بروز يتجه ناحية البلاطة الوسطى.

ج ـ دعامات مصلبة:

وتمثل ما تبقى من الدعامات وهي أضخم نسبيا من بقية الدعامات الأخرى حيث تبلغ مقاساتها 1,20م×0,95م[1]، وتقع هذه الدعامات

---

1 - BOUROUIBA (R) : L'art Religieux, P. 111.

في نقاط التقاء العقود عموديا على جدار القبلة بالعقود الممتدة في موازاته كما تقوم أيضا في مواقع التقاء بيت الصلاة بالمجنبتين الشرقية والغربية.

2 ـ العقــــــود:

يشتمل جامع الجزائر على نوعين من العقود، منها عقود منكسرة عند مفتاح العقد، ومتجاوزة في نفس الوقت لنصف الدائرة وهي ما يعرف بعقود على شكل حذوة الفرس المدببة، وتمتد عقود هذه البوائك عموديا على جدار القبلة (لوحة 2، ش1).

أما الطراز الثاني من العقود فيتمثل في العقود المفصصة (لوحة2، ش2) وتشغل هذه البوائك التي تمتد في موازاة جدار القبلة، وقد أدت هذه العقود المفصصة إلى غلق البلاطة الوسطى إلى حد أنه أصبح من المتعذر تمييز البلاطة الوسطى عن بقية البلاطات الأخرى ولاسيما عقود أسكوب المحراب بسبب الزخارف التي تكسوها، وقد تطورت هذه الفكرة فيما بعد تطورا كبيرا في مساجد الموحدين الأولى[1]. ويرى جلفان أن هذه الزخرفة المجدولة الملحقة بهذه العقود أجريت في فترة لاحقة على العقود ربما تكون في عهد الموحدين

---

1 - LAMBERT (E): L'art Musulman, P. 108.

أو أحدث[1] منه، ومن المؤكد أن فكرة العقود المفصصة انتشرت في الأندلس قبل المغرب حيث ظهرت العقود خماسية الفصوص بنسب كبيرة في جامع قرطبة، وإذا ما بحثنا عن هذا النوع من العقود في المغرب الأوسط قبل عهد المرابطين فإننا لا نجد لها أمثلة إلا في موقعين اثنين من المستبعد أن يكونا مصدر إيحاء للمرابطين، فقد استخدم بنو حماد هذا النوع من العقود في تزيين مئذنة جامع القلعة[2]، كما استعملوها في عقد المحراب بجامع قسنطينة الذي يرجع تاريخه إلى نفس الفترة[3] ونميل إلى الاعتقاد بأن المرابطين ربما استلهموا فكرة هذه العقود من عمائر بني حماد لقربها منهم والأرجح أنها استلهمت من العمارة الخلافية بقرطبة، فالمرابطون لم يمتد نفوذهم إلى هذه المنطقة من المغرب

---

1 - GOLVIN (L) Essai sur L'architecture. T4, P: 178.

2 ـ القلعة : يقصد بها قلعة بني حماد التي أسسها حماد بن بلكين سنة 398 هـ (1007م) وتقع هذه القلعة على بعد حوالي 40 كم شمال شرق مدينة المسيلة حاليا، وقد جاء في وصف الحميري لها ما يلي:

"وهي قلعة أبي طويل، وبينها وبين المسيلة أثنا عشر ميلا، وهي من أكبر البلاد قطرا وأكثرها خلقا ... وهي في سفح جبل سالم صعب المرتقى وقد استدار سورها بجميع الجبل "راجع: ـ الروض المعطار، ص 469.

3 - BOUROUIBA (R): L'art Religieux, P. 112.

الأوسط اكتفاء بمدينة الجزائر التي تعتبر الحد الشرقي لدولتهم في عهد يوسف بن تاشفين كما أن احتكاكهم بالمناطق الشرقية من المغرب الأوسط كان ضعيفا ولا يقارن ذلك الاحتكاك بالصلات الوثيقة التي ارتبط بها المرابطون بالأندلس التي كانت جزءا من إمبراطوريتهم، وسجلا حيويا لنشاطهم الجهادي. الأمر الذي يحملنا على الظن بأن المرابطين استوحوا فكرة العقد المفصص من جامع قرطبة واستخدموه عنصرا معماريا وزخرفيا في آن واحد في مساجدهم الجامعة التي أقاموها في مدينة الجزائر، وتلمسان، و فاس.

3 ـ الأبواب:

للجامع عشرة أبواب، منها أربعة تنفتح على بيت الصلاة، اثنان منها يقعان إلى يسار المحراب في جدار القبلة، أما البابان الآخران فأحدهما في الجدار الشرقي والآخر في الجدار الغربي، وكلاهما ينفتح على الأسكوب الثالث من بيت الصلاة، أما الأبواب الستة الباقية، فينفذ ثلاثة منها على المجنبتين الشرقية والغربية، أما الجدار الشمالي فيتخلله ثلاثة أبواب تفتح كلها على أسكوب مؤخر الجامع.

4ـ الواجهات:

يتميز جامع الجزائر بأربعة واجهات عاطلة من أي زخرفة تنفيذا للمبادئ التي نادى بها المرابطين وقوامها التجرد والزهد، وهي السمة الغالبة على منشآتهم الأولى، وإن كانت تعرضت للتغيير في منشآت على بن يوسف بحيث اكتظت بالزخارف و التنميقات كما تتمثل في قبة المحراب بجامع تلمسان.

5ـ الأسقف:

يعلو بلاطات الجامع أسقف هرمية الشكل على شكل جمالونات من القرميد الأحمر تنتظم متوازية بامتداد البلاطات وتبدو هذه الأسقف من الصحن بارزة إلى الأمام عن سمت جدار المسجد وتستند إلى كوابيل من الحجارة على شكل قطع من العقود متتابعة الواحدة فوق الأخرى، وهذا النظام في التسقيف يشبه إلى حد كبير النظام المتبع في جامع ندرومة.

6 ـ الصحن:

من المعروف أن صحن الجامع يخضع لنظامين الأول: يستمده البناء من نظام مسجد الرسول (ص) في المدينة بحيث يمتد طوليا بطول الجامع، والثاني: استوحاه البناء من النظام التخطيطي للجامع الأموي بدمشق (96

هـ/714م) (لوحة1) بحيث يمتد الصحن عرضا متبعا في ذلك شكل المسجد[1] وقد ترتب على ذلك أن معظم المساجد المغربية التي شيدت في العصر الإسلامي الأول كانت تتبع في تخطيطها إما النظام التخطيطي لمسجد الرسول (ص) بالمدينة، وإن كنا نرجح أن تكون هذه المساجد قد استمدت هذه الفكرة من جامع القيروان (55هـ/674م) الذي يخضع في تخطيطه للنظام التخطيطي لمسجد الرسول (ص)ـ وتمثل مساجد المغربين الأدنى والأوسط هذا الأسلوب أو النظام التخطيطي لجامع دمشق ويتمثل ذلك في المساجد المغربية   التي أقيمت منذ عصر المرابطين وإن كانت هذه المساجد تعرضت لتيار جارف من التأثيرات الأندلسية، فهذه المساجد وإن كانت فكرة تخطيطها مستوحاة   من الجامع الأموي بدمشق، إلا أن بعض عناصرها تأثر كثيرا بفنون العمارة   في الأندلس، ومن أمثلة ذلك المسجد الجامع بالجزائر الذي يمثل صحنه هذا النظام أصدق تمثيل، ويتخذ صحن هذا الجامع شكلا مستطيلا صغيرا يبلغ عرضه 20,80 م، وطوله 10,80م أي أن عرضه يساوي ضعف طوله، وهو ـ

---

1 - GOLVIN (L): Essai sur L'architecture religieuse musulmane. T1, Klinchsiek; 1970 P: 46.

كما ذكرنا ـ يستمد هذا الشكل من الشكل العام للمسجد، حيث أن عرض الجامع يزيد عن طوله، ويذكر "فيكتور وايل"[1] أن صحن الجامع كانت تتوسطه نافورة من الرخام خصصت للوضوء على غرار ما كان متبعا في المساجد الأندلسية، كما أن صحنه كان مغروسا بأشجار البرتقال، وكان غرس صحون المساجد تقليدا متبعا في المسجد بقرطبة[2] وجميع مساجد الأندلس منذ أن أقر صعصعة بن سلام ذلك، ولذلك سميت صحون هذه المساجد بصحون البرتقال " Patios de los Naranjos"[3] وأول من لاحظ هذه الظاهرة في جامع الجزائر هو "فيكتور وايل" لاحظها في السنوات الأخيرة من القرن الثامن عشر، ومن الواضح أن وجود هذه الأشجار بصحن جامع الجزائر في الوقت الحاضر قد يشير إلى استمرار الأخذ بهذا التقليد منذ تاريخ إنشاء الجامع، والمعروف أن هذه الظاهرة لم تتكرر في مساجد المغرب الأوسط، مما يدعونا إلى الاعتقاد

---

1 - VICTOR WAILLE : autour Des Mosquées D'Alger, In Revue Africaine , 1889; P:8.

2 ـ السيد عبد العزيز سالم : قرطبة حاضرة الخلافة ، ج1 ، ص 319.

ـ السيد عبد العزيز سالم : في تاريخ وحضارة الإسلام بالأندلس ، مؤسسة شباب الجامعة، الإسكندرية، 1985 ، ص 163.

3 ـ السيد عبد العزيز سالم : المرجع نفسه ، ص 171 ، 173.

بأنها ظاهرة وقتية في جامع الجزائر ربما لتزيينه ، فقد تكون من عمل شخص عاش في القرن الثامن عشر وأراد أن يقلد بها مساجد الأندلس بهدف تجميل الجامع، ومع ذلك فإن مسجدا مشرقيا أقيم في الإسكندرية زمن "المنتصر بالله الفاطمي"وأعني مسجد العطارين كانت بصحنه روضة مغروسة بالأشجار، وهو المسجد الوحيد في مصر الإسلامية التي انفرد بهذه الخاصية، مما يدعونا إلى الاعتقاد بأنه تقليد أندلسي وفد على مصر في جملة من التأثيرات الفنية : معمارية وزخرفية التي تدفقت على منشآت الفاطميين في مصر¹.

7 ـ المئذنة:

تنتصب مئذنة الجامع في ركنه الشمالي الشرقي وتخطيطها مربع الشكل شأنها شأن مآذن المغرب والأندلس، وتتكون من برج واحد وجوسق تعلوه قبة، ويبلغ طول ضلع قاعدتها أربعة أمتار (4م) أما ارتفاع البرج فيعادل ثلاث مرات عرض القاعدة، أما من الداخل فتتوسطها نواة مركزية مربعة الشكل

---

1 ـ السيد عبد العزيزسالم: بعض التأثيرات الأندلسية في العمارة المصرية الإسلامية مجلة المجلة، العدد 12، ديسمبر 1957، ص ص 88، 99.

ـ السيد عبد العزيز سالم: تاريخ الإسكندرية وحضارتها في العصر الإسلامي، مؤسسة شباب الجامعة 1982، ص 471.

يبلغ طول ضلعها مترين، ويدور حول هذه النواة درج صاعد يتكون من 82 درجة بمعدل أربع درجات في كل جانب من جوانبها الأربعة، وأسقف الدرج أقبية متقاطعة تنحدر مع انحدار السلم كما هو الشأن في مئذنة سيدي إبراهيم بمدينة تلمسان[1]، وينتهي الدرج إلى جوسق المئذنة الذي يضم غرفة صغيرة لاستراحة المؤذن وليلجأ إليها في الشتاء تجنبا للبرد في أوقات الآذان، وتتمثل هذه الظاهرة أيضا في مآذن جامع تلمسان، وسيدي إبراهيم. ومئذنة المسجد الجامع بالجزائر ليست معاصرة لبناء الجامع إذ أنها ترجع إلى عهد الزيانيين، فقد أمر ببنائها" أبو تاشفين" الأول سنة (723 هـ/1323 م) تكملة لبناء الجامع الذي كان يخلو من عنصر المئذنة وذلك لأن المرابطين لم يقيموا مآذن للمساجد التي شيدوها في مدن الجزائر، تلمسان، ندرومة.

ويرى الأستاذ رشيد بورويبة أنه لا يوجد تفسير مادي لعدم إقامة المرابطين للمآذن في المساجد، وفي اعتقاده أن المرابطين ربما اعتبروا المئذنة من البدع، بحكم أن مسجد الرسول (ص) في المدينة لم تكن له مئذنة في بداية إنشائه، ولكن هذا التفسير لا يمكن أن نسلم به، وإلا كيف نفسر احتفاظ

1 - BOUROUIBA (R): L'art Religieux, P. 187.

"يوسف بن تاشفين" بمئذنة جامع القرويين بفاس عندما أعاد بناءه، ويعلل رشيد بورويبة بأن هدف الأمير"يوسف بن تاشفين" في التركيز على بناء المساجد في كل المدن التي لا تحظى بمثل هذه المنشأة، جعلته يتغاضى عن بناء المآذن[1]، ولكن لا يعقل أن تكون في المغرب الإسلامي مدن لم تبن فيها مساجد بل إنها كانت الأبنية الرئيسية فيها، والأرجح في تصوري أن هموم "يوسف بن تاشفين" وكثرة أعبائه ومشاكله بعد ضمه الأندلس وانصرافه إلى الجهاد ضد قوى النصرانية في الأندلس صرفته عن تزويد المساجد التي أسست في عهده بعنصر المئذنة ولاسيما أن المئذنة قد تستعاض عنها بسطح المسجد، وربما يكون تطبيقا لنظام المساجد الأولى في الإسلام، التي كانت تخلو من عنصر المئذنة، كما هو الحال في مسجد الرسول (ص) بالمدينة وجامعي الفسطاط والقيروان، ومن المعروف أن أولى المآذن في الإسلام هي مآذن مسجد عمر بن العاص بالفسطاط أقامها "مسلمة بن مخلد الأنصاري" والي

1 - Ibid, P: 109.

مصر سنة 53 هـ[1] وأن مئذنة مسجد القيروان أقامها "بشر بن صفوان" سنة 105 هـ[2].

أما مئذنة المسجد الجامع بالجزائر فمن بناء السلطان الزياني أبو تاشفين الأول سنة (723 هـ/1323م) ويؤكد هذا التاريخ النقش الكتابي البارز المسجل على لوحة من الرخام مثبتة في الجدار الشمالي للمسجد على يمين الباب المؤدي إلى المئذنة[3]، ومن المعروف أن الزيانيين شيدوا مآذن للمساجد التي أقاموها، كما زودوا المساجد المرابطية في المغرب الأوسط أو المساجد التي سبقت عصر المرابطين ـ ومنها جامع أغادير ـ بالمآذن. موقع المئذنة: يذكر الأستاذ "صالح بن قربة" أن مئذنة جامع الجزائر تقع على محور

---

1 ـ عبد العزيز سالم: المآذن المصرية، نظرة عامة عن أصلها وتطورها من الفتح العربي حتى الفتح العثماني، مؤسسة شباب الجامعة، الإسكندرية، بدون تاريخ، ص 10.

2 ـ أنظر: أحمد فكري: المسجد الجامع بالقيروان، ص 13 ـ 23، و المدخل ص 249.

ـ عبد العزيز سالم: تاريخ المغرب الإسلامي، ص 337.

ـ كاظم إبراهيم الجنابي: المآذن نشأتها وتطورها في آثار العراق إلى نهاية العصر ـ السلجوقي، رسالة دكتوراه، كلية الآداب، جامعة الإسكندرية، 1964، ص 116.

3 ـ سنتناول هذا النقش بالحديث عند دراسة العناصر الزخرفية بالمسجد .

المحراب[1]، ولكن ذلك القول لا ينطبق على الواقع، فزيارتي الميدانية لهذا الجامع تثبت عكس ذلك والحقيقة أن المئذنة تقع في الركن الشمالي الشرقي[2]. وهذا يعد في حد ذاته دليلا على تأثر البناء الزياني بالمباني الموحدية بالمغرب الأقصى والأندلس بدليل أن مآذن مسجد الكتبية بمراكش والقصبة بمراكش ومسجد القصبة بإشبيلية تقع جميعها في نفس الركن. ومئذنة جامع الجزائر مربعة الشكل، وهي قصيرة نسبيا إذا ما قورنت بالمآذن الزيانية الأخرى، إذ يبلغ ارتفاعها كما سبق أن ذكرنا ثلاث مرات عرض قاعدتها وتتكون من برج رئيسي وجوسق صغير(لوحة3) وهي في ذلك تختلف عن المآذن التونسية التي تتألف من ثلاثة طوابق كما في جامعي القيروان[3] وصفاقس[1]،

---

1 ـ صالح بن قربة: المآذن الأندلسية المغربية في العصور الوسطى، المؤسسة الوطنية للكتاب، الجزائر، 1986، ص 86.

2 ـ يستثنى من ذلك مئذنتا مسجد أبو الحسن وسيدي إبراهيم وكلاهما من العهد الزياني الأولى تقع في الركن الجنوبي الشرقي والثانية في الركن الشمالي الغربي، يضاف إليهما مئذنتا جامع أغادير وتلمسان وهما من فترتين سابقتين للعهد الزياني، وهاتان المئذنتان وإن كانتا من العهد الزياني فهما تقعان على محور المحراب.

3 ـ كمال الدين سامح: العمارة في صدر الإسلام، الهيئة المصرية العامة للكتاب 1987 ص 174 ـ 181.

ـ وأنظر أيضا: أحمد فكري: المسجد الجامع بالقيروان، ص 108، 110.

ـ عبد العزيز سالم: تاريخ المغرب الإسلامي، ص 343.

ويبدو أن الزيانيين تأثروا بالمآذن الموحدية، المكونة من طابقين فقط كما هو الحال في جامع القصبة بمراكش وجامع إشبيلية، وقد عمدوا إلى تقسيم البرج الرئيسي في المئذنة إلى قسمين أو ثلاثة أقسام عن طريق صف أو صفين من الآجر يبرزان قليلا إلى الخارج وهما بمثابة قاعدة لكل قسم من أقسام البرج، وقد انتشرت هذه الفكرة في المآذن الزيانية، إلا أن هذه الطريقة في التقسيم لا تنطبق على مئذنة جامع الجزائر بسبب الإصلاحات والتجديدات التي تعرضت لها وأفقدتها صفتها الزيانية وإن كانت تفتقد بصورتها الحالية قيمتها الأثرية بسبب اختفاء التشبيكات التي كانت تكسو واجهاتها الأربع كتلك التي انتشرت في المآذن الزيانية المعاصرة لها وليس لدينا من الأدلة المادية ما يثبت فيما إذا كانت هذه الزخارف موجودة من قبل على واجهاتها ثم فقدت نتيجة الإصلاحات والتجديدات التي تعرضت لها في الفترات اللاحقة، أو أنها مجردة من هذه التشبيكات منذ بداية نشأتها ولكننا نعتقد بمقارنتها بالمآذن الزيانية الأخرى أنها كانت تزدان بهذه التشبيكات منذ أن أقيمت في عصر بني زيان.

---

1 - MARçAIS (G): L'architecture Musulmane D'occident, Arts et matière graphiques, Paris, 1954, P:73.

د ـ العناصر الزخرفية وأصولها:

تتميز الجدران الخارجية للمسجد وكذلك دعائم بيت الصلاة وعقوده بخلوها من الزخارف، مما يوحي بنوع من الزهد في كسوة هذه العناصر المعمارية في الجامع بالزخارف، وفي تصوري أن هناك تفسيران لهذه الظاهرة:

1 - منها غلبة الروح الدينية الجهادية عند أمراء المرابطين مما أبعدهم عن كل مظاهر الزخرفة والترف التي تتناقض مع مبادئ الدين الإسلامي الحنيف.

2 - الطابع الصحراوي الخشن الذي كان يعيشه المرابطون في أعماق المغرب الأقصى بعيدا عن كل مظاهر الحضارة، منقطعين عن الاختلاط بجيرانهم في الشمال أو الشرق.

ولهذا فإننا نستبعد أن تكون واجهات المسجد في الأصل مزدانة بكسوات زخرفية طمست بسبب التجديدات والترميمات التي تعرض لها في مختلف الفترات التاريخية وذلك لأن جدران واجهات كل من جامع ندرومة، وجامع تلمسان ـ وهما معاصران لهذا الجامع ـ خالية هي الأخرى من أي زخرفة سواء من الخارج أو من الداخل، مما يؤكد أن المسجد الجامع بالجزائر كان عاطلا من الزخارف منذ إنشائه، ثم أدى اختلاط المرابطين بالحضارة الأندلسية ـ فيما بعد ـ إلى التأثر بفنون الأندلس التي تنحو نحو الإغراق

في الزخرفة، وهو ما تحقق فعلا في المسجد الجامع بتلمسان في عهد علي بن يوسف (531 هـ/1136م) فقد أضاف هذا الأمير إلى الجامع قبة تشبه في عناصرها المعمارية والزخرفية القبة التي تتقدم المحراب بجامع قرطبة، ومع ذلك فإذا كانت جدران جامع الجزائر لا تحمل أي زخرفة، فإن منبره قد حفظ لنا الكثير من الزخارف، شملت الزخارف الكتابية والهندسية والنباتية التي يطلق عليها اسم التوريق[1] *ATAURIQUE* وتشتمل هذه الزخارف الموزعة على 48 حشوة مربعة على ريشتي المنبر على سيقان نباتية متداخلة تحليها أوراق الأكانتس، وأوراق العنب تذكر بالأسلوب الزخرفي الذي ظهر في عمائر قرطبة وسرقسطه[2].

---

1 ـ إن هذه الزخرفة التي اشتهرت باسم الأربسك لا تزال تعرف في اللغة الإسبانية باسم *ATAURIGOS* وقوام زخارفها عناصر نباتية محورة عن الطبيعة ومتداخلة فيما بينها إلى درجة يصعب فيها على الإنسان معرفة نقطة البداية لهذه الزخرفة من نقطة نهايتها.

ـ **راجع:** محمد عبد العزيز مرزوق: الفنون الزخرفية الإسلامية في المغرب والأندلس دار الثقافة، بيروت، بدون تاريخ، ص 81، 82.

2 ـ م س د يماند: الفنون الإسلامية، ترجمة أحمد موسى، دار المعار ، القاهرة ط 2 1985، ص 129.

ـ عبد العزيز حميد وصلاح العبيدي وأحمد قاسم : الفنون الزخرفية العربية الإسلامية بغداد 1982، ص 51.

- MARçAIS (G):La Chaire De La Grande Mosquée D'Alger; P: 369.

ويرى "بيرك" أن زخارف منبر جامع الجزائر هي ثمرة الجمع بين التأثيرات الفنية المشرقية والمغربية والأندلسية[1]، ولمزيد من الإيضاح نتناول بالدراسة هذه الزخارف حسب أنواعها الثلاثة:

1 ـ الزخارف النباتية (التوريق):

قوامها سيقان نباتية مختلفة الأشكال والأطوال (لوحة 4) فالمراوح النخيلية ذات أحجام مختلفة (لوحة 5) وهي تتخذ إما صورا واقعية من مملكة النبات أو تتجرد من صفاتها الطبيعية وتصبح مجرد فصوص تختلف أعدادها من شكل زخرفي إلى آخر، ويغلب على الزخارف النباتية التي يزدان بها منبر جامع الجزائر الطابع الأندلسي والذي نشهده ممثلا في زخارف المسجد الجامع بقرطبة[2] أو متطورا بعض الشيء كالتي في قصور الجعفرية بسرقسطة.

---

1 - BERQUE (A) : L'Algérie terre d'art et d'histoire, P: 153.

2 - MARçAIS (G): OP CIT; P: 381.

   Note Sur la Chaire à prêcher De La Grande Mosquée D'ALGER, In Hesperis, 1926; P:421.

أما السيقان النباتية: فتتعدد أشكالها وتنحصر هذه السيقان في عمودي عقد المنبر وبنقيتا (كوشتا) العقد الرئيسي في المنبر، كما تتوزع على حشوات الريشتين، ويمكن تحديد أنواع هذه السيقان على النحو التالي:

أ ـ ساق وسط الحشوة:

مربعة القاعدة تنبثق من جانبيها فروع نباتية صغيرة تشكل عناصر زخرفية لولبية الشكل (لوحة 4، ش1).

ب ـ ساق مركزية:

تنبثق من جانبيها فروع نباتية صغيرة استخدمها الفنان لحشو الفراغ[1] وذلك بإضافة ساق ثانية محدبة تنبثق من نفس مكان الساق الأولى وتمتد موازية لها (لوحة 4، ش : 2، 3).

---

[1] ـ من إحدى سمات الفن الإسلامي كراهية الفراغ HOROR VACUI.

راجع: عبد العزيز مرزوق: الإسلام والفنون الجميلة، دار الكتب المصرية، القاهرة 1944، ص 85.

ج ـ تستمر الساق نفسها في الظهور:

ولكن الفنان يضيف إليها في هذه المرة ساقين تنطلقان من مكان انبثاقها وهما محدبتان تتقاطعان في منطقة أعلى من الساق المركزية بحيث تشكلان عنصرا زخرفيا يشبه مغزل الصوف اليدوي. (لوحة 4، ش: 5، 6).

د ـ سيقان متعددة ومنثورة:

في جميع اتجاهات الحشوة المربعة يصعب ـ في بعض الأحيان ـ معرفة نقطة بدايتها، وتشكل هذه السيقان المتقاطعة عناصر زخرفية على شكل دوائر   أو أشكال هندسية متعددة الأضلاع كما يظهر في إحدى الحشوات عنصر هندسي على شكل رقم ثمانية (مجدولة)[1]. (لوحة 4، ش: 7، 8، 9، 10، 11).

2 ـ المراوح النخيلية: تغلب المراوح النخيلية على سائر الزخارف النباتية، بحيث تملأ جميع الفراغات التي تخلو من السيقان النباتية ويتمثل ذلك بوضوح في عمد عقد المنبر وبنيقتيه (كوشتيه) ومهما يكن فإن الفنان الذي نفذ هذه الزخارف على منبر جامع الجزائر لا يستطيع الاستغناء عن أحداهما، نظرا لأن كل واحدة منهما تكمل الأخرى وباجتماعهما مع بعض العناصر النباتية

---

1 ـ لقد اعتمدنا في دارسة هذه الزخارف على الصور التي نشرها جورج مارسي في مجلـة HESPERIS سـنة 1921م.

الأخرى تكتمل الزخرفة الإسلامية المعروفة بأسلوب التوريق الذي ظهر في الأندلس، وبناء

على هذا يمكن تحديد شكل مراوح النخيل التي ظهرت في المنبر على النحو التالي:

أ ـ مراوح نخيلية طويلة تماثلها مراوح أخرى (لوحة4، ص:12، 13،14،15).

ب ـ مراوح نخيلية طويلة تنطلق من عقدتين دائرتين متماثلتين أو من فصين

مدببين متماثلين، وتنتهي من الأعلى بتوريق هرمي الشكل (لوحة4، ش: 16، ـ 17، 18،

19).

ج ـ مراوح نخيلية أو زهيرات ذات خمسة فصوص متماثلة[1]:

(لوحة 4، ش:21، 22) زخارف نباتية محورة: تزدان حشوات ريشتي منبر المسجد الجامع

بالجزائر إلى جانب السيقان النباتية والمراوح النخيلية بزخارف محورة عن الطبيعة تتخذ

شكلا زهريا صغيرا يتألف من عدة فصوص دائرية، أو نتيجة اتحاد مروحتين نخيلتين

تكونان زخرفة ثلاثية الفصوص وهذه

---

1 - MARçAIS (G): La Chaire De La Grande Mosquée D'Alger; PP: 376 – 377.

الزخرفة ثلاثية الفصوص إما تعتمد في تكوينها على فص مركزي كبير يستند إلى قاعدة تختلف من فص إلى آخر كما يلي:

أ‌ـ1ـ فص مركزي كبير يستند إلى قاعدة مكونة من فصين مدببين متقابلين (لوحة 5، ش:1، 2).

ب ـ1 فص مركزي كبير يستند إلى قاعدة مكونة من عقدتين حادتين (لوحة 5، ش: 3).

ج ـ 1فص مركزي كبير يستند إلى قاعدة مكونة من قرصين أو دائرتين.

د ـ1 فص مركزي كبير يستند إلى قاعدة مكونة من عقد دائرية وأخرى مدببة (لوحة 5، ش:6،7).

ـ أو زخارف ذات فص مركزي ينتج عن اتحاد مروحتين نخيليتين مقعرتين من نهايتهما العلويتين ويتوسطهما شكل زخرفي يشبه مغزل الصوف اليدوي (لوحة 5، ش: 8).

ـ أو زخارف نباتية تمثل ورقة العنب المحورة (لوحة 5، ش: 9، 10).

ـــ أو زخارف دائرية تشبه الطبق النجمي وتتراوح فصوص هذه الزخرفة ما بين خمسة وعشرة[1]. (لوحة 5، ش: 12، 13).

2 ـ الزخارف الهندسية:

تتوزع هذه الزخارف على العقد الكبير الذي يدور بواجهة المنبر وتتمثل في سلسلة من الحلقات تحيط بقوس العقد، كما تشغل الزخارف الهندسية أيضا تسع حشوات مربعة من مجموع ثمانية وأربعين حشوة تزين المنبر، وقوام هذه الزخارف تشبيكات هندسية مكونة من أشرطة مستقيمة أو منحنية، ودوائر وأنصاف دوائر تتقاطع فيما بينها مخلفة شبكات زخرفية، وفيما يلي وصف زخارف هذه الحشوات.

أ ـ حشوات اقتصرت على الزخارف الهندسية.

ب ـ حشوات تجمع بين الزخارف الهندسية والنباتية.

أما النوع الأول فيمثل حشوتين مربعتين قوام زخارفهما خطوط مستقيمة ومنحنية وأنصاف دوائر بحيث تؤلف الخطوط المتقاطعة قاعدة

---

1 - BOUROUIBA (R): L'art Religieux; P: 132.

الزخرفة ثم أضاف عليها الفنان الحلقات الدائرية، وأنصاف الدوائر المتقابلة على نحو يجعل نقطة التقاء الخطوط المتقاطعة في مركز الدائرة (لوحة 5، ش: 14) كما تؤلف الخطوط المتوازية والمتقاطعة فيما بينها بين الحين والحين على نحو يتعذر معه معرفة نقطتي البداية والنهاية موضوع المربع الثاني، حيث أنه يختلف تماما عن المربع الأول من حيث تشكيله الزخرفي (لوحة 5، ش: 15).

وقوام الزخرفة في النوع الثاني من الحشوات المربعة عناصر هندسية من الخطوط المنحنية والمستقيمة التي تتقاطع بينها مخلفة فراغات تشغلها زخارف نباتية تشبه مراوح النخيل (لوحة5، ش: 16)، أو عناصر نباتية محورة عن الطبيعة (لوحة 5، ش: 17)[1]، وفكرة الزخرفة في هذه الحشوات قوامها مربع يزين مركز الحشوة المربعة[2] يكون المركز الذي على أساسه يقوم الفنان بنقش بقية الزخارف التي تملأ الحشوة، مما يؤكد حرص الفنان على تطبيق

---

1 - MARÇAIS (G): La Chaire De La Grande Mosquée D'ALGER; P: 384.

2 ـ ما عدا حشوة واحدة فقط يشغل مركزها شكل سداسي الأضلاع تتوسطه زهرة ذات عشرة أوراق .

أساس التماثل في تنفيذ الزخارف حول المربع المركزي، بحيث لا نكاد نعثر على عنصر زخرفي لا يقابله في الجهة الثانية عنصرا آخر من نفس النوع يماثله من حيث حجمه وموقعه بالنسبة للمربع المركزي، وانطلاقا من هذه الفكرة نفذت الدوائر والمثلثات والأشكال الهندسية الأخرى، وكذلك العناصر النباتية من مراوح النخيل والعناصر النباتية المحورة عن الطبيعة والتي تزين الحشوة كلها على نحو تبدو معه متقابلة ومتساوية الأحجام والأبعاد، ومما يلفت النظر أنه على الرغم من اشتراك المربع المركزي في جميع الحشوات المربعة إلا أن كل حشوة مربعة تنفرد عن بقية الحشوات بتشبيكات زخرفية لا تشبه تشبيكات بقية الحشوات مع تكرر بعض العناصر الزخرفية مثل الدوائر والخطوط المستقيمة والمنحنية مما يدل على مهارة الفنان المنفذ لها وترجع الأمثلة الأولى لهذه التشبيكات الهندسية في المغرب الإسلامي إلى سنة 221 هـ/835م حيث نشهدها ممثلة في قبة المحراب بالمسجد الجامع بالقيروان، حيث تمتلئ مسطحاتها بأشكال متنوعة من الزخارف الهندسية زينت بها جوفاتها وطاقاتها وعقودها وضلوعها، حيث انتشرت هذه الزخارف فوق المساحات المسطحة

العارية في القبة، مما أدى إلى تناقص هذه المساحات، بل أنها كادت تختفي نهائيا[1]،ولا تصل هذه الزخارف بأي حال من الأحوال إلى الدقة التي تظهر عليها تشبيكات منبر جامع الجزائر ومع ذلك فإنه يمكن اعتبارها أول أنموذج ظهر في المغرب الإسلامي لهذه الزخارف.

ويرى مارسي[2] أن هذه التشبيكات ترجع إلى القرن الرابع الهجري العاشر الميلادي فهي تتمثل في الأشكال النجمية التي تزدان بها ستائر نوافذ جامع قرطبة (من عهد الحكم المستنصر بالله) وهكذا تكون الزخارف قد ظهرت في الأندلس قبل المشرق، ذلك أن أول نماذج لها

في المشرق ظهرت في مئذنة جامع الحكم بأمر الله الفاطمي التي يرجع تاريخ إنشائها إلى سنة (404 هـ/1013م)، ثم تختفي لتظهر بعد قرن من الزمن   في زخارف محرابي السيدة "رقية"، والسيدة "نفيسة".

---

1 ـ أحمد فكري: المسجد الجامع بالقيروان، ص 131.

2 - MARÇAIS (G) : La Chaire De La Grande Mosquée D'ALGER; P: 384.

3 ـ النقوش الكتابيـة:

إذا كانت الزخارف النباتية والهندسية قليلة ـ إذا أخذنا بعين الاعتبار المساحات الكبيرة العارية في الجامع ـ فإن الزخارف الكتابية تكاد أن تكون معدومة، أما كل ما عثرنا عليه من النقوش الكتابية بهذا الجامع فلا يعدو نقشين، وإن كان الغرض منهما ليس زخرفيا، إذ أنهما من النقوش التذكارية التي تسجل تاريخ الإنشاء والنقش الأول يسجل تاريخ الفراغ من صنع المنبر، أما الثاني فيسجل تاريخ بناء المئذنة، وهذا ما أدى إلى التباين في أسلوب النقش والخط نفسه، وعلى هذا الأساس نتعرض لكل من النقشين على حده.

النقش الكتابي بالمنبر: نقشت هذه الكتابة على العمودين اللذين يحملان عقد واجهة المنبر وكذلك على العارضة الخشبية التي تصل بينهما، وتمتد أعلى مفتاح العقد ونطالع في النقش النص التالي:

أ ـ العمود الأيمن:

بسم اللـه الرحمن الرحيم أتم هذا المنبر.

ب ـ العـارضة الأفـقية:

في أول شهر رجب الذي

ج ـ العمـود الأيسـر:

من سنة تسعين وأربعمائة عمل محمد.

خصائص الكتابة: نقشت هذه الكتابة على الخشب نقشا بارزا بالخط الكوفي المورق[1]، كما يمكن تقسيمها من حيث المضمون إلى ثلاث صيغ هي:

أ ـ البسملة: كما هو في النقش السابق.

ب ـ ذكر تاريخ الفراغ من صنع المنبر.

ج ـ ذكر اسم الصانع.

و الملاحـظ هنا أن النقاش لم يختتم النقش بصيغة دعائية ـ كما جرت العادة ـ لصالح الأمير أو الحاكم.

أهمية النقش الكتابي: لهذه الكتابة أهمية تاريخية كبيرة، إذ أنها كانت المستند الوحيد الذي اعتمد عليه الدارسون للآثار الإسلامية في المغرب الأوسط لمعرفة التاريخ الذي تم فيه إنشاء الجامع، كما أن ذكر اسم النقاش على هذا النقش وإغفال اسم مؤسس الجامع يبدو أمرا غريبا فقد جرت العادة في النقوش التذكارية على المباني الإسلامية في أن يذكر اسم المؤسس، ويعلل ذلك

---

1 - BOUROUIBA (R): Les Inscriptions Commémoratives Des Mosquées D'Algérie .O.P.U, ALGER; 1984, P: 92.

"رشيد بورويبة"[1] بأن سكان مدينة الجزائر كانوا لا يبذلون لرؤساء المرابطين قدرا كافيا من التقدير والولاء، وربما كان نفوذهم على هذه المدينة مجرد نفوذ اسمي، ومما يؤكد صحة هذا الرأي أن النقوش الكتابية بالجامع الكبير بتلمسان أو نقوش منبر جامع ندرومة ورد فيها ذكر اسم المؤسس مما يعبر عن سمو مكانة أمراء المرابطين بين أهالي مدينتي تلمسان وندرومة.

نقش المئذنة: هذا النقش سجل على لوحة رخامية مثبتة على الجدار الشمالي للجامع على يمين الباب المؤدي إلى المئذنة، وفيما يلي نصه:

السطر الأول: بسم الله الرحمن الرحيم صلّى الله على سيدنا محمد

السطر الثاني: لما تمم أمير المسلمين أبو تاشفين أيده الله ونصره منار.

السطر الثالث: الجزائر في مدة أولها يوم الاحد السابع عشر من ذي قعدة.

السطر الرابع: من عام اثنين وعشرين وسبعمائة وكان تمامها وكمالها.

السطر الخامس: في غرة رجب عام ثلاثة وعشرين وسبعمائة نادا المنار.

السطر السادس: المذكور بلسان حاله الحالي أين منار حاله في الحسن كحالي.

السطر السابع: أقام أمير المسلمين تفافحا كساني بها حسنا وتمم بنياني.

1 - Ibid, P: 95.

السطر الثامن: وقابلني بدر السماء وقال لي عليك سلامي أيها القمر الثاني.

السطر التاسع: فلا منظر يسبي النفوس كمنظري ألا فانظروا حسني وبهجة تيجاني.

السطر العاشر: فزاد إلا هي رفعة كما زاد في شأني ورفع أركاني.

السطر الحادي عشر: ولازال نصر الله حول لوليه رفيقا له تال وجيشا له ثاني [1].

خصائص النقش الكتابي: يشتمل النقش على أحد عشر سطرا نفذت على لوحة من الرخام يبلغ طولها 0,75م وعرضها 0,50م والكتابة منقوشة بالخط النسخي المغربي ، ويلاحظ على هذه الكتابة بعض الأخطاء اللغوية، تدل ـ في تصوري ـ على جهل النقاش لقواعد اللغة العربية، وفيما يلي بعض الكلمات التي ورد فيها خطأ في النص:

السطر الثالث: ذي قعده بينما الصحيح ذي القعدة.

السطر الخامس: نادا بينما الصحيح نادى.

السطر السادس: المدكور بينما الصحيح المذكور.

السطر السابع: تفافحا بينما الصحيح تفافيحا.

---

1 - Ibid, P: 97.

وإذا حاولنا تحليل مضمون هذه الكتابة فإنه يمكن تقسيمها إلى خمس صيغ كلامية هي:

أ ـ **البسملة**: بسم اللـه الرحمن الرحيم: استهل بها الكلام.

ب ـ **ذكر اسم المؤسس**: أبو تاشفين.

ج ـ **ذكر المدة التي استغرقتها بناء المئذنة**: "في مدة أولها يوم الاحد السابع عشر من ذي قعدة من عام اثنين وعشرين وسبعمائة وكان تمامها وكمالها في غرة رجب عام ثلاثة وعشرين وسبعمائة".

د ـ **وصف المئـذنة بعبارة منمقـة**.

ويرى ديفولكس ـ نقلا عن بيرك ـ أن ما جاء في السطر العاشر من الكتابة شيء يدعو للغرابة نظرا للوصف الرائع الذي وصفت به المئذنة، في حين أنها على ما هي عليه من بساطة في البناء لا تلفت النظر وهو أمر لا يتناسب وما ورد في النقش[1]، ونحن نعتقد أن هذه العبارات وإن كان فيها نوع من المبالغة في الوصف إلا أنها توحي بأن هذه المئذنة كانت على درجة كبيرة من

---

1 - BERQUE (A) : L' Algérie Terre D'art et D' Histoire, P: 144.

الإتقان في البناء، وأن التجديدات والترميمات التي ألحقت بها غيرت من صورتها الأولى.

(2) المسجد الجامع بندرومة:[1]

أ ـ تاريخ إنشاء المسجد:

مازال تاريخ تأسيس جامع ندرومة يشغل بال الكثير من الباحثين في الآثار الإسلامية بالمغرب، فعلى الرغم من اتفاقهم على الفترة التاريخية التي أنشئ فيها، إلا أن النقاش مازال قائما حول شخص مؤسسه والفضل في تعرف الباحثين على تاريخ إنشاء الجامع المذكور يرجع أساسا إلى لوحة خشبية على منبر الجامع تشكل ظهر جلسة الخطيب كشفها عالم الآثار الإسلامية "رينيه باسيه" الذي ساهم باكتشافه في إزالة بعض الغموض عن تاريخ إنشاء الجامع، وتتمثل أهمية هذه اللوحة الخشبية في تضمنها للتاريخ

---

1 ـ ندرومة : مدينة واقعة في الشمال الغربي من تلمسان وتبعد عنها بنحو 60 كلم وقد جاء في وصف الحميري لها ما يلي :

" مدينة في طرف جبل تاجرا بأرض المغرب ، وهي مدينة حسنة كثيرة الزرع والفواكه رخيصة الأسعار ولها بسائط خصيبة ومزارع كثيرة ، وبينها وبين البحر نحو عشرة أميال ، ولها مرسى مأمون مقصود وعليه رباط حسن يتبرك به ، ويقال من أتى فيه منكرا لم تتأخر عقوبته ، فقد عرف ذلك من بركة ومن صنع الله فيه ".

ـ راجع : الحميري : الروض المعطار ، ص 576.

الإنشائي لمنبر هذا الجامع والذي نستدل منه على أنه يرجع إلى عهد المرابطين، ومما يؤسف له أن الحشرات أتت على جزء كبير من كلمات هذا النقش، فتلاشت الكلمات التي تحمل اسم المنشئ مما آثار النقاش بين الباحثين وانقسامهم إلى فريقين:

الفريق الأول: ويرأسه جورج مارسي، ويرى أن المنبر من عمل أحد أبناء يوسف بن تاشفين ويرى مارسي أن تاريخ إنشاء جامع ندرومة يحتمل أن يكون فيما بين نهاية القرن الخامس، وبداية السادس الهجري كما يرجع أن يكون مؤسسه أحد أبناء يوسف الذين لم يتولوا الحكم وينطبق عليهم لقب الأمير أو السيد مثل ابنه العزيز[1]، وقد أيده في رأيه

"بيـرك" الذي يبدو أنه مقتنع تماما بتفسير مارسي لهذا النقش[2].

أما الفريق الثاني: ويرأسه رينيه باسيه مكتشف اللوحة[1] فيرى أن جامع ندرومة من إنشاء الأمير يوسف بن تاشفين في الفترة التي أصبح فيها سيد بلاد

1 - MARÇAIS (G) : La Chaire De La Grande Mosquée De Nedroma, ALGER; 1932; P:2.

2 - BERQUE (A) : OP CIT, PP: 153 -154.

المغرب فيما يقرب من 474 هـ 1081/م[2]، ويشارك رينيه رأيه الأستاذ "رشيد بورويبة" واستنادا إلى بعض العبارات الواردة في النقش الكتابي، فهو يرى أن عبارة "أدام اللـه توفيقه" تتعلق بشخص واحد فقط في النص المنقوش ويقصد به بلا شك الأمير أو الحاكم.

ـ ومن الجدير بالذكر أن هذه العبارة وردت بصيغة المفرد، ولو أن أحد أبناء يوسف بن تاشفين هو الذي أهدى المنبر إلى الجامع لاحتاج النقاش إلى التعريف بهذا الأمير عن طريق ذكر اسم والده إلى جانبه وبالتالي تأتي الصيغة الدعائية لهما بصيغة المثنى وليس المفرد، يضاف إلى ذلك أن المنبر إذا كان من إهداء أحد أبناء يوسف بن تاشفين ـ حسب رأي مارسي ـ فإن النقاش لا يمكنه أن يغفل ذكر اسم الشخص الذي قدم المنبر هدية إلى الجامع بجانب

---

1 ـ قام رينيه باسيه في أبريل 1900م بمهمة علمية في المنطقة الشمالية الغربية مـن مدينـة وهـران، وحالفـه الحظ أثناء هذه الرحلة في اكتشاف هذه اللوحة الخشبية التي نقشت عليها الكتابة التذكارية للمنبر ، وهـي حاليا محفوظة بمتحف الآثار الإسلامية والفنون القديمة بمدينة الجزائر .

2 - RENE BASSET: Nedromah et Les Traras, Ernest Leroux, PARIS, 1901, P: 22.

اسم الأمير أو الحاكم وإذا كان المنبر قد قدم هدية للجامع بعد وفاة يوسف بن تاشفين فمن الواجب أن يرفق النقاش الاسم بعبارة "رحمه الله".

وبناء على ما سبق يرجح الأستاذ "رشيد بورويبة"[1] أن يكون المنبر بوجه خاص والجامع بوجه عام من عمل الأمير يوسف بن تاشفين وعلى هذا الأساس يمكن أن يكون قد أنشئ قبل سنة 479هـ/1086م التي تسجل انتصار المرابطين بقيادة يوسف بن تاشفين على قوى النصرانية في إسبانيا في سوقعة الزلاقة، ولما كان هذا الانتصار العظيم قد رفع من مكانة يوسف بن تاشفين فأصبح يلقب بقلب "أمير المسلمين"[2] فلا يمكن في هذه الحالة أن يلقب بالسيد كما هو مسجل في نقوش المنبر، لأن هذا اللقب لا يليق بمكانة يوسف بن تاشفين. ويميل لوسيان جلفان إلى تأييد الأستاذ رشيد بورويبة في هذا التحليل، حيث جاء في معرض حديثه عن المنبر: أن هذه التفسيرات والافتراضات يمكن أن تؤخذ بعين الاعتبار، وبناء على ذلك يمكن اعتبار

---

1 - BOUROUIBA (R) : L'art Religieux, P: 123.

2 ـ يذكر ابن عذاري في أخبار سنة 466 هـ أن يوسف بن تاشفين لقب نفسه في هـذه السـنة بـأمير المسـلمين وأمر الكتاب أن يكتبوا رسائله بهذا الاسم، وهذا ما يثبت أنه لم يتلقب بهذا اللقب بعد معركة الزلاقة (479 هـ) كما يزعم الأستاذ رشيد بورويبة.

راجع : ابن عذاري : البيان المغرب ، ج4 ، ص 27 ، 28.

جامع مدينة ندرومة واحدا من بين المساجد الأولى التي قام ببنائها يوسف بن تاشفين في المغرب الأوسط[1].

ونعتقد من جانبنا أن التشابه الكبير الذي نلاحظه بين عناصر البناء في جامع ندرومة وجامع الجزائر، وكذلك في النظام التخطيطي لكل منهما يجعلنا نرجح أن يكون معاصرا لجامع الجزائر، ونرجح بالتالي أن يكون من بناء يوسف بن تاشفين، وإذا كان الأمر كذلك فهو في هذه الحالة يعتبر أول مسجد من بين المساجد الثلاثة التي أقامها بالمغرب الأوسط، نظرا لأنه فتح هذه المنطقة (ندرومة) سنة 472 هـ/1079م بينما تأخر فتح مدينة الجزائر إلى سنة 475 هـ/1082م وأن الروح الدينية العالية التي كان يتحلى بها الأمير يوسف بن تاشفين لم تكن لتؤخره عن تشييد هذا الجامع في هذه المدينة خاصة إذا عرفنا أنه كان يأمر سكان مدينة فاس عندما دخلها بتشييد المساجد في شوارعها وأزقتها وأحوازها التي لا يعثر بها على مسجد[2]، وكيف أنه لم يكتف بجامع أغادير الذي أسسه إدريس الأول سنة 173 هـ/781 م[3] في مدينة تلمسان بل

1 - GOLVIN (L) : Essai Sur l'architecture, T 4, P: 171.

2 ـ السيد عبد العزيزسالم: تاريخ المغرب في العصر الإسلامي ، ص 715.

3 - MARÇAIS (G) : Les Villes D'Art Célèbres, PARIS, 1950, P: 14.

أنشأ إلى جواره المسجد الجامع الذي يعرف حاليا بالجامع الكبير. وجامع ندرومة كبقية المساجد المرابطية الأخرى تعرض لتجديدات وترميمات لاحقة في معظم جوانبه، ولكننا لا نستطيع تحديد تاريخ هذه التجديدات أو الترميمات لعدم تسجيلها ولصمت المؤرخين عن ذكرها ـ باستثناء المحراب الذي يبدو وأنه جدد فيه تجديدا أتى على معالم المحراب القديم[1]، ومن حسن الطالع ـ أن هذه التجديدات والترميمات لم تمس الهيكل الأساسي للجامع، أما عن الزيادات فإن الجامع قد ظل محتفظا بتخطيطه القديم، ولم يتعرض إلى أية زيادة سواء في بيت الصلاة أو فيما يحيط بالصحن من مجنبات.

والعنصر الوحيد الذي أضيف إلى الجامع هو المئذنة، نظرا لأن المرابطين لم يزودوا مساجدهم بمآذن، ونستدل على هذه الزيادة التي تتمثل في المئذنة من الكتابة التي نقشت على لوحة رخامية مثبتة إلى يمين الباب المؤدي إلى المئذنة، ويتضح من هذا النقش أن سكان ندرومة قاموا ببناء هذه المئذنة

1 - GOLVIN (L):OP CIT, P: 171.

في سنة 749 هـ/ 1349م من أموالهم الخاصة، ويرجع تاريخ هذا النقش إلى عهد السلطان المريني أبي الحسن[1].

ب ـ النظام التخطيطي للمسجد:

ـ يتخذ الجامع شكلا مستطيلا طوله 28,60م، وعرضه 20م ويتوسطه صحن مكشوف مستطيل الشكل كذلك، وهو في هذا يشبه صحن جامع الجزائر مساحته (6,80م×9,70م)، ويحف الصحن بوائك بيت الصلاة والمجنبتان ومؤخر الجامع (لوحة 6) وتفصيل ذلك فيما يلي:

■ **بيت الصلاة:**

يشتمل على تسع بلاطات تمتد متعامدة على جدار القبلة، البلاطة الوسطى أكثرها اتساعا إذ يقدر اتساعها بـ2,59م في حين يقدر اتساع البلاطات المجاورة 2,57م. أما المجنبتان الشرقية والغربية فتشتمل كل منهما على ثلاث بلاطات تفصل بينهما صفوف من الدعائم مربعة القاعدة تعلوها

1 ـ راجـع :

RENE BASSET: Nedromah et Les

- Traras, P: 21.

- BOUROUIBA (R) : Les Inscriptions Commémoratives, P:90.

صفوف من العقود المتجاوزة (على شكل حذوة الفرس) ويقطع بلاطات بيت الصلاة عرضيا ثلاثة أساكيب تمتد موازية لجدار القبلة وتتعادل في اتساعها مع اتساع البلاطات، ويطل بيت الصلاة على الصحن بثلاثة عقود، أما المجنبتان الشرقية والغربية فتطلان عليه بعقدين في كل جهة، ومما يلفت النظر هنا أن جامع ندرومة يعتبر صورة مطابقة للمسجد الجامع بالجزائر، ووجه الاختلاف بينهما يتمثل في عدد البلاطات والأساكيب التي تتناقص من خمسة في المسجد الجامع بمدينة الجزائر إلى ثلاثة في جامع ندرومة وأيضا عدد العقود التي تطل على الصحن في بيت الصلاة والمجنبتين المطلتين على الصحن، حيث يقابل العقود الخمسة التي تتميز بها واجهة بيت الصلاة في المسجد الجامع بمدينة الجزائر ثلاثة عقود في جامع ندرومة، وستة عقود لمجنبتي المسجد الجامع بمدنية الجزائر ـ بمعدل ثلاثة عقود لكل مجنبة ـ بأربعة عقود ـ بمعدل عقدين لكل مجنبة في جامع ندرومة، ويعني ذلك أن النظام التخطيطي لجامع ندرومة جاء موافقا للنظام التخطيطي في مساجد المرابطين الأخرى، مثل جامعي الجزائر، وتلمسان اللذين يتميز بهما بيت الصلاة بالامتداد عرضيا.

■ المحراب:

لا يعدو حنية مضلعة تتوسط جدار القبلة الذي يبلغ سمكه 1,70م وتبرز حنية المحراب خارج جدار القبلة بمقدار ¼¹، ويتقدم واجهة المحراب عقد متجاوز على شكل حذوة الفرس يتكئ على عمد رشيقة ويبدو أنه تعرض لترميمات كبيرة أتت على معالم عمارته الأولى مما أضعف من قيمته الأثرية، حيث يرى جلفان أنه لا يمكن اعتباره من عناصر عمارة المرابطين²، خاصة وأن كل ما نراه على واجهته من زخارف لا تزيد عن بعض البلاطات الزخرفية الحديثة.

■ المنبـــر:

إذا كان المسجد الجامع بمدينة الجزائر قد احتفظ بمنبره كاملا فإن منبر جامع ندرومة لم يصلنا منه غير ثلاث قطع خشبية يرجع الفضل   في اكتشافها إلى رينيه باسيه سنة 1318هـ/1900م أثناء الزيارة العلمية التي قام بها إلى هذه المنطقة ـ وقد سبقت الإشارة إلى ذلك ـ وتشكل القطعة الأولى

---

1 - GOLVIN (L): Essai Sur !l'architecture Religieuse;T4, P: 172.

2 - Ibid, P: 174.

ظهر جلسة الخطيب، وتتكون هذه القطعة الخشبية من أربعة ألواح مجمعة الواحدة
فوق الأخرى تنتهي في أعلاها بعقد نصف دائري ويبلغ ارتفاعها مترا واحدا، وعرضها
0,72م،[1] أما القطعتان الثانية والثالثة فكل منها عبارة   عن لوحة طويلة من ريشتي المنبر،
وقد نقل رينيه باسيه تلك الألواح   إلى متحف الآثار الإسلامية والفنون القديمة بمدينة
الجزائر، ولا تزال محفوظة به حتى اليوم،[2] وإذا كانت القطعتان المتبقيتان من ريشتي
المنبر لا تبرزان أية أهمية فنية، فإن القطعة التي تشكل ظهر جلسة الخطيب ذات قيمة
تاريخية وفنية بالغة الأهمية، إذ أنها تحتوي على نقش كتابي[3] يتضمن تاريخ صناعة المنبر،
وإن كانت بعض سطوره قد تآكلت، غير أنه كان همزة الوصل التي اعتمد عليها الباحثون
في تأريخ الجامع، وبأسلوب الكتابة الفني الجميل الذي نفذ به يبرز طراز الخط الكوفي
الذي ساد المغرب الأوسط في عصر المرابطين.

1 - RENE BASSET: NEDROMAH et Les Traras, P: 22.

2 - BOUROUIBA (R) : L'art musulman en Algérie, S.N.E.D; ALGER, 1972, P:32.

3 ـ سنذكر نص هذا النقش الكتابي عند الحديث عن الزخارف.

وينقل مارسي عن "دي موبريس" وصف منبر الجامع الذي شاهده سنة 1317 هـ/1899م، وكان ما يزال يؤدي وظيفته ما يلي: "يقول أنه منبر خشبي قديم نقشت واجهته الأمامية وزينت بنقوش كتابية بالخط الكوفي"[1] وسوف نتناول العناصر الزخرفية بالشرح والتعليق لاحقا، وإذا ما أخذنا بوصف "دي موبريس" فإن المنبر ظل قائما حتى سنة 1307 هـ/1889م إلا أن رينيه باسيه لم يحدثنا عند زيارته للجامع إلا عـن ثلاث قطع خشبية تبقت من المنبر ولم يحدد لنا فيما إذا كان للمسجد منبر جديد أم لا؟!.

ونفهم من هذا أنه إذا كان المنبر الذي حدثنا عنه "دي موبريس" هو الذي وصلتنا منه القطع الثلاث فهذا يعني أن المنبر أصابته يد الدمار في الفترة الممتدة ما بين سنتي 1307 ـ 1318هـ/1889 ـ 1900م وذلك على وجه الترجيح.

---

1 - MARÇAIS (G) : La Chaire De La Grande Mosquée De Nedroma, pp:2,3.

ج ـ العناصر الزخرفية وأصولها:

1 ـ الدعائم:

بالرغم من اتفاق العلماء المهتمين بالآثار الإسلامية في المغرب الأوسط على أن عمارة المساجد الجامعة المرابطية تشبه في كثير من عناصرها المساجد الأندلسية بوجه عام وجامع قرطبة بوجه خاص، فإن هذه المساجد الجامعة خرجت عن التقاليد التي فرضها جامع قرطبة رغم العلاقات التي سادت المغرب الأوسط والأندلس في عهد يوسف بن تاشفين وابنه "علي"، إذ استبدلت العمد الرشيقة التي تشكل معظم روافع جامع قرطبة وحلت محلها في المغرب الدعائم الضخمة خشنة المظهر، حيث سادت هذه الدعامات المساجد الجامعة المرابطية الثلاثة التي شيدت بالمغرب الأوسط[1].

فجامع ندرومة يحتوي على سبعة وثلاثون دعامة يغلب عليها الشكل المربع، فضلا عن وجود دعائم على شكل حرف (T اللاتيني) ما بقية الدعائم فتتخذ إما شكلا مصلبا أو شكلا مستطيلا أو شكل حرف (L اللاتيني) ويتوقف شكلها على الموضع الذي تشغله، أو ربما راجع إلى الترميمات التي ألحقت بها، مما جعلها ذات أشكال مختلفة. والدعامة عنصر معماري عرف

---

[1] ـ نقصد بذلك المساجد الجامعة بالجزائر وتلمسان وندرومة.

استعماله في العمائر الإسلامية الأولى في المشرق مثل: قبة الصخرة (72هـ/691م)، الجامع الأموي بدمشق (96هـ/714م)، وفي المغرب ظهرت لأول مرة في رباط سوسة (206هـ/821م)، ثم في جامع سوسة (236هـ/850م)[1]، بينما لم تظهر في المغرب الأوسط إلا ابتداء من العهد المرابطي، فقد استخدمت الأعمدة قبل ذلك في المساجد التي شيدها بنو حماد[2] في القسم الشرقي من المغرب الأوسط، ويتمثل ذلك في جامع "سيدي أبي مروان" بمدينة "عنابة" (452هـ/1033م)[3]، وجامع مدينة "تنس" من القرن الرابع هجري (العاشر ميلادي)[4].

---

1 ـ أحمد فكري: المدخل، ص 119.

2 ـ بنو حماد : نسبة إلى حماد بن بلكين بن زيري بن مناد الصنهاجي، مؤسس قلعة بني حماد سنة 492 هـ (1007م) عقب انفصاله عن ابن أخيه باديس بن أبي الفتح الذي كان يتولى إمارة إفريقية والمغرب الأوسط في ظل الدولة الزيرية .

راجع: عبد العزيز سالم: المغرب الإسلامي، ص 563.

3 - BOUROUIBA (R) : L'art Religieux, PP: 25, 26,27.

4 - DESSUS LAMARE ET G.MARÇAIS: La Mosquée Du Vieux Ténès, In Revue Africaine, 1924, P:537.

2 ـ العقـود:

اقتصرت عقود جامع ندرومة على عقد حذوة الفرس النصف دائري أو منكسر قليلا عند رأسه، ولقد انفرد الجامع بهذه الخاصية عن بقية المساجد الجامعة المرابطية الأخرى مثل جامعي الجزائر وتلمسان بالمغرب الأوسط، وجامع الكتبية بمراكش في المغرب الأقصى [1] حيث نشاهد انتشار العقود المفصصة إلى جانب العقود المتجاوزة وتصطف عقود جامع ندرومة مشكلة ثمانية بوائك متعامدة على جدار القبلة، تتقاطع البائكتان اللتان تحدان البلاطة الوسطى في بيت الصلاة بعقد يقوم على الدعامتين المقابلتين للمحراب من الصف الأول من الدعامات الذي يحد الأسكوب الأول من بيت الصلاة، فتشكل أسطوانا مربع الشكل ويحتمل أن يكون هذا الموضع مغطى بقبة تتقدم المحراب على غرار ما نراه في جامع قرطبة، وجامع تلمسان، وإن كان جامع الجزائر يطرح ايضا نفس المشكلة لعدم وضوح الفكرة.

1 - MARÇAIS (G) : Sur La Grande Mosquée De Tlemcen, In Annales De L'Institut Des Etudes Orientales, T VII, 1949 – 50; P: 267.

3 ـ الصحن:

يتخذ صحن الجامع شكلا مستطيلا أبعاده 9م × 6,80م، ويتميز هذا الصحن بالطابع المحلي المغربي الذي يمتد عرضيا وهو في ذلك يشبه صحن الجامع الأموي بدمشق، ويحتمل أن يكون هذا التأثير قد انتقل إليه من الأندلس مع التأثيرات الأندلسية التي تلقاها المغرب في شتى مناحي الحضارة ابتداء من القرن الحادي عشر ميلادي[1].

4 ـ الأبـواب:

للمسجد بابان رئيسان في الركنين الشمالي الغربي، والشمالي الشرقي الأول ينفتح من جهة السور الشمالي، والثاني ينفتح في السور الشرقي بمجنبتي المسجد، ونلاحظ أن بيت الصلاة يخلو من الأبواب الرئيسية باستثناء بابين صغيرين الأول يقع على يمين فتحة المحراب ويؤدي إلى الغرفة التي يحفظ فيها المنبر، والثاني يقع يسار المحراب ويؤدي إلى ثلاث غرف، يرجح لوسيان جلفان أنها كانت تستعمل كمكتبة[2] وهو تفسير منطقي نؤيده فيه.

---

1 - GOLVIN (L) : Essai Sur ‖l'architecture;T4, P: 46.

2 - GOLVIN (L): Essai Sur ‖l'architecture;T1, P: 122

أما الجامع من الخارج فيبدو بسيطا في بنائه حيث تفتقر جدرانه   إلى الزخرفة أو الحليات المعمارية شأنه في ذلك شأن جامعي الجزائر وتلمسان، وتسقف الجامع أسقف منشورية أو على شكل جملون من القرميد الأحمر.

4 ـ المئذنة:

تعتبر مئذنة جامع ندرومة آخر مئذنة شيدت في عهد بني عبد الواد، فتاريخها يرجع إلى الأيام الأخيرة من حكمهم لتلمسان، ومما تجدر الإشارة إليه أن بناء هذه المئذنة لم يتم بأمر من أمير أو سلطان، وإنما قام ببنائها سكان مدينة ندرومة سنة 749هـ/1348م، وذلك حسب ما تؤكده الكتابة التأسيسية المنقوشة على لوحة مثبتة على الجهة اليمنى من باب المئذنة ـ وسوف نتطرق إليه بالتحليل عند تناولنا للعناصر الزخرفية بالمسجد ـ ومئذنة جامعه ندرومة تقوم في موضع مماثل للموضع الذي اتخذته مئذنة المسجد الجامع بمدينة الجزائر، ذلك أنها تقع في الركن الشمالي الشرقي، بينما تقع مئذنة جامع تلمسان   في الجدار الشمالي الغربي على محور المحراب.

وإذا كان المرابطون لم يزودوا مساجدهم بمآذن لأسباب ـ سبقت الإشارة إليها ـ فإن بني عبد الواد ربما دفعهم حبهم في استكمال عناصر البناء في هذه المساجد إلى بناء هذه المآذن، وقد اتبعوا في بنائها الأسلوب الذي شاع

استعماله في المغرب منذ أقدم مئذنة شيدت في هذه البلاد والتي تعتبر حاليا أقدم مئذنة

مازالت قائمة في العالم الإسلامي[1]، وأعني بها مئذنة جامع القيروان التي بناها "بشر بن

صفوان" سنة 105 هـ/724م في عهد الخليفة "هشام بن عبد الملك" وقد صممت هذه

المئذنة التي أصبحت فيما بعد النموذج الذي اتبعه البناء المغربي والأندلسي على السواء

في بناء مآذنه على طراز مآذن الجامع الأموي بدمشق[2] وقد انتقل هذا التأثير الشرقي إلى

مآذن المغرب الأوسط   عن طريق مصر التي كانت تعد أهم حلقة اتصال بين شطري

الدولة الإسلامية الشرقي والغربي نظرا للموقع الإستراتيجي الذي تشغله[3].

ومئذنة جامع ندرومة صممت على طراز المآذن المغربية المربعة (لوحة7)، فهي

تتخذ شكل برج مربع كبير يبلغ ارتفاعه 19,80م وطول كل جانب من جوانبه الأربعة

نحو 4,72م، ويعلو هذا البرج طابق ثان مربع أقل

---

1 ـ أحمد فكري: المسجد الجامع بالقيروان، ص 110.

2 ـ السيد عبد العزيز سالم: المآذن المصرية، مؤسسة شباب الجامعة، الإسكندرية، بدون تاريخ طبع، ص 9.

3 ـ راجع: أحمد قاسم جمعه: أهم التأثيرات المعمارية والفنية المتبادلة بين العراق والمغرب العربي في العصرـ

الإسلامي، مجلة آداب الرافدين، العدد التاسع، سنة 1978ص 190، 191.

حجما ويتخذ من سطح البرج الرئيسي قاعدة له ويرتفع بمقدار 4,24م ، أما عرض واجهاته فيبلغ 2,04م، أما من الداخل فيتوسط البرج سلم صاعد ينتهي في أعلاه بباب يفتح على سطح البرج، ويبلغ عدد دراجات هذا السلم 102 درجة، ويصل ارتفاع المئذنة إلى ما يقرب من 23,20م، وتزدان واجهات المئذنة بزخرفة جصية تمثل تشبيكات من العقود المفصصة. وفكرة إقامة المآذن من طابقين ظهرت في المغرب الأوسط منذ عهد الدولة الحمادية، ويتضح ذلك في مئذنة جامع القلعة حيث بنيت هذه المئذنة من طابقين فقط، وبذلك تخرج عن الطابع الذي كان سائدا في المساجد الجامعة الإفريقية الأولى التي تتكون من ثلاثة طوابق مثل مئذنة جامع القيروان، ومئذنة جامع صفاقس، وعلى هذا النحو يتقلص عدد الطوابق في مآذن المساجد في المغرب الأوسط إلى طابقين، وإن كنا نرجح أن هذا التأثير لم يصل من قلعة بني حماد إلى المنطقة الغربية من المغرب الأوسط، بل انتقل إليها من المآذن التي بناها الموحدون في الأندلس والمغرب الأقصى، وذلك عن طريق البنائين الذين وفدوا إلى تلمسان في عهد بني عبد الواد استجابة لطلب أمرائها في إنشاء قصور ومساجد لهم تليق بمكانة المدينة التي ارتقت في عهدهم إلى عاصمة لدولة بني عبد الواد (الدولة الزيانية).

د ـ العناصر الزخرفيـة وأصولهـا:

ذكرنا فيما سبق أن العمائر المرابطية تتسم بطابع البساطة في التنفيذ، حيث أنها ليست على نفس المستوى في المساجد المساجد الجامعة بالأندلس التي ترجع إلى فترات أسبق، أو المساجد الجامعة الموحدية المغربية التي شيدت بعدها في المغرب والأندلس، لذا فإن كل ما وصلنا من عناصر زخرفية من هذا العصر في المغرب تكاد تكون معدومة فإذا كان جامع تلمسان قد احتفظ بزخارف قبته وبعض زخارف سماوات سفقه، وأن جامع الجزائر قد حفظ لنا زخارف منبره، فإن جامع ندرومة لم يحفظ لنا من الفترة المرابطية إلا عدة سطور من النقوش الكتابية التقليدية في صناعة المنابر، يضاف إلى هذا زخارف واجهات المئذنة والنقوش التأسيسية لها، والتي ترجع إلى عهد دولة بني عبد الواد نعرضها كالآتي:

1 ـ النقوش الكتابية:

تتمثل هذه الزخارف في كتابتين: الأولى: ترجع إلى عهد دولة المرابطين، والثانية: ترجع إلى عهد دولة بني زيان.

1ـ نقش المنبر: يحتفظ به حاليا متحف الآثار الإسلامية والفنون القديمة بمدينة الجزائر، وفيما يلي نصه:

أ ـ إطار العقـد: (... الرحمن الرحيم صلى الـله ... وآله الطيبين وسلم تسليما لا اله الا الـله محمد رسول الـله ان الدين عند الـله ...).

ب ـ وسط العقد:

- السطر الأول: (ومن يبتغ غير.

- السطر الثاني: الإسلام دينا فلن يقبل منه

- السطر الثالث: ....، ....، ....

- السطر الرابع: هذا مما أنعم به الأمير السيد.

- السطر الخامس: ... . يو

- السطر السادس: سف بن تاشفين ادام الـله توفيقه.

- السطر السابع: أجـــزل ... ... كان ...

- السطر الثامن: الفراغ منه على يد الفقيه القاضي.

- السطر التـاسـع: بو محمد عبد الـله ... يوم .

- السطر العاشر: الخميس السابع عشر من شهر.

- السطر الحادي عشر :(... ... ...).

ب خصائص الكتابة:

تتكون الكتابة من أحد عشر سطرا منقوشا نقشا بارزا وسط العقد، بينما يدور شريط منها على استدارة طرة العقد وقد نقشت هذه الكتابة بالخط الكوفي على لوحة من خشب الأرز يبلغ ارتفاعها مترا وعرضها 0,72م، كما يتراوح متوسط ارتفاع حروفها إلى ما يقرب من 0,50م[1]. وتتضمن هذه الكتابة صيغا كتابية مختلفة تبدأ بالبسملة والصلاة على آل سيدنا محمد ثم الشهادة، أتبعها بآيتين من القرآن الكريم[2] يفهم منها أن الصانع أراد أن يبين من خلالها للناس أن الإسلام هو دين اللـه الصحيح في الأرض، بعد ذلك شرع في ذكر اسم الشخص الذي أمر بصنع هذا المنبر، ثم المشرف على صناعته، وينهي النص بعد ذلك بالإشارة إلى تاريخ الفراغ من صنعه، وإن كان هذا السطر قد تلاشت كتابته نهائيا.

1 - RENE BASSET: Nedromah et Les Traras; P: 22.

2 ـ الآية الأولى: سورة آل عمران، الجزء الأول من الآية 17

ـ الآية الثانية : سور آل عمران ، الآية 84..

1 ـ نقش المئذنة:

نطالع في هذا النقش الكتابي الواقع على يمين المدخل المؤدي إلى المئذنة النص التالي: (لوحة 8).

- **السطر الأول:** بسم الله الرحمن الرحيم صلى الله على سيدنا محمد.
- **السطر الثاني:** بناو هاذ الصامع أهل ندرومة.
- **السطر الثالث:** بأموالهم وأنفسهم وكل احتساب.
- **السطر الرابع:** لله وانبنات خمسين يوم.
- **السطر الخامس:** وبناها محمد بن عبد الحق بن عبد.
- **السطر السادس:** الرحمن الشيصي[1] عام تسع وأربعين.
- **السطر السابع:** رحمه الله (في مستطيل على اليمين). وسبعماية (في الوسط)، عليهم أجمعين (مستطيل على اليسار).

1 ـ لم نعثر لهذا الشخص على ذكر في كتب المؤرخين ، ويرى الأستاذ رشيد بورويبة أنه العريف الذي تولى الإشراف على أعمال البناء .

راجع :

ـ BOUROUIBA (R) : Les Inscriptions Commémoratives, P: 90.

■ خصـائص الكتابـة:

اتبع الفنان الذي نقش هذه الكتابة بالخط النسخي المغربي أسلوب النقش البارز على لوحة رخامية ارتفاعها 0,46م وعرضها 0,45م، وقد طليت أرضية هذه الكتابة بدهان أخضر، ولهذه الكتابة أوجه شبه مع كتابة مئذنة جامع الجزائر، فقد نقشتا على نفس المادة (الرخام) ونصبتا في نفس الموقع أيضا، كما نحتتا نحتا بارزا ويلاحظ فيها أخطاء في كلتي اللوحتين ونقتصر فيما يلي على ذكر بعض الأخطاء التي وردت في كتابة مئذنة جامع ندرومة:

- **السطر الثاني**: كلمة بناو بدلا من بنى أو بنيت (صيغة مبني للمجهول) : كلمة هادا بدلا من هذا.

: كلمة صامع بدلا من صومعة.

- **السطر الرابع**: انبنات بدلا من بنيت.

- **السطر السادس**: خمسين يوم بدلا من خمسين يوما

- **السطر السابـع**: تسع ماية بدلا من تسع مائة.

وإذا كان الأستاذ رشيد بورويبة يرى أن كل ما سبق من كلمات لا يعدو من أن يكون أخطاء إملائية ونحوية[1]، فإننا لا نعتقد ذلك، صحيح أننا نوافقه فيما ذهب إليه بالنسبة لبعض الكلمات مثل هاذ، خمسين يوم، ماية بينما نعتقد أن بقية الكلمات هي مفردات من اللهجة التي يتكلمها سكان ندرومة، ذلك أن هذه الكلمات مازالت تستعمل حتى الآن في اللهجة الجزائرية، ومن هذا المنطلق جاءت هذه الكتابة التأسيسية للمئذمة بلهجة أهل ندرومة ولم يقصد هنا كتابتها باللغة العربية، وهذا ربما يرجع إلى عدم توفر نقاشين بالمدينة يجيدون اللغة العربية، وأنه لم تكن تتوفر لدى هؤلاء الأهالي الإمكانيات المادية التي تعينهم في استخدام نقاشين على مستوى عال على النحو الذي كان يفعله الأمراء والسلاطين الذي كانوا ينفقون أموالا طائلة في سبيل إخراج ما يرغبون في تشييده أو كتابته أو زخرفة تحفة بصورة متكاملة، وتأتي أهمية هذه الكتابة من حيث أنها تعطينا التأريخ الصحيح لبناء المئذنة، وأن المؤسس لها يتمثل في أهل ندرومة قاطبة، مما يدل على الدرجة العالية من الحماس الديني

1 -BOUROUIBA (R): Les Inscriptions Commémoratives, P:88.

الذي كان يتمتع به سكان هذه المدينة والذي عبروا عنه في بنائهم لهذه المئذنة وتتضمن

هذه الكتابة عدة صيغ كلامية مختلفة.

1 ـ البسملة والصلاة على الرسول (ص).

2 ـ المؤسس وكيفية مساهمته في البناء.

3 ـ المدة الزمنية التي استغرقها بناؤها.

4 ـ ذكر اسم المشرف على الأشغال.

5 ـ السنة التي تم فيها بناء المئذنة.

6 ـ الدعاء لأهل ندرومة بالرحـمة.

2 ـ الزخارف الهندسية:

تتميز الزخارف الهندسية التي تزدان بها واجهات مئذنة جامع ندرومة باللوحات الكبيرة المشكلة من وحدة زخرفية على أساس معينات صغيرة متقاطعة تشبه زخارف مئذنة جامع الكتبية، وهذا النوع من شبكات المعينات التي تزدان بها مئذنة جامع الكتبية بمراكش (580هـ/1184م) شاع استخدامها على نحو أكثر ثراء في واجهات مئذنتي جامع حسن بالرباط (لوحة

9، ش: 10)، وجامع القصبة بمراكش (594 هـ/1197م)[1] (لوحة 9، ش: 2) ومئذنة المسجد الجامع بإشبيلية[2] (592 هـ/1195م).

وفكرة تكوين المعينات بدأت في الظهور كعنصر معماري في جامع قرطبة عندما استخدمها الفنان المسلم كنحور ناتئة تربط بين طابقي العقود بقاعدة قبة المحراب، ثم تطورت الفكرة المعمارية إلى عنصر زخرفي بسيط في عصر الموحدين وأصبح يشكل تكوينا زخرفيا يعلو العقود مؤلفا شبكة من المعينات كما يمثل في عقود بهو الجص بقصر إشبيلية.

وإذا كان البناءون الموحدون قد استعملوا العقود المفصصة كقاعدة تستند عليها شبكة زخارف المعينات، فإن الزيانيين استعملوا العقد الخماسي الفصوص كما يتبين ذلك على الواجهتين الشرقية والغربية لمئذنة جامع ندرومة (لوحة 7).

1 - MARÇAIS (G): ‖l'architecture Musulmane D'Occident, PP:245-246-247.

2 - HENRY MARTIN La Grammaire des Styles L'art Musulman, 2ed, Libraire D'art, Paris; 1926, P:45.

كما استعملوا أيضا العقد ذي الأحد عشر فصا، بمعنى أنهم بالغوا في عدد فصوص العقد، ولم يقف الفنان الزياني عند هذا الحد بل كون هذه القاعدة على نحو استغنى فيها عن العقود المفصصة واستبدالها بالحليات الزخرفية التي تعددت رؤوسها من رأس واحدة كما في مئذنة الجامع الذي نحن بصدد دراسته، حيث تشغل الواجهتين الشمالية والجنوبية من المئذنة إلى رأسين كما في مئذنتي الجامع الكبير بتلمسان وجامع أغادير[1] الذي اندثر نهائيا ولم يبق منه إلا المئذنة التي ترجع بدورها إلى العصر الزيان وتشبيكات مئذنة جامع ندرومة تقوم على أساس عقود خماسية الفصوص وتعلو هذه الشبكة شبكة أخرى من العقود الدائرية المتجاوزة لنصف الدائرة كما عوضت العقود التي تشكل القاعدة في الواجهة الشمالية والجنوبية من المئذنة بالحليات نفسها مما جعل زخارف القاعدة والقمة في هاتين الواجهتين متشابهة وتشغل زخرفة التشبيكات أكبر حيز من الواجهات الأربع للمئذنة في حين نجد القسم

---

1 ـ أنشأها الأمير يغمراسن بن زيان الذي حكم تلمسان في الفترة ما بين (634- 682 هـ/1236- 1283م) كملحقة بجامع أغادير الذي بناه إدريس الأول سنة 174 هـ ـ 790م.

العلوي من البرج الرئيسي للمئذنة خاليا من الزخرفة، أما القسم الرابع أسفل التشبيكات مباشرة فيزينه عقدان مفصصان متقاطعان.

(3) المسجد الجامع بتلمسان:

أ ـ تاريخ إنشاء المسجد:

أثار تاريخ الجامع جدلا كبيرا بين الباحثين بسبب الغموض الذي يكتنف تاريخ بعض عناصره المعمارية وعدم وجود كتابات تأسيسية يمكننا الاستناد إليها لتحديد السنة أو الفترة التي أنشئ فيها الجامع، وليس هذا بغريب في المساجد الجامعة المرابطية بالمغرب الأوسط، فقد أدى اقتصار النقوش الكتابية على بعض العناصر الملحقة بالمساجد في فترات مختلفة من تاريخها ـ مثل منبري جامعي الجزائر وندرومة ـ إلى عدم القدرة على تحديد تاريخ إنشاء كل من الجامعين على نحو أكثر دقة، ومما يزيد الأمر تعقيدا أن هذه النقوش قد تصل إلينا في بعض الأحيان ناقصة نتيجة لتآكل أخشابها وتلف معظمها ـ كما هو الحال في منبر جامع ندرومة ـ أو بفعل يد الإنسان كما حدث في كتابة قبة جامع تلمسان، مما يشكل صعوبة في الاعتماد عليها بصفة قطعية في تأريخ المسجد ويجعل الأمر نسبيا غير موثوق بصحته على خلاف مساجد إفريقية (تونس) التي تحتفظ بتاريخ كل زيادة ألحق بها، وبكل تجديد تعرضت

له بفضل النقوش الكتابية التي سجلت تاريخ إنشاء كل إضافة أو عمل معماري أو زخرفي أجري على هذا المبنى[1]، وأدى النقص في النقوش التأسيسية بهذه العمائر المرابطية إلى إثارة الشكوك حول شخصية مؤسسيها كما أدى نقص النقوش الكتابية التي تشير إلى كل زيادة أو تجديد يلحق بالجامع الكبير بتلمسان إلى تضارب الأقوال حول تحديد تاريخ بناء الجامع، والسنوات التي تم فيها تجديد الجامع أو إصلاحه وتعميره.

ففي الوقت الذي يتفق فيه جل الباحثين على أن هذا الجامع يرجع تاريخ بنائه إلى عهد "علي بن يوسف بن تاشفين"[2]، استنادا إلى التاريخ الذي ورد ذكره في النقش التأسيسي المحيط برقبة قبة المحراب بالجامع نلاحظ أن

---

1 ـ أحمد فكري، المدخل، ص 249.

2 ـ هو أبو الحسن علي بن يوسف بن تاشفين ولد بسبتة سنة 407 هـ وفقا لما أورده صاحب روض القرطاس وتولى إمارة المرابطين بعد وفاة أبيه سنة 500 هـ / 1106 م، ويؤكد صاحب روض القرطاس أنه بويع له بالحكم في الثالثة والعشرين من عمره وبناء على ذلك نسجل سنة 477 هـ تاريخا لميلاده ويتناقض ذلك مع التاريخ الذي حدده صاحب روض القرطاس بمولده في سنة 407 هـ وهـذا يثبت أن صاحب روض القرطاس غير دقيق في تأريخه.

راجـع:

ـ ابن أبي زرع: روض القرطاس، ص 78.

اسم المؤسس لهذا الجامع قد أزيل من النقش على أيدي الموحدين بمجرد استيلائهم على تلمسان[1].

ويعتقد الأستاذ "جورج مارسي" أن هذا الجامع أسس في عهد "يوسف بن تاشفين" مستندا في ذلك إلى بعض الأدلة التي جاءت في شكل استفسارات حيث قال: " كيف نفسر أن تظل مدينة تاكرارت مدة نصف قرن من الزمن بدون مسجد يؤدي فيه سكانها شعائرهم الدينية؟! وكيف يتغاضى "يوسف بن تاشفين" عن بناء مسجد جامع بها إذا كان دخوله مدينة الجزائر في (475هـ/1096م) اقترن ببناء مسجد جامع لها" ويذهب مارسي إلى القول بأن تاريخ (530هـ/1135م) إنما يحدد تاريخ الزيادات التي ألحقت بالجامع[2].

---

1 - BARGES LABBE: TLEMCEN CAPITALE DU ROYAUME DE CE NOM, PARIS, 1888, P:435.

- LOUIS PIESSE : Tlemcen Domination Musulmane, In Revue Afrique Française N°40, 1888, P:174.

- CANAL (J) : Tlemcen Depuis la Conquête Française, In Revue AFRIQUE FRANÇAISE, 1888, P:282.

- BOUROUIBA (R): L'art Musulman en ALGERIE, P: 26.

2 - MARÇAIS (G) : Sur La Grande Mosquée De TLEMCEN; P: 270.

ويبدو أن التحليل الذي قدمه مارسي يفتقد إلى الأدلة المادية التاريخية رغم ما

ذكره ابن أبي زرع من حب يوسف بن تاشفين لتشييد المساجد[1] وهو خبر ربما يساعد إلى

حد ما على إرجاع تاريخ هذا الجامع إلى عصر يوسف بن تاشفين، ولكن هناك بعض الأدلة

التي اعتمد عليها بعض الأثريين لإثبات عكس ما ذهب إليه مارسي نوجزها فيما يلي: يري

رشيد بورويبة أن يوسف بن تاشفين عند دخوله مدينة تلمسان وجد بها جامع أغادير

الذي أسسه إدريس الأول سنة 172 هـ/788م وهذا ما جعله يتغاضى عن بناء مسجد

جامع لمدينته الجديدة تاكرارت التي بناها بالقرب من مدينة أغادير القديمة اكتفاء

بالمسجد القائم بها، وقد يكون ذلك ما دفع المؤرخين والجغرافيين إلى عدم التطرق

بالحديث إلى هذه النقطة في كتاباتهم، ومن المؤكد أن قطعة الأرض الواقعة غربي الجامع

كان يشغلها قصر الإمارة أو القصر القديم في عهد يوسف بن تاشفين، وأن المساحة

الواقعة بين البنائين كانت روضة للأمراء، فإذا كان الأمر، كما يتصوره مارسي فلماذا يلتصق

المسجد بالقصر، وهل كان بناء المسجد على حساب الروضة؟، ويجيب الأستاذ رشيد

بورويبة عن هذه

---

1 - BOUROUIBA (R): L'art Religieux, P: 106

التساؤلات بأن إنشاء القصر تم في عصر سابق على إنشاء الجامع[1]،ويؤيده الأستاذ لوسيان جلفان في هذا الرأي[2]، ونعتقد بدورنا أنه إذا كانت الروضة التي أثبت بروسيلار وجودها بين القصر القديم والجامع قائمة في عهد "يوسف بن تاشفين" وفي نفس البقعة أو الموضع الذي حدده بروسيلار[3]، فإن تشييد المسجد على موقع الروضة يتطلب فترة زمنية طويلة لنبش عظام الموتى وتمهيد الموقع لبناء المسجد، وهذا مما يؤكد صحة ما ذهب إليه لوسيان جلفان في أن هذا الجامع من إنشاء "علي بن يوسف بن تاشفين"يضاف إلى ذلك عدم التماثل الذي نلاحظه على عدد بلاطات مجنبتي الجامع الشرقية والغربية الأمر الذي لم نعهده في جامعي الجزائر وندرومة نتيجة قرب موقع القصر من موقع الجامع، مما يدعونا إلى الاعتقاد بأن بناء القصر قد يعود إلى فترة أسبق على فترة بناء الجامع أو أنهما يرجعان إلى نفس الفترة، وأن الجامع يكون قد تعرض لزيادات أجريت في فترات أحدث مما جعل القصر يحد من زيادات مجنبته

---

1 - GOLVIN (L): Essai Sur l'architecture =, Religieuse, T4, P: 181.

2 - PROSSELARD (CH) : Mémoire Epigraphique Sur Les Tombeaux Des Emir Beni Zeyan Et Boabdil, In Journal Asiatique, 1876; P: 52.

3 - GOLVIN (L): OP CIT, P: 181.

الغربية، فنتج عنها عدم التماثل الذي نشهده اليوم في مجنبتيه الشرقية والغربية، ولقد تعرض جامع تلمسان منذ تأسيسه إلى اليوم لعدة إضافات لم نتمكن من تحديدها على وجه الدقة فيما عدا الزيادة التي تمت في عهد الموحدين وعصر بني عبد الواد.

■ الجامع في عصر الموحدين:

شهد الجامع في هذا العصر تعديلات بسيطة لم تمس مخططه فهي لا تعدو عن تجديدات ألحقت ببعض جوانب من بنيانه، فقد تعرضت واجهة الجامع لبعض التعديلات تتمثل في البابين اللذين يكتنفان المحراب الباب الأول يقع على يمين المحراب، ويؤدي إلى غرفة خاصة بحفظ المنبر، والثاني يقع إلى يسار المحراب ويؤدي مباشرة إلى غرفة الإمام ولا نستطيع أن نقطع بتاريخ هذا التعديل بسبب عدم وجود نقوش كتابية تثبت ذلك، وإنما خلصنا إلى هذا القول اعتمادا على نص أورده ابن أبي زرع أشار فيه إلى أن عبد المؤمن بن علي قام في السنة التالية من فتحه لتلمسان (539 هـ / 1144م) ببناء جامعها[1].

---

1 ـ ابن أبي زرع: روض القرطاس، ص 137.

-BARGES LABBE: Tlemcen Ancienne Capitale, P:437.

ويرى برجيس أن كلمة "بنى" لا يقصد منها الكاتب إلا التجديد   أو الترميم خاصة وأن المتعارف عليه أن الجامع يرجع إلى عهد المرابطين ثم أن مقارنة هذين البابين بنظائرهما في مساجد موحدية أخرى بالمغرب أكد وجود تشابه كبير بين هذين البابين ـ كما في جامع تلمسان ـ يحدان البلاطة الوسطى من الجانبين وإن كان ذلك لا ينطبق على جامعي ندرومة والقرويين بفاس.

وجدير بالذكر أن أبواب الجامع الثلاثة التي تنفتح في الجدار الشرقي للجامع تشبه نظائرها أيضا في جامعي تينمال، وجامع الكتبية، بينما تختلف   عن أبواب المساجد المرابطية الثلاثة سالفة الذكر، كما يدل العقد المفصص الذي يتوسط جدار بيت الصلاة المطل على الصحن على أن هذا الجدار قد أعيد تجديده في عهد الموحدين، بسبب اختلاف شكل هذا العقد عن العقدين الثاني والثالث مما يدل على أنها موحدية[1]، وهكذا نخلص إلى القول بأن أعمال الموحدين في الجامع تتمثل في واجهة المحراب، والأبواب الثلاثة الجانبية بالإضافة إلى جدار الصحن الجنوبي.

1- BOUROUIBA(R): L'art religieux:107.

■ **الجامع في عهد بني عبد الواد:**

يشكل رفض السلطان "يغمراسن بن زيان" تسجيل اسمه على الأعمال التي قام بها في الجامع[1] صعوبة أمام الباحثين في معرفة طبيعة الإضافات التي ألحقها بالجامع في عهده، ومع ذلك فإن يحي بن خلدون والتنسي[2]، قد أشارا إلى هذه الإضافات في الجامع، وكانت هذه الإشارات هي الأساس في معرفة هذه الزيادات. وقد أدى تزايد عدد السكان في مدينة تلمسان بسبب اختيارها حاضرة لدولة بني زيان إلى تزايد عدد المصلين، ويرى مارسي أن هذه الزيادة في عدد المصلين كانت السبب في إضافة بلاطتين إلى المجنبة الغربية من الصحن، ويبدو أن الأمير "يغمراسن" لم يستطع توسعة بيت الصلاة من المسجد جهة الغرب بسبب التصاق بنائه في هذه الجهة بالقصر القديم، فاضطر إلى إضافة هاتين البلاطتين على حساب مساحة الصحن، مما أدى إلى الانتقاص من طول الصحن المستطيل ليصبح على شكل مربع كما

---

1 ـ ابن خلدون (يحي): بغية الرواد في ذكر الملوك من بني عبد الواد، تحقيق د.عبد الحميد حاجيات، المكتبة الوطنية، الجزائر، 1980، ج1، ص 207.

2 ـ المصدر نفسه، ص 207.

ـ التنسي (محمد بن عبد الله): تاريخ بني زيان ملوك تلمسان، تحقيق محمود بوعياد المكتبة الوطنية، الجزائر 1985، ص 125.

انحرف قليلا عن محور المحراب إلى الشرق، وبالإضافة إلى ذلك أقام الأمير "يغمراسن" مئذنة الجامع على نفس نظام مآذن الجزائر وندرومة وأغادير نظرا لافتقار المسجد منذ تاريخ إنشائه إلى مئذنة، كما يرجح أن تكون القبة المركزية من البلاطة الوسطى أيضا من عهد بني عبد الواد[1].

أما عصر "أبي حمو موسى الثاني": فقد شهد إضافة خزانة كتب أهداها إلى الجامع استنادا إلى الكتابة المنقوشة على لوحة خشبية تقع إلى يمين المحراب ورد فيها اسمه وتاريخ الفراغ من الإنشاء وهو:

(760هـ/1359م)، كما أضيفت مكتبة أخرى تقع في مؤخر المسجد ويرجع تاريخها إلى عهد الأمير أبو زيان بن أبي حمو الثاني (797 ـ 802 هـ/1394 ـ 1399م)، كذلك أضيف إلى المسجد في هذا العصر ضريح الشيخ "محمد بن مرزوق" الذي يعتقد أنه أقام بتلمسان في عهد الأمير يغمراسن، ويقع هذا الضريح في الركن الجنوبي الغربي من بيت الصلاة، ثم تعرض الجامع منذ القرن 9 هـ/14م لبعض الترميمات، أو التجديدات غير أننا لم نعثر على نقوش أثرية أو نصوص تاريخية تحدد تاريخ هذه الأعمال.

---

1 - MARÇAIS (G) : Sur La Grande Mosquée De Tlemcen,

P: 2754.

ب ـ النظام التخطيطي للمسجد:

يتخذ المسجد شكلا يميل إلى الاستطالة تبلغ أبعاده حوالي 60 مترا على 50 مترا، وينحرف هذا المستطيل قليلا إلى الداخل من الجهة الغربية بمساحة على شكل مثلث قائم الزاوية، لأن هذه المساحة كان يشغلها قصر الإمارة[1] الذي أنشأه "يوسف بن تاشفين" وسكنه من بعده من خلفه من الأمراء المرابطين وولاة الموحدين إلى أن هجره "يغمراسن بن زيان" حينما انتقل إلى قصر المشور الذي شيده على بعد خطوات قبلي المسجد الجامع.

يتوسط جامع تلمسان صحن مربع الشكل ينحرف قليلا إلى جهة الشرق، وتكتنفه من الجهتين الشرقية والغربية مجنبتان، تشتمل الأولى على ثلاث بلاطات، والثانية على أربع بلاطات (لوحة10،ش،2) وهذه البلاطات هي امتداد لبلاطات بيت الصلاة، ومما هو جدير بالذكر أن البلاطتين المقابلتين للصحن من جهته الغربية قد أضيفتا إلى المسجد في العهد الزياني، كما يتقدم الصحن بيت الصلاة ويقابله في الجهة الشمالية مؤخر الجامع، ويتكون من أربعة أساكيب تمتد عرضيا بموازاة جدار القبلة، ويشغل الأسكوب الثاني

---

1 ـ يعرف هذا القصر بالقديم أوالقصر البالي.

من مؤخر الجامع وعلى محور المحراب مئذنة مربعة القاعدة أضيفت إلى المسجد أيضا في عصر بني زيان.

يشبه تخطيط جامع تلمسان إلى حد كبير تخطيط جامع قرطبة وكلا التخطيطين يشابه تخطيط المسجد الجامع بالقيروان من حيث اتجاه البلاطات، إلا أن النظام التخطيطي لبيت الصلاة في جامع تلمسان جاء تقليدا مباشرا لجامع قرطبة بعد الزيادة الحكمية، وقد قلد عرفاء جامع تلمسان جامع قرطبة حتى في صفوف الدعائم المتبقية من الجدار القبلي لمسجد عبد الرحمن الداخل، ومسجد عبد الرحمن الأوسط بعد زيادته الثانية.

■ **بيــت الصـلاة:**

يتخذ بيت الصلاة شكلا مستطيلا يبلغ طوله من الشرق إلى الغرب 49,30م، أما عمقه فيقدر بـ 24,90م، يمتد وسطته وبالاتجاه العرضي من الشرق إلى الغرب صف من العقود يقسمه إلى قسمين متساويين[1] ويتكون بيت الصلاة من 13 بلاطة عمودية على جدار القبلة يفصل بينها اثنى عشر صفا من الدعامات تتجه من الشمال إلى الجنوب وتتكئ عليها عقود نصف

---

1 ـ أحمد فكري: المسجد الجامع بالقيروان، ص 59.

دائرية أوحذوية (على شكل حذوة الفرس) يبلغ متوسط عرض هذه البلاطات 3,20م، ما عدا البلاطة الوسطى التي تتميز بزيادة اتساعها عن بقية البلاطات ـ كما رأينا في جامع الجزائر وندرومة ـ فيبلغ عرضها 4,60م وتتميز باحتوائها على قبتين، الأولى تتقدم المحراب وترجع إلى عهد الأمير "يوسف بن تاشفين" وهي من طراز القباب القائمة على الضلوع البارزة المتقاطعة فيما بينها، والثانية تغطي المساحة المربعة التي يحدها تقاطع البلاطة الوسطى بالأسكوب الرابع من بيت الصلاة، وقد قام ببنائها الأمير "يغمراسن بن زيان".

■ وصف المحراب:

محراب جامع تلمسان من المحاريب المجوفة التي ترجع فكرتها   في العصر الإسلامي بالمغرب إلى جامع القيروان، ويتوسط هذا المحراب واجهة جدار القبلة بحيث يقع على محور البلاطة الوسطى، وينفتح على يمينه بابا يؤدي إلى الغرفة التي يحفظ فيهال المنبر، وعلى يساره باب آخر يفضي   إلى غرفة الإمام، وهذا المحراب يشبه كثيرا محراب جامع قرطبة من حيث

الزخرفة[1]، وقد وصل إلينا هذا المحراب في حالته الأصلية بخلاف محرابي جامع الجزائر وندرومة اللذين شوهت التعديلات والترميمات التي ألحقت بهما صورتهما الأصلية بحيث فقدا قيمتهما الأثرية ولم يبق من المحارب المرابطية في المغرب الأوسط بصورته الأولى إلا محراب جامع تلمسان، ويعتبر هذا المحراب عنصرا من عناصر العمارة بالمسجد حيث تشكل واجهته وحدة زخرفية متكاملة، تشبه إلى حد كبير واجهة باب "سان استبان" بجامع قرطبة ويتخذ محراب جامع تلمسان شكل حنية كبيرة معقودة بعقد متعدد الفصوص يتوسط جدار القبلة، ويقع هذا المحراب على وجه التحديد على محور البلاطة الوسطى في بيت الصلاة ويتكون من واجهة خارجية، وحنية مضلعة.

- **واجهة المحراب:**

يتوج واجهة المحراب عقد متجاوز من نوع حذوة الفرس يدور بحافته عقد زخرفي مفصص يتبع نفس الأسلوب الأندلسي في تنميق المحاريب، ويعتبر هذا الأسلوب من التأثيرات الأندلسية الوافدة إلى بلاد المغرب على أيدي الفنانين والصناع الأندلسيين الذين استقدمهم المرابطون في القرن

1 ـ السيد عبد العزيز سالم: قرطبة حاضرة الخلافة في الأندلس، ج2، ص 59.

الخامس الهجري (الحادي عشر الميلادي)1، (لوحة 11، ش:1) ويتوج أعلى حنية المحراب طاقية على شكل قبيبة، أما بقية التجويف فتشغله حشوات   من تشبيكات جصية مستطيلة الشكل.

■ **قبيبـــة المحراب:**

هي قبيبة مفصصة تتألف من ستة عشر فصا مضلعا (لوحة 11، ش:2) على غرار قبتي جامع القيروان اللتين تمثلان المرحلة الأولى من القباب المفصصة في تاريخ العمارة الإسلامية في بلاد المغرب والأندلس.

ومما هو جدير بالذكر أن القبة التي تتقدم المحراب بجامع قرطبة تتوجها أيضا قبيبة صغيرة مكونة من ستة فصوص، وعلى مثل هذا النمط من القبيبات المفصصة أقيمت قبيبة مصلى قصر الجعفرية بسرقسطة. ومن المحتمل أن تكون فكرة إنشاء قبيبة هذا المحراب بهذا الشكل مستوحاة من القباب والقبيبات الأندلسية خاصة إذا علمنا الكم الهائل من التأثيرات الأندلسية التي تدفقت على المغرب في عصر المرابطين، ويمكن القول بأن ما استحدث في مساجد المرابطين هو تطبيق لفكرة القبيبات المفصصة على قبيبات المحاريب بمساجد

---

1 - MARÇAIS (G) :]l'architecture Musulmane D'Occident,

P: 166 – 168.

المغربين الأوسط والأقصى في عهد المرابطين حيث نراها ماثلة في جامع القرويين بفاس[1].

- **الحشـوات المشبكـة:**

يدور بأدنى القبيبة سالفة الذكر شريط مثمن الضلوع تزينه حليات زخرفية ويلي ذلك في أدناه خمس حشوات جصية مستطيلة الشكل الكبيرتان منها عاطلتان من الزخرفة، أما الثلاثة الباقية فهي عبارة عن نوافذ مشبكة والجدير بالذكر أن المرابطين ليسوا أول من استخدم هذا النظام من النوافذ المشبكة بل يرجع تاريخ ظهورها في المشرق إلى القرن الأول الهجري، ويتمثل ذلك في الجامع الأموي بدمشق (96هـ/714م)، كما ظهرت في الجامع الطولوني بالقاهرة (265هـ/879م)، بهدف إدخال الضوء والتهوية إلى جوف بيت الصلاة[2].

وإذا كانت وظيفة هذه النوافذ في الجامع الأموي والجامع الطولوني معمارية بحتة فإنها استعملت في جامع تلمسان كحليات زخرفية، وإذا كانت فكرة هذه الستائر المخرمة قد نشأت أيضا في الجامع الأموي بدمشق فإن الفضل في إدخال هذا العنصر المعماري في محاريب المساجد يرجع إلى المرابطين

---

1 - BOUROUIBA (R) : L'art Religieux, P: 113.

2 ـ أحمد فكري: المدخل، ص 114.

كما يزعم"رشيد بورويبة"[1]، بل أن فكرة المحارب ذات الكسوات الزخرفية المفرغة في الرخام قد ظهرت في محراب جامع القيروان عندما كساه زيادة الله بن إبراهيم بن الأغلب سنة (221 هـ/836م) بكسوة من تشبيكات زخرفية مخرمة[2].

جـ ـ العناصر المعمارية وأصولها:

يعتبر جامع تلمسان المسجد الجامع الوحيد من بين المساجد الجامعة المرابطية في المغرب الأوسط الذي يحتفظ بعناصره المعمارية الأولى، كما يمثل أيضا نقطة انتقال من العمارة البسيطة التي يجسدها جامعا الجزائر وندرومة إلى نوع من الابتكار والثراء الفني الزخرفي والمعماري، استوحاهما عرفاء المرابطين من الفن الأندلسي، وفيما يلي عرض للعناصر المعمارية بالمسجد:

---

1 - BOUROUIBA (R): OP CIT; P: 114.

2 ـ أحمد فكري: المرجع السابق، ص 57.

ـ السيد عبد العزيز سالم: تاريخ المغرب في العصر الإسلامي، ص 338.

1 ـ نظام الروافــــع:

إذا كان معمار كل من جامعي الجزائر وندرومة قد استخدم في بنائهما دعامات بدلا من الأعمدة فإن معمار جامع تلمسان جمع بين نظام الدعائم والأعمدة.

أولا- الدعامات:

وتتمثل في أغلبية الروافع في الجامع وتنقسم إلى أربعة أنواع:

- الدعامات المستطيلة.

- الدعامات المصلبة.

- الدعامات التي تتخذ شكل حرفTاللاتيني.

- **الدعامات التي يلتصق بإحدى واجهاتها عمود.**

أما **الدعامات المستطيلة**: فتتوزع على جميع مساحة الجامع حيث نجدها تشكل أغلب صفوف الدعامات التي تقوم عليها عقود بيت الصلاة والمجنبة الشرقية للجامع، بينما تتناوب صفوفها مع صفوف الدعامات المصلبة   في المجنبة الغربية ويتميز شكل هذه الدعامات عن تلك التي في جامع الجزائر بأنها لا تشكل مستطيلا يتساوى فيه كل ضلعين متقابلين بل أن أضلاعها

متفاوتة الأبعاد، بينما دعامات جامع الجزائر يغلب عليها الشكل المستطيل الذي يختلف فيه الطول عن العرض.

وأما الدعامات التي تشبه حرف T **اللاتيني**: فتكاد لا تظهر في بيت الصلاة باستثناء الدعامتين اللتين تقوم عليهما عقود قاعدة القبة المركزية في بيت الصلاة، بينما تحيط بقية الدعامات بجوانب الصحن الثلاثة الشرقي والشمالي والغربي.

وأما **الدعامات المصلبة**: ويمثلها الصف الثالث الموازي لجدار القبلة من سلسلة الدعامات التي تحمل الأسقف، وهذا الصف يقسم بيت الصلاة إلى قسمين متساويين في عدد الأساكيب، كما تتمثل أيضا في الصف السادس الذي يلي الصحن مباشرة، والدعامات المصلبة نوعان: الأول يتميز بتماثل كل فرعين متقابلين من فروع الدعامات، ويمثل هذا النوع دعامات الصف الثالث الموازي لجدار القبلة، ويمثل هذا الطراز الصف الأخير من صفوف دعامات بيت الصلاة.

وأما ما يتعلق بالدعامات التي يلتصق بها عمود: فينفرد بها جامع تلمسان عن غيره من المساجد المرابطية في المغرب الأوسط، وفكرة هذه المجموعة المعمارية المؤلفة من الدعامة والعمود ظهرت لأول مرة في تاريخ

العمارة الإسلامية في جامع ابن طولون بالقاهرة، ذلك أن دعامات هذا الجامع يلتصق بها عمود في كل ركن من الأركان الأربعة[1] بينما لا يلتصق بالدعامة في جامع تلمسان إلا عمود واحد يشغل منتصف واجهة الدعامة التي تلي البلاطة الوسطى، ونعتقد أن المعمار أراد الاستغناء عن النتوء البارز كما   في الدعامات التي تشبه حرف T اللاتيني والذي يتلقى عقد القبة، وعوضه بهذا العمود ليقوم بنفس الوظيفة السابقة ويؤكد هذا موقع الدعامة،   التي تحمل العقد الذي تقوم عليه قبلة المحراب .

ثانيا- العمد:

ويبلغ عددها ثمانية أعمدة فقط، منها سبعة أعمدة تقع في الجزء الذي شيده المرابطون من الجامع، منها عمودان يكتنفان حنية المحراب أما الخمسة الباقية فتشغل صفي الروافع التي تحد البلاطة الوسطى في الصف الأول والثاني والسادس من صفوف الدعامات الموازية لجدار القبلة، أما العمود الثامن فيقع في الزيادة التي أضافها "يغمراسن بن زيان" إلى الجامع حيث يقع في الصف الثاني من دعامات مؤخر الجامع إلى يمين المئذنة وتتكون مجمل هذه

---

1 ـ أحمد فكري: المدخل، ص 119.

الأعمدة من قاعدة وبدن وتاج، وتتميز التيجان بأنها من الطراز المركب Composute التي تستوحي فكرتها من التاج المركب الروماني، كما تشبه أيضا تيجان جامع قرطبة[1]، ونظائرها التي أسفر عنها البحث الأثري في قلعة بني حماد، وتتكون هذه التيجان من قسمين:

القسم العلوي: ويتخذ شكل مربع، والقسم الثاني مستدير الشكل أما أبدانها: فهي رشيقة تلتصق بالدعامات، ماعدا عمود الصف الثاني من الدعامات الموازي لجدار القبلة فهو قائم بذاته، ويستند بدن العمود إلى قاعدة يختلف شكلها من عمود لآخر، فمنها ما يشبه القاعدة التوسكانية الرومانية حسب ما ذهب إليه "رشيد بوروبية"[2]، ومنها المربعة.

2 ـ العقود:

تنوعت أشكال العقود في جامع تلمسان، فإلى جانب العقود المتجاوزة نصف الدائرة أو نصف الدائرية المنكسرة والعقود المفصصة التي تمثلت جميعا في جامع الجزائر نلاحظ ظهور عقد جديد يشبه العقد المدائـني، يقع في نقطة

---

1 - BERQUE (A): L'Algérie Terre D'art Et D'Histoire,

P:159 – 160.

2 - BOUROUIBA (R): L'art Religieux, P: 111.

التقاء البلاطة الثالثة من الجهة الشرقية لبيت الصلاة مع الصف السادس من دعامات بيت الصلاة، يشغل النوع الأول من العقود فتحة المحراب، أما المنكسرة فتتوزع على جميع بلاطات بيت الصلاة (لوحة 12، ش: 1)، كما رأينا في جامع ندرومة، أما العقود المفصصة الثلاثة فتقع في الصف الثالث من دعامات بيت الصلاة، وذلك في البلاطة الأولى انطلاقا من الشرق، والثانية والوسطى حيث تقوم على العقد المفصص في البلاطة الوسطى و بعض العقود الأخرى الموزعة على بلاطات بيت الصلاة القبة المركزية، وهذه العقود تتفاوت فيما بينها من حيث عدد الفصوص فمنها ما يتألف من سبعة فصوص، ومنها ما يشتمل على تسعة فصوص وبعضها يشتمل على أحد عشر فصا، وهذا العقد المفصص الأخير رغم كثرة فصوصه لا يصل إلى العقود المفصصة في جامع الجزائر والتي وصلت إلى خمسة عشر فصا، ويرى بيـرك أن العقد المفصص بدأ يأخذ مكانته في العمائر الدينية بالمغرب ابتداء من القرن السادس الهجري، الثاني عشر الميلادي، فقد ظهر في جامع تلمسان وتينمال، ونحن نعتقد أن البوادر الأولى لهذا العقد قد ظهرت في المغرب الأوسط في السنوات الأخيرة من القرن الخامس الهجري/الحادي عشر الميلادي، ويتجلى ذلك في عقود جامع الجزائر (490 هـ/1096م) هذا إذا لم نأخذ بعين الاعتبار تلك

العقود الزخرفية المفصصة التي تزين مئذنة جامع قلعة بني حماد[1]، وإذا كان الأمر كما يتصوره بيرك فإننا ننوه إلى وجود نموذج من هذه العقود قد ظهر في الجزء الشرقي من المغرب الأوسط يعود إلى نفس الفترة حيث يظهر ذلك في محراب جامع قسنطينة المؤرخ بسنة 530 هـ/1135م، ولم يقتصر فقط على جامع تلمسان وجامع تينمال[2].

أما في الأندلس فقد ظهر في عصر مبكر حيث يجسده العقد متعدد الفصوص بقاعدة قبة الضوء في الزيادة الحكمية بجامع قرطبة، ويبلغ عدد فصوص هذا العقد 21 فصا ولا يستبعد أن يكون هذا العقد قد لقى انتشارا كبيرا في الأندلس بحيث نراه في قصر الجعفرية بسرقسطة ثم انتقل إلى المغرب الأوسط في قلعة بني حماد ثم شاع في المغربين الأوسط والأقصى في عصر دولة المرابطين.

1 ـ ما يزال تاريخ تأسيس هذا الجامع مجهولا، وكل ما يمكن تحديده به هو أن قلعة بني حماد أسست سنة 398 هـ / 1007 م وأن تاريخ الانتهاء من بنائها كان نهاية القرن الرابع الهجري، العاشر الميلادي.

-Bourouiba(R), Op.cit,P:22.

2 - BERQUE (A): OP CIT; P: 159.

3 ـ الصحن:

يتميز الصحن الحالي لجامع تلمسان بشكله المربع المتكامل، فيبلغ طول أضلاعه الأربعة 20م يحيط به من الجهة الشمالية رواق مسقوف مكون من بلاطتين تتوسطهما مئذنة الجامع، أما من الجهتين الشرقية والغربية فتحيط به مجنبتان تشتمل الأولى على أربع بلاطات، والثانية على ثلاثة، وهذه البلاطات امتداد لبلاطات بيت الصلاة، أما بيت الصلاة فيطل على الصحن بصف من العقود، وجدير بالذكر أن هذا العدد من البلاطات الذي يشكل المجنبتين لم نعهده في المساجد السابقة لهذه الفترة ذلك أن مجنبتي جامع القيروان تتكون من أربع بلاطات بمعدل بلاطتين لكل مجنبة، أما مجنبتا جامعي الزيتونة بتونس، وسوسة فلم تتجاوز المجنبة بلاطة واحدة، ولم تظهر هذه الزيادة في عدد بلاطات المجنبتين إلا في جامعي الجزائر وندرومة، حيث بلغ عدد البلاطات في كل مجنبة ثلاث بلاطات مما يوحي بأن هذه الفكرة ابتكار مرابطي، ثم تضاعف هذا العدد فيما بعد ليصبح أربع بلاطات في كل مجنبة كما هو الحال في جامع الكتبية بمراكش على عصر الموحدين[1].

---

1 - MARÇAIS (G): Manuel D'art Musulman; P: 313.

GOLVIN (L): La Mosquée Ses Origines, Sa Morphologie Ses Diverses Fonctions, Son Róle Dans La Vie Musulmane, Plus Spécialement En Afrique Du Nord, ALGER, 1960, PP: 49 – 50.

والشكل العام لصحن الجامع يتفق وشكل الصحون بالمساجد المرابطية والموحدية[1] التي تستوحي فكرتها من المساجد الأندلسية، مثل جامع قرطبة وجامع إشبيلية، ذلك لأن صحون هذه المساجد تتميز بالاستطالة يزيد فيها طول عرضها عن عمقها، بينما يتخذ صحن هذا المسجد شكلا مربعا لا علاقة له بشكل الصحون السابقة، ولكن إذا أخذنا بعين الاعتبار موقع الصحن الذي ينحرف قليلا إلى الجهة الشرقية من محور محراب المسجد فإن عدم التماثل الذي نلاحظه عليه يؤكد أن هذا الصحن قد تعرض لعملية تقليص مساحته الغربية، وهذا ما حدث فعلا في عصر بني عبد الواد، حيث كان موقع القصر القديم الذي يلتصق مباشرة بالجامع من جهته الغربية عائقا أمام مد بلاطات المجنبة الغربية في مؤخر الجامع مما دفع الأمير الزياني يغمراسن ـ نتيجة للظروف المناخية للمنطقة التي تتميز بالبرودة الشديدة   في فصل الشتاء، مما يحول دون القيام بشعائر الصلاة في العراء، ولازدياد عدد

---

1 - MARÇAIS (G): !l'architecture Musulmane D'Occident,

P: 272.

سكان مدينة تلمسان نظرا لارتقائها إلى حاضرة الدولة الزيانية مما جعل المسجد يضيق بالمصلين إلى إضافة بعض البلاطات إلى مجنبة الجامع الغربية، فتم ذلك على حساب الصحن[1]، وأدى بالتالي إلى هذا النقص المسجل في مساحته وغير من شكله الذي كان على نمط الصحون المستطيلة التي ظهرت في العهود السابقة لعصر المرابطين فأصبح مربع الشكل فكان ربما المصدر الأول الذي استوحت منه المساجد المرينية فكرة الصحون المربعة على نحو ما نشاهده في مساجد سيدي أبي مدين، وسيدي الحلوي، والمنصورة وكلها بتلمسان.

4 ـ الأبـواب:

للمسجد ثمانية أبواب منها أربعة تنفتح في الجدار الشرقي، اثنان منها يؤديان إلى بيت الصلاة على محوري الأسكوب الثالث والخامس والبابان المتبقيان يفضيان إلى المجنبة الشرقية، أما جدار القبلة فيشتمل على ثلاثة أبواب اثنان منها في الجانب الغربي على محوري البلاطة الأولى والثالثة من المحراب، والثالث في الجانب الشرقي على محور البلاطة الثالثة وينفتح في الجدار الشمالي

1 - BOUROUIBA (R): L'art Religieux, P: 185.

للمسجد إلى مؤخره باب واحد في حين ينفتح على المجنبة الغربية باب واحد، وربما يرجع السبب في ذلك إلى أن هذه الجهة كان يشغلها القصر القديم مثلما جرت العادة في إنشاء قصر الإمارة الذي تسير منه شؤون الدولة الإسلامية وأن هذا الباب ما هو في الحقيقة إلا المدخل الخاص بالأمير لأداء الصلاة.

5 ـ السقوف:

يغطي المسجد سقف خشبي مسطح من الداخل (لوحة 12، ش: 2) أما من الخارج فيعلو كل بلاطة سطح منشوري الشكل على غرار جامع الجزائر وندرومة، كما نجد نفس نظام التسقيف مطبقا على جامع قرطبة أيضا مما يشير إلى تأثر تلمسان بجامع قرطبة.

6 ـ القباب:

تسقف البلاطة الأوسطى في بيت الصلاة بجامع تلمسان قبتان تغطي الأولى الحيز الذي يحدد بتقاطع البلاطة الوسطى من بيت الصلاة بالأسكوب الخامس (لوحة 13، ش:1) وهذه القبة تتخذ نفس الموضع الذي بنيت عليه القبة المخرمة الكبرى المسماة بقبة الضوء بجامع قرطبة ويعود تاريخ بناء هذه القبة بجامع تلمسان إلى الزيادات التي ألحقها بنو عبد الواد بالجامع، أما القبة الثانية (لوحة13، ش:2) القائمة أمام المحراب فيرجع الفضل في بنائها

إلى الأمير "علي بن يوسف بن تاشفين" سنة (530 هـ/1136م)، ويؤكد هذا التاريخ الشريط الكتابي الذي يحيط بقاعدتها. وإذا كانت القبتان من عصرين متفاوتين في التاريخ، فإنه قد اتبع في بنائهما نفس الأسلوب الذي يتبنى الضلوع المتقاطعة، ونكتف بالحديث هنا عن القبة المركزية نظرا لبساطة الأسلوب الذي أتبع في بنائها ولما تحمله قبة المحراب أيضا من أسلوب جديد في البناء يجدر بنا التنويه إليه.

وصف القبة: تعتبر هذه القبة الوحيدة في المغرب الأوسط التي وصلتنا من عهد المرابطين، كما أنها أول قبة أقيمت في المغرب على غرار قباب جامع قرطبة، حيث أنها قبة مضلعة روعي في بنائها الأسلوب البنائي السائد في قباب جامع قرطبة مع شيء من التطوير في بعض العناصر المعمارية، كالضلوع وإدخال بعض العناصر الأخرى في بنائها كالحنايا الركنية و المقرنصات. تتكئ هذه القبة على جدار المحراب من جهة القبلة، أما من الجهات الثلاث الأخرى فتقوم على العقود التي تعترض أسكوب المحراب، والبلاطة الوسطى، وينتقل الشكل المربع إلى الدائري عن طريق التجويفات الركينية التي تزينها المقرنصات، وينطلق من أعلى الرقبة إثنى عشر ضلعا رفيعا مبنيا من الآجر تمر بأعلى القبة وتتقاطع في عدة نقاط مع بعضها البعض مخلفة في وسطها مضلعا

اثنى عشريا تغطيه قبيبة صغيرة من المقرنصات يمكن اعتبارها أول مثال للقباب المقرنصة في المغرب والأندلس[1]، كما تترك هذه الضلوع بينها مسطحات مخرمة تشغلها زخارف جصية تشبه تشبيكات النوافذ، وقوام زخارفها عناصر نباتية محورة، ومراوح نخيلية، ويحيط بقاعدة القبة شريط من الكتابة هذا نصه: "بسم الله الرحمن الرحيم، وصلّى الله على محمد وعلى آله وسلم هذا مما أمر بعمله الأمير ... أيده الله وأعز نصره وأدام دولته وكان اتمامه على يد الفقيه الأجل القاضي الأوصل أبي الحسن علي بن عبد الرحمن ابن علي أدام الله عزهم، فتم في شهر جمادي الأخيرة عام ثلاثين وخمسمائة".

وقد كتبت هذه الكتابة بأسلوب أندلسي جميل، ويلاحظ عليها أن إسم الأمير قد محي من الكتابة ـ كما أشرنا إليه سابقا ـ وإذا كانت قباب جامع قرطبة هي أول مثال للقباب المضلعة في العمارة الإسلامية المغربية فإن أصلها مازال مثار نقاش بين العلماء، وبالرغم من محاولة بعض الأثريين إرجاعها إلى بلاد فارس ومقارنتها بقباب الجامع الكبير بأصفهان إلا أنه يتبقى لنا معرفة طريق وصول هذا الأسلوب إلى الأندلس، وبالرغم من محاولات "ايلي لامبير"

---

1 ـ السيد عبد العزيز سالم: روائع الآثار الإسلامية بجمهورية الجزائر، مجلة المجلة العدد 19، 1959، ص 31.

و"جورج مارسي" في إثبات أن القباب الإفريقية بصفة عامة وقباب الجامع الكبير بتونس بصفة خاصة هي التي كانت همزة الوصل بين المشرق والمغرب، مكتفين بالصور "الفوتوغرافية" التي أخذها "أحمد فكري" في إثبات التشابه الكائن بين ضلوع قباب جامع تونس وضلوع قباب جامع قرطبة[1]، إلاّ أن "لوسيان جلفان" الذي أتيحت له الفرصة لمعاينة هذه القباب في عين مكانها، أثبت عكس ذلك، وأن قباب جامع تونس تشبه قباب جامع القيروان، وليس بها عروق، مما جعلهم ينحازون إلى فكرة جورج مارسي التي تقول بأن هناك تأثير مباشر على الأندلس[2] من المشرق، نستنتج من هذا أن المرابطين أخذوا هذا الأسلوب البنائي عن جامع قرطبة، وإن كان هذا الأسلوب يتميز بنوع من الغلظ في ضلوع القبة فإن المرابطين طوروا هذا النظام واستخدموا الضلوع الرفيعة كما استبدلوا القبيبة المضلعة التي تغطي الفراغ الناتج عن تقاطع الضلوع الثمانية في جامع قرطبة بقبة مقرنصة في جامع تلمسان، هذا فضلا

---

1 - LAMBERT (E): Les Coupoles Des Grande Mosquée De Tunisie Et D'Espagne; 1936, P:127-132.

2 - BOUROUIBA (R): L'art Religieux, P: 119.

- MARÇAIS (G): l'architecture Musulmane D'Occident, P: 196

عن تطوير التجويفات الركنية في منطقة الانتقال والتي تحول قاعدة القبة من الشكل المربع إلى المثمن، حيث تطورت هذه الفكرة المعمارية في قبة جامع تلمسان، بما ألحق بها من زخارف وإتقان، وأصبحت فكرة زخرفية ومعمارية في آن واحد.

7 ـ المئـــذنة:

تعتبر مئذنتا المسجد الجامع بتلمسان وجامع أغادير أقدم مئذنتين زيانيين مازالتا قائمتين إلى الآن بالمغرب الأوسط، هذا وبالرغم من اتفاق العلماء على أن تاريخ بنائهما يرجع إلى عصر "يغمراسن بن زيان"[1] الذي حكم مدينة تلمسان ما بين سنتي 634 هـ ـ 672 هـ/1236م ـ 1283م، إلا أننا لا نستطيع أن نحدد على وجه الدقة أيهما أسبق في البناء لافتقادنا إلى نقوش كتابية تساعد على تحديد هذا التاريخ وربما يرجع ذلك إلى أن هذا الأمير كان يكره

---

1 - BERQUE (A): L'ALGÉRIE Terre D'art Et Histoire, P: 155.

- PIQUET VICTOR: Les Monuments Musulmans Du Maghreb, P: 152.

- MARÇAIS (G): Sur La Grande Mosquée De Tlemcen, P: 275.

تخليد اسمه على المباني التي يتولى بناءها، فالمؤرخ "يحي بن خلدون"[1] يذكر أنه كان يرد على البنائين عندما يستأذنوه في كتابة اسمه على المبنى بلغة قبائل زناتة "إسنت ربي" أي أن الله يعلم ذلك. وقد شكل هذا النقص في الكتابات التأسيسية صعوبة لدى الأثريين في معرفة أعماله.

■ موقع المئذنة:

تنتصب المئذنة في منتصف البلاطتين اللتين تشكلان المجنبة الشمالية من الجامع في نفس محور محراب الجامع، ويلاحظ هنا أن موقع هذه المئذنة لم يتقيد بمواقع بقية المآذن الزيانية، سواء تلك التي أضافوها إلى جامعي الجزائر، وندرومة (من العصر المرابطي) أو تلك التي أقاموها بمساجدهم، بل تقع في نفس الموضع الذي شيدت في مئذنة جامع أغادير، وربما يرجع السبب   في ذلك إلى كون المئذنتين من بناء أمير واحد هو "يغمراسن بن زيان".

■ وصف المئذنة:

تتبع مئذنة جامع تلمسان الشكل العام للمآذن الزيانية، حيث تتكون من برج كبير مربع، طول كل جانب من جوانبه الأربعة 6,30م أقيم بالآجر

---

1 ـ بغية الرواد، ص 204.

ويبلغ ارتفاعه 26,20م، ويتوج هذا البرج في كل من جوانبه صف من خمسة دراو تفصل بينها شرفات، ويعلو هذا الطابق برج مربع القاعدة أقل حجما ينتهي في أعلاه بقبة صغيرة، وارتفاع هذا البرج يبلغ 4,70م، وطول كل   من جوانبه الأربعة 2,90م، وينتصب برأس القبة جمور ركبت فيه كرات نحاسية. (لوحة 13). وينفتح في كل من الواجهتين الشمالية والشرقية للبرج الرئيسي منافذ ضيقة تشبه المزاغل يعتقد أن القصد منها إدخال الضوء والتهوية إلى داخل المئذنة، ويشغل مركز المئذنة نواة مركزية على شكل دعامة مربعة الشكل تمتد بارتفاع البرج الخارجي، يبلغ طول كل ضلع منها 2,85 م ويدور حولها درج عدد درجاته 120 درجة على غرار ما نشاهده في المآذن القرطبية والإشبيلية من العصر الأموي وبعـض مآذن الموحـدين كمئذنة جامع تينمال، وجامع القصبة بمراكش، نظرا لأن البعض الآخر يحتوي على منحدر مسقوف كما هو الحال في مئذنة الخيرالدا بإشبيلية، ومئذنة جامع حسن بالرباط[1] . أما من حيث الزخارف، فإن الواجهات الأربعة لمئذنة المسجد الجامع بتلمسان فتزخر بأربع حشوات من تشبيكات المعينات تستند في الواجهة الشرقية

---

1 - BOUROUIBA (R): L'art Religieux, P: 187.

للمئذنة إلى عقدين، بينما ترتكز في الواجهات الثلاث الأخرى الشمالية والغربية والجنوبية على أربعة عقود ذات رأسين، وتقوم هذه العقود بدورها على أعمدة صغيرة، أما الشريط العلوي من البرج الرئيسي فعقوده مفصصة ومدببة، وهذا الأسلوب من الزخرفة استعمل قبل هذه الفترة في المآذن الموحدية ثم عم استعماله بعد ذلك في المآذن الزيانية والمرينية، أما البرج العلوي من المئذنة فتزينه بلاطات خزفية على نحو ما هو متبع في المآذن الزيانية.

د ـ العناصر الزخرفية وأصولها:

اهتم أمراء المرابطين في جامع تلمسان بزخرفة المحراب، كما أسرفوا في تزيين القبة التي تتقدمه بزخارف بلغت الغاية في الثراء الزخرفي والجمال الفني من حيث التناسق بين العناصر الزخرفية والتوازن في التوزيع والكمال في استخدام الألوان الأمر الذي جعل من المحراب وقبته تحفتين رائعتين تضاهيان في جمالهما أروع الزخارف المغربية الأندلسية، وقد بالغ الفنانون في تنميق هذين العنصرين إلى حد التعقيد واتبعوا في تنفيذها الطريقة المعروفة بالمغرب، بنقش حديده ويستخلص من هذه العبارة أن هذه الزخارف تتم

بواسطة آلة حديدية، أو بطريقة القوالب، التي اشتهر استعمالها في طراز سامراء الثالث[1].

ومن الجدير بالذكر أن الفنان المرابطي لم يقتصر على الجض في تنفيذ زخارفه، بل تجاوز الجض إلى الخشب ويتمثل ذلك في أسقف الجامع التي ظفرت بنصيب من اهتماماته الزخرفية، وقد جمع فيها بين العناصر النباتية والكتابية والهندسية نقشها في مساحات معينة، كزخارف واجهة المحراب التي تشكل وحدة متكاملة تشبه الأبواب الجانبية لجامع قرطبة، وفي هذا السياق يرى مارسي أن زخارف جامع تلمسان لا تمت بأي صلة للزخارف الإسلامية لآثار العراق، ولا لزخارف جامع سيدي عقبة بالقيروان، ولا إلى أسلوب الزخرفة البربرية الأولى الذي ينحصر في مدينة "سدراته" ولكنها

---

1 ـ محمد عبد العزيز مرزوق: الفنون الزخرفية الإسلامية في المغرب والأندلس ص 58.

أقرب إلى الانتماء لطراز الزخرفة الأندلسية في العصر الأموي[1]، وذلك لتأثر هذا الجامع العتيق بجامع قرطبة بالذات تخطيطا وتنميقا[2].

1 ـ الزخارف النباتية:

استعمل الفنان المرابطي في تزيين جامع تلمسان نفس العناصر النباتية التي رأيناها في جامع الجزائر، وتتمثل هذه العناصر في السيقان النباتية ومراوح النخيل، وورقة الأكانتس بالإضافة إلى بعض العناصر النباتية المحورة   عن الطبيعة، وسوف نحاول توضحها فيما يلي:

السيقان النباتية: وتمثل القاعدة التي تساهم في تغطية المسطحات المراد تزيينها وهي نوعان: ساق بسيطة التركيب وساق معقدة التركيب.

أ ـ الساق البسيطة: اقتصر هذا النوع من الزخارف على لمسطحات الجصية، المتمثلة في قبة المحراب وفي عقود البلاطة الوسطى وهي ساق تمتد وسط الزخارف ، فتتفرع على جانبيها أغصان تزينها من حين لآخر أشكال

---

1 - MARÇAIS (G): Manuel D'art Musulman , PP: 383 – 384.

 - MARÇAIS (G): Revue De L'art Musulman En Berberie, Extrait de la Revue AFRICAINE, ALGER, 1907, P: 416.

2 ـ السيد عبد العزيز سالم: تاريخ المغرب في العصر الإسلامي، ص664.

هندسية عبارة عن دوائر، وتتخلل هذه الدوائر تارة نقاط في مركزها وتارة أخرى تقسم هذه الدوائر إلى أربعة أقسام متساوية عن طريق تقاطع قطري الدائرة، كما تعلو هذه الدوائر أحيانا ـ على نفس الساق ـ وريقات نباتية وأحيانا تتخذ أشكالا هندسية تتمثل في مثلثات مقلوبة الرؤوس(لوحة 15،ش: 3,2,1).

ب ـ **الساق المعقدة التركيب**: وينحصر هذا النوع من الساق   في الشريط الثاني للمحراب، والحشوات المخرمة لقبة المحراب وفي كوابيل سقف الجامع، وهذا النوع من السيقان متنوع في صوره حيث نجد الساق الحلزونية التي تتخذ شكل x اللاتيني، وكذلك الشكل الحلزوني الذي يتكون من ساقين متضافرتين تنتهيان بفصين متماثلين إلى غيره من أشكال السيقان النادرة، وتشكل هذه السيقان التي تمثل في الحقيقة قاعدة الأوراق النباتية مساحات هندسية من أنصاف دوائر ومثلثات ومضلعات تتفاوت في عدد أضلاعها حيث نختلف فيها أشكال هذه السيقان من مساحة لأخرى (لوحة 15، ش: 6,5,4).

الأوراق النباتية: إذا كان فنان عصر المرابطين قد نوع في السيقان النباتية فإنه أيضا رسم المروحة النخيلية بأشكال مختلفة، كما أنه لم يقتصر نقشه على الأوراق النباتية التي شاع استخدامها في ذلك العصر بل وظف ورقة الأكانتس القديمة إلى جانب العناصر النباتية المحورة عن الطبيعة كأسلوب زخرفي.

المروحة النخيلية: ظهرت في التوريقات الزخرفية رفيعة متناهية الإتقان، وهي إما ملساء أو مشرشرة.

الورقة الملساء: ويقصد بها تلك الورقة التي تتميز بحافتها الملساء غير المسننة، وهي أوراق مزدوجة تنطلق من نقطة واحدة ثم تتفرع على الجانبين في شكل قوسين دائريين، ويشغل هذا النوع من المراوح النخيلية المساحات الدنيا لقبة المحراب والعقود التي تقوم عليها (لوحة 15، ش:9,8,7).

الورقة المشرشرة: وهي عدة أنواع: منها المروحة النخيلية ذات الأسنان المتساوية(لوحة 15، ش: 10) وتتميز بانفصال أسنانها السفلى أحيانا عن بقية الأسنان وبوجود فتحة في قاعدتها عن البقية (لوحة 15، ش: 11)، ومنها المروحة ثلاثية الأسنان والتي تتكون قاعدتها إما من فصين أو ورقتين نخيليتين صغيرتين إلى غير ذلك من الأشكال (لوحة 15، ش: 14,13,12).

العناصر النباتية المحورة عن الطبيعة: وهذه العناصر تتكون من اتحاد ورقتين نخيليتين مقعرتين تنطلقان من قاعدة واحدة، وتلتقيان في نهايتهما العليا ويفصل بينهما فراغ على شكل مغزل صوف يدوي وأحيانا يفصل بينهما بواسطة خيط رفيع، وفي بعض الأحيان نجد الورقتين ملتصقتين فيما بينهما (لوحة 15، ش: 17,16,15) أو من ورقة العنب القديمة، أو عناقيد العنب البزنطية، حيث تتخذ عناقيد العنب أشكالا هرمية وتنحصر هذه العناصر النباتية في واجهة المحراب والقبة (لوحة 15، ش: 10,9,8).

2 ـ النقـوش الكتـابيـة:

استعمل المرابطون الخطين النسخي والكوفي في نقش النصوص الكتابية في جامع تلمسان، وإن كان الخط النسخي لم يستعمل إلا مرة واحدة في الكتابة التأسيسية للجامع، بينما نقشت بقية الكتابات سواء على الخشب أو على الجص بالخط الكوفي (لوحة 16، ش:2,1) ويمكننا أن نقسم مجموعة النقوش في جامع تلمسان من حيث محتواها إلى نوعيـن:

1ـ النقوش التذكارية: وتخلد ذكرى تأسيس الجامع والأعمال التي ألحقت به بتعاقب العهود.

2 ـ **النقوش الزخرفية**: وتزين واجهة المحراب وهي نقوش سجلت في أفاريز زخرفية يتناسب مضمونها والمكان الذي كتبت فيه.

أولا: النقوش التذكارية: وعددها بالمسجد ثلاثة نوردها فيما يلي:

أ ـ نقوش بقاعدة القبة: **الجانب الجنوبي**: "بسم اللـه الرحمن الرحيم وصلى اللـه على محمد وعلى آله وسلم هذا مما أمر بعمله الأمير.

ـ **الجانب الشرقي**: الأجل ... أيد اللـه أمره وأعز نصره وأدام دولته.

ـ **الجانب الشمالي**: وكان إتمامه على يد الفقيه الأجل القاضي الأوصل أبي الحسن علي بن عبد الرحمن.

ـ **الجانب الغربي**: ابن علي أدام اللـه عزهم فتم في شهر جمادي الأخيرة عام ثلاثين وخمسمائة"[1].

التعليـق: تقع هذه الكتابة على الجوانب الأربعة لقاعدة القبة، وقد نقشت في الجص بخط نسخي أندلسي جميل، وتتمثل أهمية هذه الكتابة في أنها

---

1 ـ راجـع:

- COMBE, SAUVACET ET WIET: Répertoire Chronologique Epigraphie ARABE, T8; P: 198.

- BOUROUIBA (R) : Les Inscriptions – Commémoratives ,
P: 102.

تتضمن تاريخ تأسيس الجامع، وبالرغم من أن اسم المؤسس قد محي فإن تاريخ التأسيس(530 هـ /1135م) لازال واضحا يؤكد أن بناء المسجد أقيم في عهد "علي بن يوسف" الذي تولى إمارة المسلمين بعد أبيه في سنة 500 هـ/ 1142م، وإن كان لا يزال هناك خلاف بين الباحثين حول اسم مؤسس الجامع، هل هو الأمير يوسف بن تاشفين نفسه الذي أسس الجامع أم ابنه علي الـذي أضـاف إليـه أو جـدده؟ وعلـى أية حال إن سلمنا بما جاء في النقش الكتابي فهذا يدعونا إلى الاعتقاد أن هناك عملا ما قام به الأمير علي بن يوسف إما بناء الجامع أم إعادة تجديده.ومهما يكن من أمر فإن النقش يزودنا بالتأكيد بالفترة التي أقيم فيها العمل (البناء أو التجديد).

ب ـ نقوش مسجلة على لوحة خشبية: وتتضمن نصين الأول ويحيط بطرة العقد والثاني حوله:

■ **نقش الطرة:**

(بسم اللـه الرحمن الرحيم وصلى اللـه على سيدنا محمد وآله وسلم وإذا قرئ القرآن فاستمعوا له وأنصتوا لعلكم ترحمون، واذكر ربك في نفسك

تضرعا وخيفة ودون الجهر من القول بالغدو والأصال، ولا تكن من الغافلين، إن الذين

عند ربك لا يستكبرون عن عبادته ويسبحونه وله يسجدون)[1].

■ **نقش العقد:**

صلى اللـه على محمد وآله وسلم مما أمر ببنائـه ....

أبو محمـد عبـد اللـه بـن يحي بـن أبـي بكـر ....

إبراهيم أيـده اللـه ونصره ووفقـه ... فـي المسجد.

الجامع بتلمسـان العليـا حرسها اللـه وكـان إتمامه فـي.

شهر رمضان المعظم عام ثلاث وثلاثين وخمسمائة).

نقشت هاتان الكتابتان على قطعة من الخشب تحيط بإطار باب يبلغ عرضه

مترين وارتفاعه 1,5م، كما يعلوه عقد منفرج. ويعتقد الأستاذ رشيد بورويبة ـ أن هذه

الباب هي باب المقصورة الخشبية بالجامع[2] وقد نقشت هاتان الكتابتان بالخط الكوفي.

---

1 ـ سورة الأعراف، الآيات: 204، 205، 206.

2 - Bouruiba (R), P: 110.

والجدير بالذكر أن "محمد بن يحي بن أبي بكر، اسم لشخصية مجهولة في تاريخ تلمسان، ويرجح الأستاذ رشيد بورويبة أن يكون هذا الشخص هو "قاضي" تلمسان في تلك الفترة[1].

ج ـ نقش الخزانة:

(أمر بعمل هذه الخزانة المباركة مولانا السلطان أبو حمو بن الأمرا الراشدين أيد الـله أمره وعز نصره ونفعه كما وصل ونوى وجعله من أهل التقوى وكان الفراغ من عملها في يوم الخميس ثالث عشر لذي قعده عام ستين وسبع ماية)

التعليـــق: نقشت هذه الكتابة بالخط الكوفي على لوحة خشبية مثبتة على جدار القبلة، كما تفيدنا بتاريخ إنشاء المكتبة، واسم السلطان الذي أمر بإنشائها ونستدل من النقش أنها أقيمت في عصر دولة بني عبد الواد، وقد أضافها إلى الجامع السلطان " أبو حمو موسى الثاني"[2]، ونلاحظ على هذه

---

1 - Ibid . P: 109.

2 ـ تولى هذا الأمير حكم تلمسان في الفترة ما بين 760 ـ 791 هـ (1359 ـ 1388م) وكان له الفضل في استعادة العرش من الدولة المرينية وذلك بعد وفاة الأمير أبي عنان فارس سنة 759 هـ (1307م).

- 129 -

الكتابة أنها لا تتبع الصيغ الإنشائية التي استهلت بها الكتابة السابقة ونقصد بذلك البسملة والصلاة المحمدية حيث ذكر فيها اسم المؤسس في بداية النص دون ذكر البسملة، ويعتقد أن ذلك يرجع إلى قوة النزعة الدينية عند المرابطين.

ثانيـا ـ النقوش القرآنيـة:

لا تعدو مجموعة من الآيات القرآنية انتقاها الفنان على نحو تتفق فيه مع موقعها من جدار القبلة ومضمون هذه الآيات يهدف إلى حث المسلمين على العبادة والعمل الصالح وسجلت هذه النقوش بالخط الكوفي في مواضع مختلفة من واجهة المحراب ويعتقد أن الغرض من كتابتها وقصرها على وجه المحراب هو مبدأ أخذ به المرابطون في معظم مساجدهم التي أنشأوها   في المغربين الأقصى والأوسط، فاهتموا بنقشها على مهاد من التوريقات   في نطاق من الزخرفة الهندسية، وجاءت هذه الآيات بصيغة كلامية واحدة تتمثل في كتابة نص الآية فقط، ولمزيد من التوضيح نذكر بعض نصوص هذه الآيات:

أ ـ (ادعوا ربكم تضرعا وخفية انه لا يحب المعتدين، ولا تفسدوا في الأرض بعد اصلاحها وادعوه خوفا وطمعا ان رحمت اللـه قريب من المحسنين)[1].

ب ـ (يأيها الذين امنوا اركعوا واسجدوا واعبدوا ربكم وافعلوا الخير لعلكم تفلحون)[2].

ج ـ (رجال لا تلهيهم تجارة ولا بيع عن ذكر اللـه وإقام الصلاة وإيتاء الزكاة يخافون يوما تتقلب فيه القلوب والأبصار ليجزيهم اللـه أحسن ما عملوا ويزيدهم من فضله و اللـه يرزق من يشاء بغير حساب)[3].

د ـ (يا أيها الذين آمنوا كونوا أنصار اللـه كما قال عيسى ابن مريم للحواريين من أنصاري إلى اللـه قال الحواريون نحن أنصار اللـه آمنت طائفة من بني اسرائيل وكفرت طائفة فأيدنا الذين آمنوا على عدوهم فأصبحوا ظاهرين)[4].

1 ـ سورة الأعراف، الآيتان 54، 55.

2 ـ سورة الحـج، الآية 77.

3 ـ سورة النـور، الآيتان 37، 38.

4 ـ سورة الصف، الآية 14.

ازدانت واجهة المحراب كلها بالآيات، فالآية الأولى تشغل طرة المحراب، بينما كتبت الآيتان الثانية والثالثة في الحشوتين الجصتين اللتان تقعان على يمين ويسار الإفريز السابق، بينما تشغل الآية الرابعة حشوة جصية أخرى تقع على يمين المحراب.

خلاصة القول أنه كان لانقسام المغرب الأوسط في نهاية القرن الخامس الهجري إلى شطرين، شرقي ويتولى الحماديون حكمه، وغربي يخضع لحكم المرابطين، أثره على العمارة والفنون فإذا كانت عمائر وفنون القسم الشرقي قد تأثرت بالعمائر الأغلبية في إفريقية، فإن عمائر القسم الغربي شهدت تأثيرات العمارة الأندلسية الناتجة عن ارتباط المغرب والأندلس في هذا العصر في وحدة سياسية وفنية، ولقد مرت عمارة عصر المرابطين بالمغرب الأوسط بمرحلتين:

الأولى: وتمثل فترة ولادة هذه العمارة والتي تميزت بالغلظ وبالبعد عن التأنق، وتجريد هذه العمائر من الزخرفة، ويمثل هذه المرحلة المسجد الجامع بالجزائر، وجامع ندرومة اللذان يتميزان بالبساطة في العمارة وخلوها من الزخرف، ماعدا الزخارف التي يحتفظ بها منبر الجامع الأول والتي تمثل نقطة التقاء الأساليب المشرقية والمغربية.

أما المرحلة الثانية: فتتميز بنوع من الثراء الفني وتطور بعض العناصر المعمارية التي تستمد أفكارها من جامع قرطبة، فقد طغت الزخارف النباتية على الزخارف الكتابية والهندسية فتنوعت سيقانها وتعددت أوراقها التي اتخذت من المساحات الجصية الشاسعة والكوابيل الخشبية أرضية لها، كما شهدت هذه الفترة أيضا تطورا لبعض العناصر المعمارية التي ظهرت في جامع قرطبة مثل قبة المحراب القائمة على العقود البارزة المتقاطعة فيما بينها، كما يعود الفضل إليهم في ابتكار أول قبة قائمة على المقرنصات وتطوير نهايات العقود المفصصة بحليات ثعبانية *Serpentiforme* كما ظهر في عهدهم العقد ثلاثي الفصوص الذي يزين حنايا قبة المحراب في جامع تلمسان، وبوجه عام تميزت المساجد المرابطية في المغرب الأوسط بإتباع الأساليب البنائية الأندلسية ـ وهذا ليس بالشيء الغريب إذا ما أخذنا في الاعتبار العلاقات المتينة التي كانت تربط المغرب بالأندلس في عهد يوسف بن تاشفين وابنه علي، وتتمثل فنيا في استقدام البنائين والفنانين من الأندلس إلى المغرب ليشيدوا لهم قصورا ومساجد تضاهي تلك التي شاهدوها في هذه البلاد ويتجسد لنا هذا التأثير تحديدا في التخطيط العام لمساجدهم الذي يشبه النظام التخطيطي في جامع قرطبة سواء كان ذلك في شكل الصحن أو في اتجاه البلاطات، أو في نظام

التسقيف المنشوري، كما تميزت المساجد المرابطية باستخدام بعض العناصر المعمارية كالدعامات والعقود الحدوية والمفصصة واستعمال الحجارة في البناء وتغطيتها بطبقة من الجص وعدم تزويد مساجدهم بالمآذن، كما تميزت مساجدهم بخلوها من الزخرفة التي اقتصرت على المحاريب والبلاطة الوسطى من بيت الصلاة ـ كما هو في جامع تلمسان ـ وغلب على هذه الزخارف الساق النباتية والمروحة النخيلية، وكذلك الخط الكوفي وقد يرجع النقص في الزخرفة إلى واقع المعيشة التي ألفها المرابطون بعيدا عن كل مظاهر الحضارة، وعلى تمسكهم بتعاليم الدين الإسلامي التي تنبذ كل مظاهر الترف والبذخ والاكتفاء بما هو ضروري للحياة.

❖ المساجد الزيانية:

شهد القسم الغربي من المغرب الإسلامي في الربع الأول من القرن السادس الهجري صراعا عسكريا بين قوات المرابطين وأصحاب المهدي بن تومرت[1] مؤسس دولة الموحدين تحول هذا الصراع منذ سنة 524هـ (1129م) إلى معارك طاحنة دارت بين الطرفين وانتهت بمصرع أمير المرابطين تاشفين بن علي بن تاشفين في سنة 539 هـ (1144م) بمدينة وهران، وبموته سقطت دولة المرابطين وحلت محلها دولة الموحدين[2] على يد

---

1 ـ هو محمد بن عبد الله بن تومرت، من أهل السوس، ولد عام 485 هـ بإيجيليز من بلاد السوس كان أبوه ٌ أمغار(شيخ القبيلة)، قضى طفولته في حفظ القرآن وسافر وهو شاب إلى المشرق حيث قضى مدة إحدى عشر سنة في الدراسة والتحصيل العلمي عن علمائه، عاد بعدها إلى المغرب حيث قضى بقية عمره في نشر ـ تعاليمه في التوحيد والأمر بالمعروف والنهي عن المنكر. راجـــع:

ـ عبد العزيز سالم: المغرب الإسلامي، ص 683.

ـ ليفي بروفنسال: الإسلام في المغرب والأندلس، ترجمة الدكتور السيد عبد العزيز سالم والأستاذ محمد صلاح الدين حلمي، القاهرة 1958، ص 269.

2 ـ يرجع نسب الموحدين إلى المهدي بن تومرت، إذ لقيت دعوته إلى وحدانية الله ومحاربة الفساد استجابة من بعض القبائل البربرية، وقد أدى ذلك إلى التفاف مجموعة من الأنصار حوله ومبايعته سنة 515 هـ وكان أول من بايعه عبد المؤمن بن علي

خليفتهم عبد المؤمن بن علي الكومي[1]، وسرعان ما اتسعت رقعة هذه الدولة فشملت بلاد المغرب والأندلس، وازدهر في ظل خلفائها العمران فأقيمت المدن والقلاع وتطور الفن الأندلسي في عهودهم تطورا سريعا تمثل في المنشآت المعمارية العديدة التي أقامها الموحدون في المغرب والأندلس تنوعت ما بين

الكومي تلقب عقبها ابن تومرت بالمهدي وسمى أصحابه بالموحدين لأنهم أول من تحدث في التوحيد وعلم الكلام بالمغرب، وما إن تجمع حوله عدد كبير من الأنصار حتى كون جيشا بقيادة عبد المؤمن بن علي غزا به بعض القبائل الموالية للمرابطين وسرعان ما أخذت هذه الغزوات طابع الصدام المسلح بين الجيشين إلى أن تمكن الموحدون من القضاء على دولة المرابطين بالمغرب سنة 539 هـ لتحل محلها دولة الموحدين التي اتسعت لتشمل الأندلس والمغرب.

ـ راجع: السلاوي: الاستقصاء / ص 130.

ـ عبد العزيز سالم: المغرب الإسلامي، ص 699.

1 ـ هو عبد المؤمن بن علي بن يعلى بن علي بن حسن بن أبي نصر بن مقاتل مـن قبيلـة كوميـة، ولـد بتـاجرا وهي بلدة صغيرة تقع على ساحل تلمسان، خرج وهو شاب متوجها إلى المشرق لطلب العلـم، فلمـا وصـل إلى بجاية التقى بابن تومرت عائدا من المشرق إلى المغرب فأعجب به واستقر رأيه على البقاء معـه، فقضـى أشـهرا يقرأ عليه ثم رحل ابن تومرت إلى تلمسان ومنها إلى فاس إلى أن استقر ببلدته إيجيليز، وأسس بها رابطـة للعبادة وكان عبد المؤمن ملازما له في هذه الرحلة يأخذ مـن علمـه إلى أن بايعـه هـو وبقيـة المجموعـة مـن طلبته سنة 515 هـ أوكل عقبها قيادة جيش الموحدين لعبد المؤمن بن علي.

ـ عبد العزيز سالم: المرجع السابق، ص 88، ص 690.

مساجد جامعة وقصبات وقلاع وأسوار وحمامات وجسور مياه، غير أنه لم يتبق
في المغرب الأوسط أي آثار دينية لهذه الدولة، الأمر الذي جعلنا نتخطى هذه الدولة في
موضوع الدراسة لننتقل مباشرة بالحديث إلى العمائر الدينية   في عصر بني عبد الواد[1].

استقل بنو عبد الواد بحكم المغرب الأوسط بعد انهيار دولة الموحدين حيث
شهد المغرب الإسلامي في القرن السابع الهجري، قيام ثلاث دويلا ت صغيرة (خريطة رقم
3) ـ كانت أسبقها في الظهور دولة بني حفص في إفريقية، ثم دولة بني عبد الواد
بتلمسان، وثالثتها دولة بني مرين في المغرب الأقصى.

وإذا كان الحفصيون قد استغلوا فرصة ضعف دولة الموحدين والعلاقة الطيبة
التي كانت تربطهم بها ليعلنوا استقلالهم عنها، فإن المرينيين لم يتمكنوا من إقامة دولتهم
إلا بعد معارك طاحنة دارت بينهم وبين الموحدين.

---

1 ـ قبيلة زناتية سيطرت على الجزء الغربي من المغرب الأوسط من نهر ملوية غربا إلى مدينة وهران شرقا ،
وقد دام حكمها أزيد من ثلاثة قرون . (632 ـ 957 هـ / 1236 ـ 1550م)
راجع : حسن مؤنس : ابن بطوطة ورحلاته، دار المعارف، القاهرة 1980
ص 31 32.

أما بنو عبد الواد فقد ساعدهم الموحدون أنفسهم على ذلك كما سنبين ذلك فيما يلي:

كان بنو عبد الواد في الأصل قبائل رحل تقطن صحراء المغرب الأوسط وكانوا يتنقلون بين الصحراء والأراضي الساحلية من المغرب الأوسط إلى أن استقروا في هذه المناطق رغم رفض قبائلها لهم.

وباستقرارهم في سهول وهران أخذ بنو عبد الواد يردون الهجمات التي كانت تستهدف عامل الموحدين بتلمسان، ومكافأة لهم على هذه الخدمات التي كانوا يقدمونها لهم بتلمسان قلد الموحدون إمارة تلمسان

"ليغمراسن بن زيان" زعيم بني عبد الواد في سنة 624 هـ (1226م)[1].

كان لـيغمراسن دور كبير في قيام الدولة، فمنذ أن تولى إمارة تلمسان بدأ يعمل على الحد من نفوذ الموحدين على تلمسان إلى أن أعلن استقلاله عن الدولة الموحدية بالمغرب الأوسط سنة 633 هـ (1235م) وإذا كان بنو عبد الواد قد استقلوا عن الموحدين بالمغرب الأوسط، فإنهم لم ينجوا

---

1 ـ ابن خلدون (عبد الرحمن): كتاب العبر وديوان المبتدأ والخبر في أيام العرب والعجم والبربر ومن عاصرهم من ذوي السلطان الأكبر، دار الكتاب اللبناني، بيروت 1983، ج 13، ص 162.

من الأخطار التي كانت تحدق بهم من الجهتين الشرقية والغربية. فقد أدت أطماع بني مرين من جهة وبني حفص من جهة أخرى إلى توجيه غاراتهم إلى المغرب الأوسط والاعتداء على دولة بني عبد الواد ومع أن حملات الحفصيين قد باءت بالفشل، فإن بني عبد الواد لم يصمدوا أمام اعتداءات المرينيين المتكررة على بلادهم، وتمكن هؤلاء من السيطرة على تلمسان بعد عدة حملات أهمها الحملة التي شهدها المغرب الأوسط في عهد الأمير الزياني أبو سعيد عثمان سنة 698 هـ (1299م) ففي هذه الحملة أحكم المرينييون الحصار حول تلمسان مدة ثماني سنوات، بنى خلالها المرينييون حصنا أمام المدينة ليكون قاعدة انطلاق لهجماتهم، ولم يلبث أن تحول إلى مدينة كبيرة سميت بالمنصورة[1] تيمنا بالنصر.

---

1 ـ تقع هذه المدينة في الضاحية الغربية لمدينة تلمسان، أنشأها السلطان المريني أبو يعقوب يوسف بن يعقوب بن عبد الحق أثناء حصاره لمدينة تلمسان الذي بدأه سنة 696 هـ (1299م) ودام ثماني سنوات.

راجع:

MARÇAIS(G:Les villes D'art Célèbres,P:57.

ولما توفي الأمير أبو سعيد عثمان في السنة الخامسة من الحصار. خلفه أبو زيان محمد بن أبي عثمان سنة 703 هـ (1303م) الذي استطاع أن يصمد في وجه المرينيين ثلاث سنوات أخرى، عاد بعدها السلطان المريني أبو ثابت عامر إلى فاس بعد أن بلغه نبأ مصرع أبيه واضطر إلى مصالحة بني عبد الواد ليتفرغ لشؤونه الداخلية، ثم تعرضت مدينة تلمسان عقب هذا الحصار لعدة حملات مرينية أبرزها حملة سنة 737هـ (1337م) بقيادة السلطان أبي الحسن علي بن عثمان وانتهت بدخوله تلمسان وسيطرته عليها مدة أحد عشر عاما إلى أن استردها بنو عبد الواد وحاول المرينيون الاستيلاء على المغرب الأوسط بعد ذلك، ولكنهم لم يفلحوا إلا في سنة 761 هـ (1359م) فدخلوها مسالمين وحاولوا إلحاقها بفاس ونجحوا في تحقيق هدفهم، وفي هذه السنة بدأ يحكم المغرب الأوسط أمراء من بني عبد الواد من قبل بني مرين بفاس[1].

وبالرغم من الظروف السيئة التي عاشتها تلمسان خلال ثلاثة قرون في ظل الحكم الزياني إلا أنها شهدت ازدهارا كبيرا.

---

1 ـ عبد العزيز سالم: المغرب الكبير، جـ 2، ص 784.

ويعتبر عهد الأمير "أبو حمو علي بن أبي زيان" من أزهى عهود دولة بني زيان، ففيه نهضت مدينة تلمسان واتسع عمرانها بحيث أصبحت تعد في مصاف الحواضر الكبرى آنذاك، فشيدت فيها الدور والقصور وزودت بالمساجد والأضرحة وتشهد آثار هذه المنشآت بما أصابته تلمسان من ازدهار عمراني لم تشهده من قبل، وسنتناول بالبحث ثلاثة مساجد منها تتميز باحتفاظها بتخطيطها العام وعناصرها المعمارية الأولى ولم تدخل عليها تجديدات جذرية كما حدث لبعض المساجد الأخرى التي لم يبق من بنيانها سوى مآذنها وذلك بدءا بالأقدم فالأحدث.

1 ـ مسجد سيدي أبي الحسن[1]

أ ـ تاريخ إنشاء المسجد:

يعتبر مسجد سيدي أبي الحسن من أهم المساجد الزيانية لاحتفاظه بتخطيطه الأول ولتميزه بطابعه الفني الذي فاق كل مساجد ذلك العصر.

ويشتمل المسجد على نقشين تأسيسيين يسجلان تاريخ الإنشاء[2] ومن المعروف أن المسجد بني تخليدا لذكرى الأمير أبي إبراهيم بن السلطان أبي يحي يغمراسن بن زيان في سنة 696 هـ (1296م)، ويشير هذا التاريخ إلى أن المسجد قد بني في عهد حكم الأمير أبي سعيد عثمان 681 ـ 703هـ (12/8 ـ 1303م)، وعلى الرغم من أن النقشين لم يتضمنا اسم المؤسس الحقيقي للمسجد، فإننا نرجح أن يكون أبا سعيد عثمان[3].

---

1 ـ هو أبو الحسن بن يخلف التنسي، من علماء تنس الذين حلوا بتلمسان اشتهر في أواخر القرن السابع وبداية القرن الثامن الهجري وقد حظي بمكانة عالية عند السلطان المريني أبو يعقوب وكان فقيه حضرته.

ـ **راجع:** التنسي: المصدر السابق، ص 9.

- W,ET G .MARÇAIS / Les monuments arabes de Tlemcen, Fontemoing , PARIS, P: 171.

2 ـ سنورد نص النقشين خلال تناولنا للعناصر الزخرفية الخاصة بالمسجد.

3 ـ أشار يحي بن خلدون إلى أن المسجد كان من بناء أبي سعيد عثمان.

وينسب المسجد إلى الشيخ سيدي أبي الحسن ولا ندري الأسباب أو الظروف التي أدت إلى هذه النسبة، إذ لم يرد في المصادر التاريخية ما يشير إلى ذلك ومع هذا فيرى بروسلار[1] أن المسجد أصبح بمرور الزمن يعرف بهذه التسمية نسبة إلى الفقيه أبي الحسن بن يخلف التنسي الذي عاش في عهد الأمير أبي سعيد عثمان.

وفي تصورنا أن ما ذهب إليه بروسيلار من تفسير يعد أمرا منطقيا فالشيخ أبو الحسن كان يتولى تدريس العلوم الدينية بالمسجد، وربما كان ذلك سببا في إطلاق اسمه على المسجد لذيوع اسمه بين طلبته، خاصة إذا علمنا المكانة التي كان يتبوؤها الفقهاء وعلماء الإسلام في مجتمع المغرب في العصر الإسلامي فأدى ذلك إلى اكتساب المسجد لهذه الصفة.

ومن المؤسف أن المسجد تعرض للتخريب مما أسفر عن فقدان أجزاء كبيرة من زخارفه الجصية التي كانت تكسو واجهات جدرانه الداخلية وكذلك الزخارف الخشبية التي كانت تغشى السقف من الداخل، فقد أتخذ

أنظـر : ابن خلدون ، بغية الرواد، ص 158، 164.

1 - BROSSELARD (CH): Les Inscriptions Arabes De Tlemcen; In Revue Africaine, Février; 1959, P:162.

مخزنا للخمور في بداية الاحتلال الفرنسي للجزائر، ثم مخزنا للعلف الحيواني فيما بعد، وأخيرا حول إلى متحف للآثار الإقليمية وما زال كذلك إلى يوم الناس هذا.

ب ـ النظام التخطيطي للمسجد:

لم يتبع مسجد أبي الحسن التخطيط العام المألوف في المساجد الجامعة، حيث جرت العادة في تخطيط المساجد الجامعة أن يتوسطها صحن تحيط به المجنبات، أما مسجد سيدي أبي الحسن فيتكون من بيت للصلاة مربع الشكل تقريبا، طوله 10,30م وعرضه 9,85م (لوحة 17) ويتألف المسجد من ثلاث بلاطات يزيد اتساع البلاطة الوسطى (3,60م) عن البلاطتين الجانبيتين   (2,80م)، ويفصل بين البلاطات الثلاثة صفان من العمد الرفيعة تقوم عليها بائكتان من العقود، وتقطع هذه البلاطات ثلاثة أساكيب، يبلغ عرض أسكوب المحراب 3,10م، والأسكوب الثاني 3,17م، والأسكوب الثالث 3,40م. ونلاحظ هنا أن أسكوب المحراب أصغر من الأسكوبين الآخرين، بينما نشهد العكس في المساجد الجامعة المرابطية حيث يزيد اتساع أسكوب المحراب عن الأساكيب الأخرى.

وقد روعي في بيت الصلاة استعمال الأعمدة الرفيعة لتوفير أكبر قدر ممكن من الفراغ للتوسعة على المصلين، وليضم أكبر عدد منهم لأداء الصلوات   أو لإتاحة الفرصة للتنعم بالزخارف الجدارية دون أن تشكل الأعمدة حاجزا أمام النظر، كما في بعض المساجد التي تشغلها الدعامات الضخمة مثل المساجد الجامعة المرابطية.

■ المحراب:

يتوسط جدار القبلة وهو عبارة عن جوفة خماسية الأضلاع في جدار القبلة، يبلغ عمقها 1,75م تتوجها قبيبة صغيرة مقرنصة تقوم على عقود زخرفية مفصصة، وهذه العقود ترتكز بدورها على عمد رفيعة ملتصقة بجدار المحراب عند نقاط التقاء أضلاعه الخمسة، وينطلق من أسفل قواعد العمد شريط بارز يحيط بجوفة المحراب.

■ قبيبة المحراب:

يغطي جوفة المحراب من الداخل قبيبة صغيرة قائمة على قاعدة مثمنة مقرنصة تحف بها صفوف المقرنصات المتراكبة فوق بعضها البعض والتي تتناقص تدريجيا من قطر القبيبة لتفسح المجال في الأعلى لقبيبة أخرى أصغر منها تتكون من ستة عشر ضلعا تتفرع من أعلى نقطة في القبيبة (لوحة 18،

ش:1). وتتكون مقرنصات القبيبة من أشكال هندسية متعددة من المثلثات والمعينات،
والدوائر، وتوريقات قوامها مراوح النخيل وتشبه مقرنصات هذه القبيبة مقرنصات
القبيبة التي تتوج القبة المضلعة التي تتقدم المحراب   في المسجد الجامع بتلمسان
(لوحة 13، ش: 2) كما تشبه هذه القبيبة أيضا إلى حد كبير قبة جامع القرويين بفاس[1]
(لوحة 18 ش: 2).

■ واجهة المحراب:

يشغلها عقد المحراب، وهو عقد متجاوز لنصف الدائرة يحف به عقد كبير زخرفي مفصص
ومتجاوز أيضا لنصف الدائرة، ويتكئ العقد على عمودين من الرخام، ومن مستوى تاجي
العمودين تنطلق زخرفة الواجهة حيث تشغل كل المساحة التي تحددها البلاطة الوسطى من
جدار القبلة وتتمثل هذه الزخرفة في أشرطة كتابية بالخط الكوفي الأندلسي وزخرفة من
التوريق (الأرابيسك) ويعلو عقد المحراب ثلاث نوافذ معقودة بعقود نصف دائرية
تشغلها زخارف جصية، وتمثل هذه الواجهة أهمية كبيرة في إبراز السمات الفنية للزخارف
في عهد بني عبد الواد (لوحة 19) فهي تشبه إلى حد كبير الواجهة الخارجية

1 ـ أنظر:

- MARÇAIS (G) : l'architecture musulmane D'Occident; P. 203.

لباب الوزراء بجامع قرطبة المعروف بباب سان إستيبان (لوحة 20، ش: 1) مما يشير إلى التأثير الفني الأندلسي الذي تلقته تلمسان في عهد أمرائها الأوائل من بني عبد الواد.

- **جدران بيت الصلاة:**

إذا كانت جدران المساجد المرابطية الجامعة خالية من الزخرفة فإن مساحة جدران مسجد سيدي أبي الحسن ابتداء من مستوى منابت العقود وحتى الأسقف قد كسيت بعناصر زخرفية متكررة تتكون من عناصر نباتية محورة تتخللها كلمات كتبت بالخط الكوفي (لوحة 20، ش:2)، وقد نفذت هذه الزخارف على طبقة من الجض سوف نتناولها بالدراسة لاحقا.

ج ـ العناصر المعمارية:

1 ـ العمد وتيجانها: يتميز مسجد سيدي أبي الحسن عن بقية المساجد الزيانية الأخرى باستعمال العمد بدلا من الدعائم الحجرية لتزيد بيت الصلاة جمالا، ويشتمل المسجد على تسعة أعمدة مصنوعة من الرخام ويختلف نوع الرخام من عمود إلى آخر، كما يبلغ ارتفاع عمودي المحراب 1,90م وتزيد بقية أعمدة بيت الصلاة بنحو 20 سنتيمترا عن هذا الارتفاع.

أما التيجان فقد اقتصرت في المسجد على أربعة أعمدة فقط هي: عمودا عقد المحراب، والعمودان اللذان يلتصقان بجدار القبلة، أما بقية الأعمدة فقد حلت قاعدة العمود فيها محل التاج على نحو معكوس. وقد صنعت هذه التيجان من مادة الجض، وتتكون من جزأين متباينين: السفلي وهو أسطواني الشكل تزينه زخرفة قوامها خطوط حلزونية ، والعلوي أقرب ما يكون   إلى المكعب تزينه زخرفة قوامها محارة مركزية تحيط بها أوراق نباتية ومراوح نخيلية بسيطة الشكل، تجد تلك الزخرفة على تاجي عمودي جدار القبلة (لوحة 21، ش: 1)، وأما القسم العلوي من تاجي عمودي المحراب فتزينهما أوراق محزوزة ذات عروق تحيط بالمحارة المركزية، ويعلو هذين الجزأين طبلة العقد وقد نقشت عليها آيات قرآنية بالخط الكوفي تدعو إلى إقامة الصلاة.

والجدير بالذكر أن هذه التيجان تشبه إلى حد كبير التيجان الشائعة في العمائر المرينية (لوحة 21، ش:2)، وكذلك التيجان التي تزين بهو السباع والقاعة التي تقع غربيها في قصر الحمراء بغرناطة[1] (لوحة 21، ش:3).

---

1 - W.Et G.MARÇAIS: Les Monuments Arabes De Tlemcen; P: 199

.MARÇAIS (G): l'architecture Musulmane D'Occident, P: 340.

2 ـ العقـود:

تسود العقود المتجاوزة لنصف الدائرة المنكسرة (حذوة الفرس) مسجد سيدي أبي الحسن، ويظهر هذا النمط في بوائك بيت الصلاة، أما عقد المحراب فلا نلاحظ فيه أي انكسار في رأسه، ويغلب على هذه العقود طابع البساطة فلا نجد أثرا للعقود المفصصة التي انتشرت قبل تلك الفترة في العمائر المرابطية، ولا للعقود المسننة التي امتازت بها المباني الموحدية في المغرب الأقصى، ويعلو العقود في بيت الصلاة بهذا المسجد بائكتان كانتا تزدانان بالزخارف الهندسية والنباتية، غير أن يد الدمار امتدت إليهما وأتت على القسم الأكبر منها.

3 ـ الأبـواب والنـوافـذ:

يشتمل المسجد حسب وضعه الحالي على ثلاثة أبواب أهمها الباب الرئيسي الذي يتوسط الجدار الشرقي للمسجد وهو باب ضخم يبلغ اتساعه 2,90م ويبرز قليلا عن سمت الجدار حيث يبلغ عرض البروز مع سمك الجدار 1,20م، ويعلو الباب عقد نصف دائري تتوجه زخرفة رائعة الجمال.

أما الباب الثاني فينفتح في الركن الجنوبي الشرقي بفتحة ضيقة يبلغ اتساعها 0,70م ويؤدي إلى درج المئذنة.

وأما الباب الثالث الذي ينفتح في الجدار الغربي فمضاف حديثا   إلى المسجد ـ حسب ما نعتقد ـ ويؤدي إلى قاعة كبيرة خصصت لحفظ التحف الأثرية، ويبدو أنها أقيمت حديثا أيضا.

وفيما يتعلق بالنوافذ فيبلغ عددها خمسا تتوزع في الجدارين الشرقي والشمالي على النحو التالي: نافذتان في الجدار الشرقي تقعان على جانبي الباب الرئيسي، وثلاثة تنفتح في الجدار الشمالي وتتفاوت هذه النوافذ في الاتساع، ونعتقد أنها أضيفت إلى المسجد حديثا[1]، إذا أخذنا بعين الاعتبار المواقع   التي فتحت فيها.

4 ـ السقف:

يسقف المسجد من الخارج ثلاثة صفوف من القرميد جمالونية الشكل تمتد طوليا بامتداد بلاطات المسجد، أما الأسقف الداخلية فتتألف من ألواح خشبية متقاطعة تشبه في صناعتها أسلوب التجميع والتعشيق الشائع   في صناعة الخشب في العصر الإسلامي، إذ تتقاطع هذه الألواح مكونة فيما

---

1 ـ وذلك حسبما ورد ذكره في النقش الكتابي المسجل على اللوحة الرخامية المثبتة على الجدار الغربي للمسجد، وقد جاء من ضمن ما نقش عليها أن الجدار الشمالي للمسجد كانت تلتصق به محلات هي وقف على المسجد.

بينها أشكالا هندسية كالمربعات وأشكالا أخرى متعددة الأضلاع (لوحة 22)، ومن المؤسف أنه لم يتبق من هذه اللوحات الخشبية ـ الأصلية ـ إلا القليل بعد الحريق الذي تعرض له المسجد وأتى على القسم الأعظم من سقفه الخشبي وقد أعيد تغطية الأماكن المحروقة بأسقف جديدة أتبع فيها أسلوب اللوحات الأصلية.

5 ـ المئذنة: تقع المئذنة في الركن الجنوبي الشرقي من المسجد[1]، وهي متوسطة الارتفاع (14,25م) ويتناسب ارتفاعها ومساحة المسجد، وتتكون هذه المئذنة من برج رئيسي كبير، وجوسق صغير (لوحة 23).

- **البرج الرئيسي (الطباق الأول):**

وهو مربع الشكل يبلغ ارتفاعه 11,60م، أما طول كل ضلع من أضلاعه الأربعة فيقدر بـ 3,50م، ويرتقي الراقون إلى أعلى هذا الطابق عبر درج صاعد يدور حول نواة مركزية مربعة الشكل تتوسط البرج ويبلغ

1 ـ اختير هذا الموقع في جميع المآذن الزيانية، حيث نلاحظ أن المآذن التي أقامها بنو عبد الواد سواء أكانت في المساجد التي شيدوها أم تلك التي ألحقوها ببعض المساجد التي ترجع إلى فترات سابقة كمئذنة جامع الجزائر قد أقيمت في أركان المساجد.

عرض الدرج 1,50م، وقد سقف بأقباء متقاطعة بمعدل قبوين لكل جانب من جوانب النواة، وتتوج هذا الطابق شرفات مسننة بمعدل أربع شرفات في كل واجهة، وتنقسم أوجه هذا الطابق إلى ثلاثة قطاعات يفصل بينها صفان من الآجر يحيطان بالجهات الأربع للبرج على نحو متناسق، وتزين واجهات البرج الأربعة شبكة من المعينات تنبثق من عمودين صغيرين ويعلو هذه الشبكة ثلاثة عقود مسننة زخرفية تشغل بنيقاتها بلاطات خزفية.

■ **الجوسق (الطابق العلوي):**

وهو أيضا مربع الشكل مسطح من الأعلى، يبلغ ارتفاعه 3,95م أما عرضه فيبلغ مترا واحدا، وتتخلل واجهاته الأربع أربع نوافذ، وتزدان واجهاته بشبكة من المعينات على تربيعات خزفية تكسو هذه الواجهات الأربع وتحيط بنافذة صغيرة مفتوحة في كل واجهة من واجهاته ومئذنة المسجد بما تشتمل عليه من عناصر معمارية وخزفية لا تخرج عن الإطار العام للمآذن الزيانية التي تتكون من برج واحد مربع الشكل ينتهي بجوسق صغير وهو

تقليد معماري مغربي ظهر في عصر مبكر في مآذن المغرب والأندلس، ومن بين أمثلته مئذنة مسجد قلعة بني حماد[1]، وعدد من مآذن الموحدين.

د ـ العناصر الزخرفية:

تشغل الزخارف في مسجد سيدي أبي الحسن مكانة هامة لوفرتها وتنوع عناصرها، فهي تشتمل على العناصر النباتية والخطية والهندسية جمع الفنان بينها ونسقها على نحو يثير الإعجاب، فأضفت على المسجد رونقا وجمالا قلّما نجدهما في المساجد الزيانية الأخرى، بل وفي المساجد السابقة له من عصر المرابطين.

وقد استخدم الفنان في تنفيذ هذه الزخارف مادة الجض والخشب والرخام والآجر، وأضاف لأول مرة فيما أعلم مادة زخرفية جديدة تتمثل

---

1 ـ يرجع تاريخ بناء هذه المئذنة إلى أواخر القرن الرابع الهجري (العاشر الميلادي) (398 هـ/ 1007م).

ـ راجــع:

- BOUROUIBA(R:L'art Religieux; P:22.

في البلاطات الخزفية[1]، وسوف نتناول بالتفصيل كل عنصر من عناصر الزخرفة على حدة.

1 ـ الزخارف النباتية:

تتمثل في السيقان النباتية ومراوح النخيل، وبعض العناصر النباتية الأخرى المحورة عن الطبيعة. جمع الفنان بينها في أسلوب متكامل فظهرت إما مستقلة بذاتها أو مرتبطة مع عناصر أخرى هندسية أو خطية وتشبه هذه الزخارف النباتية بعض العناصر النباتية ومراوح النخيل في آثار المغرب الأقصى كباب المرسى بمدينة سلا[2] على وجه التحديد.

- **السيقان النباتية:** تبدو رفيعة أشبه بخطوط حلزونية أو منحنية طويلة[3] متماثلة مما يضاعف في مظهرها الجمالي، وتنبثق هذه السيقان من

1 ـ وإن كانت قد ظهرت في عصر الموحدين ممثلة في الكسوة الخزفية التي تكسو الطابق العلوي من برج الذهب بأشبيلية (616 هـ/ 1220م) أنظر:

- LEOPLDO TORRES BALBAS: Arte Almohade Arte Nazari Arte Mudéjar, Volume 4; Editorial Plus Ultra, MADRID, 1949,

P: 37 – 39.

2 - HENRY TERRASSE ET JEAN HAINAILT: Les Arts Décoratifs Au Maroc, Henry Laurens, PARIS, 1925, P: 60.

3 ـ استعملها الفنان بكثرة في زخارف بنيقتي عقد المحراب وعقد الواجهة.

مروحتين نخيليتين صغيرتين تنتهيان بأخريين أكبر منهما، وتتداخل هذه السيقان

مع المراوح النخيلية وبعض العناصر النباتية الأخرى بحيث يصعب على الدارس

أو المشاهد تتبع مسارها لما تشكله من التواء وتشابك مع العناصر الأخرى وقد

طبق الفنان في كل هذا المسار الذي تتخذه السيقان النباتية التماثل حيث تقابل

كل نقطة في الساق الأول مثيلتها في الساق الثانية.

ـ المراوح النخيليـــة:

استعملت إلى جانب السيقان النباتية، وإن كانت لم تصل في التنوع   إلى

المستوى الذي نشاهده في زخارف مراوح النخيل بالمساجد المرابطية ذلك أننا لا نجد في

زخارف مسجد سيدي أبي الحسن أثرا للمراوح النخيلية المسننة أو ورقة الأكانتس

المشرشرة التي تذكرنا بالأسلوب البيزنطي والتي تنوعت أشكالها في عصر المرابطين، فلا

يتمثل من مراوح النخيل في زخرفة المساجد الزيانية سوى النوع البسيط أو المزدوج

وتتخذ هذه الزخرفة عدة أشكال مختلفة يغلب عليها الطابع الأندلسي[1] ومن هذه

الأشكال:

1_ أنظر: W.Et G.MARÇAIS : Les Monuments Arabes,

P: 180

ـ ورقة ذات فروع عريضة (لوحة 24، ش:1).

ـ ورقة على شكل علامة الاستفهام (لوحة 24، ش: 2، 3، 4).

ـ ورقة طويلة تنتهي بورقة صغيرة تتكون من فرعين

(لوحة 24، ش: 5).

ـ ورقة تتفرع من ساق واحدة وتنقسم إلى فصين

(لوحة 24، ش: 6، 7).

■ **العناصر النبتية المحورة:**

استعمل الفنان في الزخارف النباتية بعض الأوراق المحورة عن الطبيعة ويغلب على هذه الأوراق شكل الورقة ثلاثية الفصوص التي تزدان بعروق مختمة أي تتوسطها نقاط أو دوائر صغيرة (لوحة 24، ش: 8، 9، 10) وإلى جانب هذه العناصر استعمل الزهيرات الصغيرة رباعية أو ثمانية الفصول (لوحة 24، ش:11)، كذلك واصل الفنان استخدام عناقيد العنب (لوحة24، ش:12) بمثابة عنصر زخرفي على غرار نظائرها في زخارف المرابطين، وتتمثل في الأجزاء العليا من تيجان أعمدة مسجد سيدي

أبي الحسن، وتشير هذه الزخارف إلى تأثير مدرسة العناصر الزخرفية في المنشآت الأندلسية، وهذه العناصر ورثها الفن الأندلسي من الزخرفة البيزنطية.

2 ـ الزخارف الخطية:

تشغل الزخارف الخطية مكانة هامة بين العناصر الزخرفية الأخرى[1] فالفنان لم يكتف بالنقوش الكتابية التأسيسية التي طالما اتخذت عنصرا زخرفيا في المساجد السابقة التي تفتقر إلى مثل هذه النقوش، بل راح يزين المسجد ببعض العبارات الدينية والآيات القرآنية نقشها في مواضع مختلفة من المسجد، بحيث تتلاءم والمكان الذي تشغله، فنظمها في أفاريز طويلة وبحور تشكل

---

1 ـ استخدم الفنان المسلم الخط باعتباره عنصرا من عناصر الزخرفة الإسلامية لعدة أسباب منها:

ـ تحريم الإسلام للتصوير داخل المساجد ودور العبادة .

ـ كراهية الفنان المسلم للفراغ.

ـ جمال الخط العربي وتطويعه في أشكال جمالية زخرفية رائعة.

أنظــر:

ـ ثروت عكاشة: التصوير الإسلامي بين الحظر والإباحة، مقال في مجلة عالم الفكر المجلد السادس، العدد الثاني، 1975، ص 525 ـ 552.

ـ عبد العزيز مرزوق: الإسلام والفنون الجميلة، ص 85.

ـ زكي صالح: الخط العربي، الهيئة المصرية العامة للكتاب، 1983، ص 56، 57.

في مجموعها عنصرا زخرفيا رائع الجمال زينت به واجهة المحراب، وقد استعمل الفنان في كتابة هذه النقوش الخط الكوفي (لوحة 25، ش:1) الذي أبدع في تشكيله، فكان من العناصر الرئيسية في زخارف مسجد سيدي أبي الحسن، بعد أن كان يؤدي دورا ثانويا في زخارف العمائر المرابطية، ونظرا لكثرة هذه الزخارف الكتابية قمنا بتقسيمها إلى:

■ **النقوش التأسيسية:**

ويمثل هذا النوع نقشان سجل الأول منهما على لوحة رخامية مثبتة   في الجدار الغربي، والثاني على الجص في بحرين تتخللهما بعض العبارات الدينية، وفيما يلي نص النقش الكتابي المسجل على الجدار الغربي:

ـ **نقش العمود الأيمن:** (بسم الله الرحمن الرحيم صلى الله على سيدنا محمد وعلى آله وصحبه وسلم تسليما).

ـ **نقش العمود الأفقي**: (بنى هاذا[1] المسجد للأمير أبي عامر إبرهيم[2] ابن السلطان).

ـ **نقش العمود الأيسر**: (أبي يحي يغمراسن بن زيان في سنة ست وتسعين وستماية من بعد وفاته رحمه اللـه).

وقد نقشت هذه الكتابة بالخط الكوفي البارز على لوحة رخامية طولها متر واحد وعرضها 0,53م[3]، ويشغل الفراغات الواقعة بين الأسطر أوراق وأزهار مما يجعل من هذه الكتابة لوحة زخرفية رائعة الجمال وتشتمل الكتابة على نص تأسيسي للمسجد، وقائمة بالأملاك الموقفة عليه[4] ويتكرر النقش الكتابي نفسه في إفريز محراب هذا المسجد وهو تقليد جديد لم يكن متبعا   في المساجد المرابطية الجامعة، إذ جرت العادة على الاكتفاء بكتابة النقش التأسيسي مرة واحدة فقط، وفيما يلي نصه:

---

1 ـ هاذا : هذا وهما لغتان جائزتان.

2 ـ إبرهيم: إبراهيم.

3 - BOUROUIBA (R): Les Inscriptions Commémoratives, P: 124

4 ـ ذكر فيها عشرون دكانا تلتصق ستة منها بالجدار الشمالي للمسجد والبقية تحيط بالمسجد مـن الجهـة الغربية والجنوبية.

المستطيل الأيمن: (بنى هاذا المسجد للأمير أبي عامر إبرهيم ابن)

المستطيل الأيسر: (أبي يحي يغمراسن بن زيان سنة ست وتسعين

وستمائة من بعد وفاته رحمه اللـه).

■ القيمة التاريخية للنقشين:

نستدل بالنقشين سالفي الذكر على اسم الأمير الذي تولى تلمسان   في هذه الفترة، والشخص الذي خلد المسجد ذكراه هو الأمير أبي عامر إبراهيم ابن أبي يحي يغمراسن بن زيان، وأن نسبة المسجد إلى الشيخ أبي الحسن إنما حدثت فيما بعد، فأبو الحسن هذا هو أحد العلماء الذين وفدوا إلى تلمسان   في عهد السلطان أبي سعيد عثمان، وربما كان يتولى التدريس فيه، فنسب المسجد إليه، ولو لم يحتفظ المسجد بهذين النقشين لكنا قد وقعنا في خطأ قد يترتب عنه بعض الآراء الخاطئة في هويته.

■ العبارات الدينية:

استعملت في مسجد سيدي أبي الحسن بعض العبارات الدينية كعناصر زخرفية تتوسط أحيانا الزخارف النباتية، كما استعملت أحيانا أخرى بعض العبارات التي نقشت في بحور متقطعة كأفاريز زخرفية في البوائك وفي بعض الأحيان كانت تتخذ منطلقا للزخارف التي تكسو واجهة المحراب،

ومن بين هذه العبارات نطالع: لفظ الجلالة "الـلـه" ويشغل المربعات التي تفصل بين الأشرطة الزخرفية، و"الملك الدائم لله"، وتتمثل في الشريط العلوي من زخرفة واجهة المحراب.

وكلمة "اليمن" وتشغل تشبيكات المعينات التي تزين بنيقات العقود بالإضافة إلى عبارات الصلاة على اسم "محمد" أما عبارات الشهادة فقد وزعت على واجهة المحراب في أشرطة زخرفية بالخط الكوفي تزينه بعض التوريقات النباتية، وبالإضافة إلى العبارات الدينية السالفة الذكر سجلت بعض الآيات القرآنية بالخط الكوفي في واجهة المحراب اختيرت وفقا للموضع الذي نقشت فيه، وبعضها يدعو إلى إقامة الصلاة .

3 ـ الزخارف الهندسيـــة:

حظيت الزخارف الهندسية كبقية الزخارف باهتمام الفنان الزياني فقد استعمل العديد من الأشكال الهندسية، إما مختلطة مع التوريقات والنقوش الكتابية، ويتمثل ذلك في الأفاريز الهندسية متعددة الأشكال التي تحتوي بداخلها هذه العناصر الزخرفية، أو كعناصر زخرفية قائمة بذاتها ويمثل هذه المجموعة من الزخرفة الهندسية بالدرجة الأولى الطبق النجمي (لوحة25، ش:2)

الذي شاع استخدامه في النوافذ الثلاث التي تعلو جوقة المحراب[1]، وفي بعض التربيعات التي تحدد البحور الكتابية.

وبالإضافة إلى الطبق النجمي، استخدمت الأشكال النجمية المتعددة الرؤوس، والخطوط المستقيمة المتوازية التي تتقاطع فيما بينها مكونة أشكالا رباعية، وكذلك تشبيكات من المعينات الصغيرة، وتشكل هذه العناصر الهندسية إطارا للزخارف النباتية والكتابية كما ينتشر معظمها في واجهة المحراب، وبعض المساحات المتفرقة من بائكات العقود والمناطق العليا   من جدران المسجد.

---

1 ـ يتكون الطبق النجمي في هذه الشبابيك إما من ستة عشر رأسا أو عشرة رؤوس.

1 ـ مسجد أولاد الإمام[1]

أ ـ تاريخ إنشاء المسجد:

لم أعثر أثناء دراستي لهذا المسجد على أية نقوش تأسيسية يستدل بها على تاريخ البناء، وقد اتفق المؤرخون[2] على نسبته إلى عهد أبي حمو موسى الأول[3] والمسجد شيد سنة 710 هـ/1210م أي بعد بناء مسجد سيدي أبي الحسن بنحو أربعة عشرة سنة، ولقد ألحقه الأمير أبو حمو موسى الأول

---

1 ـ نسبة إلى عالمين جليلين هما أبو زيد عبد الرحمن وأبو موسى عيسى ابنا الإمام محمد بـن عبد اللـه ابن الإمام من بلدة برشك، سافرا إلى المشرق من أجل العلم والتحصيل فكان لهما صيت كبيـر في كل مـن دمشـق والحجاز ومصر ثم اشتد بهما الحنين إلى وطنهما فرجعا إلى المغرب، ولكنهما أعرضـا عـن بلـدتهما وتوجها إلى تلمسان، وكانت في تلك الأيام يتولاها سلطان محب للعلم والعلماء هو أبو حمو موسى الأول فأكرمهما وقربهما منه، وكان يكثر من مجالستهما والاقتداء بهما فأنشأ لهما مدرسة لم يتبق منها اليوم إلا مسجدها الـذي يعـرف باسمهما. راجـع :

ـ ابن مريم: البستان في ذكر الأولياء والعلماء بتلمسان، تحقيق: محمد بن أبي شنب الجزائر، 1908، ص 114.

ـ أحمد بابا التنبكتي: نيل الابتهاج بتطريز الديباج، فاس 1317 هـ، ص 139 ـ 142 ـ التنسي: المصدر السـابق، ص 139.

2 - MARÇAIS (G): L'Architecture Musulmane D'Occident; P: 272.

3 ـ هو رابع أمراء بني عبد الواد ، امتد حكمه للمغرب الأوسط من سنة 707 هـ (1307 م) إلى سنة 718 هـ (1318م) .

بالمدرسة القديمة التي شيدت غرب المدينة بالقرب من باب كشوط أحد أبواب مدينة تلمسان، ولم يتبق من هذه المجموعة البنائية اليوم غير المسجد، أما المدرسة فقد تهدمت نهائيا، وكان يتولى التدريس بها عالمان فاضلان   من بلدة برشك القريبة من مدينة تنس، هما أبو زيد عبد الرحمن بن الإمام المتوفي في شهر رمضان من سنة 741 هـ ـ 1340م وأخوه أبو موسى عيسى بن الإمام المتوفي شهر ربيع الأول من السنة التالية[1].

ويرى مارسي أن المسجد شيد ليكون مصلى للطلاب[2]، ونحن نوافق مارسي الرأي، فالمدارس الإسلامية كانت تزود عادة بمسجد، وأقرب مثال لذلك مدرسة سيدي أبي مدين التي تحتوي على مصلى ما زال قائما حتى اليوم، هذا وقد تعرضت زخارف المسجد لعوامل الزمن أتت على معظمها ولحسن الطالع فإن هذا التخريب لم يمس العناصر المعمارية الأصلية وربما يرجع

---

1 ـ عثرنا على هذا التاريخ مكتوبا على شاهدي قبريهما، رحمهما الله ـ خلال الزيارة الميدانية للمسجد ولكن هذا التاريخ لا يوافق التاريخ الذي ذكره كلا من أحمد بابا التنبكتي وابن مريم في مؤلفيهما (743 هـ)، (749م). أنظر: أحمد بابا التنبكتي: المصدر السابق، ص 141.

ـ ابن مريم: المصدر السابق، ص 139.

2 - MARÇAIS (G): OP CIT, P:272.

السبب في ذلك إلى أنه اتخذ مدرسة لتحفيظ القرآن ونجا بذلك من تخريب الاحتلال الفرنسي ثم أعيد سنة 1968م إلى وظيفته الأولى.

ب ـ النظام التخطيطي للمسجد:

يعد مسجد أولاد الإمام من بين المساجد الزيانية التي احتفظت بتخطيطها الأول، ويتميز المسجد بصغر مساحته حيث يشبه في ذلك مسجد سيدي أبي الحسن، كما يزداد هذا التشابه في اقتصاره على بيت الصلاة دون الصحن والمجنبات (لوحة 26) .

ويتألف بيت الصلاة من ثلاث بلاطات أوسعها بلاطة المحراب التي يبلغ اتساعها 2,70م، في حين يبلغ اتساع كل من البلاطتين الجانبيتين 2,10م،1وأما طول بيت الصلاة فيبلغ 6,30م، وعرضه تسعة أمتار ويتضح لنا من هذه القياسات أن المسجد يمتد عرضيا، وذلك على غرار المساجد المرابطية الجامعة مثل جامع الجزائر وندرومة وتلمسان.

---

1 ـ لقد ورد في كتاب الأستاذ رشيد بورويبة (L'art Religieux, P: 173) أن البلاطة الوسطى أقل اتساعا من البلاطتين الجانبيتين، إلا أن الزيارة الميدانية للمسجد أثبتت عكس ذلك ، فمن خلال القياسات التي قمنا بها تبين أن البلاطة الوسطى أكثر اتساعا .

- **المحــراب:**

يتوج المحراب قبيبة مقرنصة تمثل الطراز المعماري والزخرفي السائد في تلك الفترة، حيث يدل احتفاظها بتلك العناصر الزخرفية على احتفاظ المحراب بشكله الأول ويتوسط المحراب جدار القبلة، ويتكون كغيره من المحاريب المغربية من تجويف مضلع الشكل يصل اتساعه في العمق إلى 1,60م، أما عرضه عند الواجهة فيقدر بـ1,20م، ويشتمل المحراب على خمسة أضلاع تنتهي في أعلاها بإفريز عريض تقوم عليه سبعة عقود زخرفية نصف دائرية مفصصة يمتد أعلاها شريط آخر من الزخرفة الكتابية يشكل قاعدة قبيبة المحراب.

وقد ظهرت فكرة المحراب المضلع لأول مرة في المغرب الأوسط في المسجد الجامع بتلمسان الذي يرجع تاريخ بنائه إلى عصر المرابطين وتتميز محاريب المساجد الجزائرية في عهد بني حماد بجوفاتها النصف الدائرية التي اتبعت في ذلك تقليدا تونسيا ومشرقيا[1].

---

1 - BOUROUIBA (R) : L'art Religieux, Fig, 12.

- قبيبة المحراب:

يغطي جوفة المحراب من الداخل قبيبة صغيرة من طراز القباب المقرنصة، تقوم على قاعدة مثمنة، وقد حول الشكل المربع إلى المثمن عن طريق أربع قبيبات محارية الشكل تشغل الأركان الأربعة للقاعدة المربعة.

ويحد هذه المقرنصات من أعلى مثمن يحيط بقبيبة تتفرع منها ستة عشر ضلعا وأول أمثلة هذا النوع من المقرنصات تتمثل في نظائرها بالقبيبة التي تتوج القبة المخرمة بالمسجد الجامع بتلمسان، وقد طور الفتان الزياني هذا النظام من المقرنصات وأدخل بين عناصرها الزخرفية مراوح نخيلية تتمثل في قبيبة محراب مسجد سيدي أبي الحسن ، ثم استعملت بعد ذلك في قبيبة محراب مسجد أولاد الإمام ولكن بعد أن تطورت شكلا ومضمونا عما كانت عليه، فقد ظهرت هذه المقرنصات في جامع تلمسان بادئ ذي بدء بأحجام صغيرة ازداد حجمها في مسجد سيدي أبي الحسن، ثم استعملها الفنان بعد ذلك بأحجام كبيرة في مسجد أولاد الإمام واستغنى بذلك عن الزخارف النباتية واستبدلها بالزخارف الهندسية المتمثلة في المربعات الكبيرة التي تشغل أركان القبة المقرنصة.

ويرى الأستاذ بورويبة أن فكرة هذه المقرنصات مستوحاة من جامع الكتبية بمراكش والقرويين بفاس[1]، إلا أننا نرجح أن يكون لمقرنصات القبيبة الصغيرة التي تتوج القبة المضلعة (قبة المحراب) في المسجد الجامع بتلمسان تأثير على طراز المقرنصات الزيانية وحتى على قباب جامع القرويين بفاس خاصة وأن تاريخ إنشائها يرجع إلى فترة متأخرة عن القبة المضلعة بالمسجد الجامع بتلمسان[2].

ويتوج واجهة المحراب عقد متجاوز لنصف الدائرة، وتخلو هذه الواجهة من الزخرفة الجصية باستثناء شريط من الأقواس يعلو مفتاح العقد ويتمثل في ثلاثة عقود نصف دائرية تكسوها توريقات وأزهار خماسية الفصوص، وسيقان نباتية غير واضحة، وعلى طرفي القوسين المتطرفين يمتد شريطان من الكتابة الكوفية تتضمن نصوصا غير واضحة المعالم.

1 - - BOUROUIBA (R) : OP CIT, P: 177.

2 ـ عبد الهادي التازي: جامع القرويين، المسجد والجامعة بمدينة فاس، دار الكتاب اللبناني، الطبعة الأولى، بدون تاريخ، المجلد الأول، ص 69.

أما الواجهات الداخلية للجدران الثلاثة الباقية من بيت الصلاة وكذا بوائك العقود فهي بدورها تفتقر إلى الزخرفة إذ تكسوها طبقة من الجص الأبيض.

ج ـ العناصر المعمارية:

1 ـ نظام الدعائم:

يشتمل بيت الصلاة على سبع دعامات مستطيلة الشكل أبعادها 0,65م على 0,55م، كما يشغل الركن الشمالي الشرقي من بيت الصلاة عمود رخامي يبلغ قطره 0,34م يتكون من بدن وتاج عبارة عن قاعدة رخامية مقلوبة ويفتقر إلى قاعدة ونعتقد أن فكرة إقامة هذا العمود الوحيد في المسجد والذي حل محل الدعامة التي كان من المفروض أن تأخذ مكانها إلى جانب بقية الدعامات ترجع إلى وجود باب المئذنة الذي يقع مباشرة خلف العمود، وقد عمد المعمار آنذاك إلى هذه الفكرة حتى يفسح الطريق للداخل إلى المئذنة.

أما العقود فيغلب عليها طابع العقد المتجاوز لنصف الدائرة، أما العقد المفصص وعقد حذوة الفرس المنكسر عند رأسه فلا نجد له أثرا.

2 ـ الأبــــواب والنوافـذ:

للمسجد ثلاثة أبواب ينفتح الباب الأول في الجدار الشمالي على محور المحراب مباشرة ويبلغ عرضه 1,10م ويؤدي إلى فضاء واسع المساحة من المعتقد أنه كان صحن المدرسة، أما الثاني فينفتح في الركن الشمالي الشرقي ويؤدي إلى درج المئذنة، ويبلغ عرض هذا الباب 1,15م وأما الباب الثالث فضيق للغاية وينفتح في الجدار الشرقي للمسجد على مستوى أسكوب المحراب.

وينفتح في الجدار الشمال للمسجد على يمين ويسار الباب شباكان يبلغ عرض الأول الواقع على يمين الباب 1,80م، والثاني 1,95م، وتشير المخططات السابقة للمسجد إلى وجود شباك واحد كان ينفتح في الجهة الشرقية من الجدار الشمالي، وواضح أن موضع الشباك الثاني كان يشغله الباب الرابع للمسجد[1]، ولعله كان الباب الرئيسي للمسجد الذي أشار إليه برجيس فيما نقله عنه مارسي[2]، خاصة إذا علمنا أن الباب الحالي الذي يتوسط الجدار الشمالي

---

1 -BOUROUIBA (R): L'art Religieux, Fig, 43

2 -W .Et G.MARÇAIS: Les Monuments Arabes, P: 187.

للمسجد قد فتح في سنة 1968م[1]، ومما يلفت النظر بساطة هذه الأبواب وخلوها من أي عنصر زخرفي.

3 ـ الـسـقـف:

يعلو سقف المسجد ثلاثة صفوف من السقوف الجمالونية مثلما هو سائد في مسجد سيدي أبي الحسن، ويكسو هذه السقوف من الداخل ألواح خشبية عاطلة من الزخرفة ومنتظمة في شكل صفوف متلاحمة، ولا توجد به أي قبة أو قبوة وهي خاصية انفرد بها كل من هذا المسجد ومسجد سيدي أبي الحسن عن بقية المساجد الزيانية بتلمسان.

4 ـ المئذنة:

تقع في الركن الشمالي الشرقي على غرار المآذن التي أقيمت في عصر بني زيان، حيث تتخذ من أحد الأركان موقعا لها، والمئذنة المذكورة مربعة الشكل تتكون من برجين (لوحة 27) أحدهما يبلغ ارتفاعه 9,65م وطول كل من جوانبه الأربعة 2,10م، وينقسم هذا البرج إلى قسمين بواسطة صف من الآجر يبرز قليلا عن الواجهة إلى الخارج، وهو بمثابة قاعدة للقسم العلوي

---

1 - BOUROUIBA (R): OP CIT, P: 173

من البرج، ويشغل هذا القسم زخرفة على شكل شباكين مسطحين يعلوهما عقدان مفصصان، ويحيط بالكل إطار مربع من البلاطات الخزفية كما ينتهي البرج الرئيسي من أعلى بأربعة مقرنصات كبيرة تشغل أركانه الأربعة.

أما من الداخل فيتوسط هذا البرج نواة مركزية مربعة الشكل يبلغ طول ضلع كل منها مترا واحدا ويحيط بها سلم صاعد.

ويتوج البرج الرئيسي جوسق صغير الحجم مربع الشكل ارتفاعه 3,45م وطول كل من جوانبه الأربعة متر واحد، أي أنه امتداد للنواة المركزية التي تتوسط البرج الرئيسي، وإذا كان البرج الرئيسي والجوسق الذي يعلوه لا يزالان قائمين في وقتنا الحاضر، فإن هيكلهما قد تعرض لتجديد مس القطاع العلوي من البرج والجوسق مما أفقدهما أهميتهما الأثرية.

د ـ العناصر الزخرفية:

لا تعبر زخارف مسجد أولاد الإمام بصورتها الحالية على المظهر الأصلي لها، رغم أن هذا المسجد كان معاصرا في إنشائه لمسجد سيدي أبي الحسن وكل ما بقي من أمثلة زخرفية من فترة بناء المسجد تنحصر في أجزاء قليلة من بعض القطع الجصية التي كانت تزين واجهة المحراب وهي محفوظة حاليا بمتحف المدينة، أما ما تبقى منها في المسجد فيكاد يكون معدوما بسبب

تهشم طبقة الجص التي نقشت عليها، وتراكم طبقات الطلاء مما أدى   إلى طمس تكويناتها الزخرفية، وتشتمل البقية الباقية من زخارف واجهة المحراب على العناصر النباتية وأجزاء بسيطة من الأشرطة الكتابية، أما العناصر الهندسية فنادرة للغاية ولا تمثل سوى إطارات نفذت فيها الزخارف النباتية والكتابية.

1 ـ الزخارف النباتية:

نقشت هذه الزخارف على لوحات جصية تشكل واجهة المحراب وتشبه هذه الزخارف إلى حد كبير زخارف مسجد سيدي أبي الحسن، حيث استخدم الفنان المروحة النخيلية البسيطة (لوحة 24، ش: 13، 14، 15) التي تحتوي بداخلها على أوراق نباتية خماسية الفصوص تشبه الزهرة المتفتحة منقوشة داخل دوائر، وعلى جانب هذه الأوراق رسم الفنان أيضا الورقة الثلاثية الفصوص التي تزدان فصوصها بأوراق مكونة من خمسة رؤوس تمتد بينها سيقان نباتية رفيعة، وتتخلل هذه العناصر النباتية من حين لآخر ما يشبه كيزان الصنوبر جمعها الفنان إلى جانب الأوراق السابقة وزين بها بنيقات العقود كما تدل على ذلك القطع الجصية المحفوظة بالمتحف والعقود الثلاثية التي تعلو المحراب، ورغم ضياع هذه الزخارف واندثارها تقريبا، فإن

الأستاذين وليم مارسي وأخيه جورج اللذان شاهدا هذه الزخارف وهي لا تزال سليمة يعتقدان أنها تشبه زخارف واجهة الباب الرئيسي لجامع سيدي أبي مدين وزخارف قصر الحمراء بغرناطة[1] وهي بذلك لا تقل مكانة عن زخارف مسجد سيدي أبي الحسن.

2 ـ الزخارف النباتية:

تنحصر في شريطين عموديين يمتدان إلى يمين العقود الثلاثة لواجهة المحراب ويسارها، وكذلك في أجزاء قليلة من القطع الجصية المحفوظة بالمتحف، وقد كتب على هذه المساحات نصوص غير واضحة بالخطين النسخي والكوفي. (3) مسجد سيدي إبراهيم المصمودي[2].

---

1 - W ET G MARÇAIS: OP CIT, P: 189

2 ـ فقيه جليل عاش في الفترة الأخيرة من الحكم الزياني للمغرب الأوسط، وتوفي في سنة 804 هـ (1401م) .

- W ET G. MARÇAIS: Les Monuments Musulmans, P: 302.

3- مسجد سيدي إبراهيم

أ ـ تاريخ إنشاء المسجد:

إذا كان الفارق الزمني بين تاريخ إنشاء مسجد سيدي أبي الحسن 696هـ/1296م ـ ومسجد أولاد الإمام 710 هـ/1310 / لا يتجاوز أربع عشر سنة، فإن الفارق الزمني الذي يفصلهما عن تاريخ بناء مسجد سيدي إبراهيم يصل إلى أكثر من ذلك إذ يرجع إلى فترة حكم السلطان أبو حمو موسى الثاني الذي تولى إمارة تلمسان فيما بين 760 ـ 791 هـ (1359 ـ 1389م) وكان المغرب الأوسط قبل هذه الفترة تابعا لدولة بني مرين إلى أن تمكن السلطان أبو حمو موسى الثاني من الاستقلال، وكان من الطبيعي أن تتوقف الحركة العمرانية الزيانية في المغرب الأوسط زمن المرينيين فلما استعاد الزيانيون سلطانهم عليه بدأ المغرب الأوسط يشهد نهضة عمرانية واسعة النطاق ولاسيما في تلمسان، فقد أسس السلطان أبو حمو موسى الثاني المجموعة البنائية المكونة من المدرسة والزاوية والضريح والمسجد في السنوات الأولى من توليه الحكم[1]،

---

1 ـ يرى مارسي أنه شرع في إنشاء المجموعة البنائية سالفة الذكر في سنة 736 هـ/ 1361م .

- Ibid, P: 302.

وعرفت هذه المجموعة فيما بعد بالمدرسة اليعقوبية، ويتبين لنا من اسمها أن هذه المجموعة الإنشائية أقيمت تخليدا لذكرى أبي يعقوب والد السلطان أبي حمو موسى، ومن هنا جاءت تسمية المدرسة باليعقوبية، ومع ذلك فلا يمكن أن نسلم بهذا الرأي فقد ذكر التنسي أن السلطان أبو حمو موسى الثاني كان يولي أهمية بالغة للعلم والعلماء، وكان على عهده بتلمسان الفقيه أبو عبد اللـه محمد[1] فكان له محبا ومكرما وكان يستشيره في بعض الأمور، وبنى له هذه المدرسة إجلالا له حينما توفي والـده[2].

ونعتقد أن بناء المدرسة رغم ما ذكره التنسي كان الهدف منه بالدرجة الأولى تخليد ذكرى أبي يعقوب، وإنما وجود هذا الفقيه في تلمسان ساعد السلطان على إنشاء هذه المدرسة ما دام هناك من يتولى التدريس بها ونشر العلم دون أن يتكلف السلطان عناء البحث عن من يتولى التدريس فيها فكانت أيضا بمثابة الإكرام والتعظيم لشخص أبي عبد اللـه محمد.

1 ـ هو أبو عبد اللـه محمد بن أحمد بن علي بن يحي بن محمد بن القاسم بن حمود ويرجع نسبه إلى إدريس، توفي سنة 771 هـ (1369م).

أنظر: التنسي: المصدر السابق، ص 179.

2 ـ التنسي: المصدر السابق، ص 179 ـ 180.

ولم يلبث هذا الاسم أن تغير بحيث أطلق على المسجد والضريح وهما كل ما تبقى من هذه المجموعة، فأصبحا فيما بعد يعرفان باسم ضريح ومسجد سيدي إبراهيم المصمودي نسبة إلى أحد العلماء البارزين الذين عاشوا في ظل الدولة الزيانية، والمدفون بالضريح.

ب ـ النظام التخطيطي للمسجد:

كان للمساجد المرينية التي شيدت في مدينة تلمسان إبان الفترة التي آل فيها حكم المغرب الأوسط إلى المرينيين أثر كبير على تخطيط مسجد سيدي إبراهيم، فقد أوضحنا فيما سبق أن المساجد الزيانية تتميز بكون بيوت الصلاة فيها هي العنصر الأساسي في التخطيط على النحو الذي رأيناه في مسجدي سيدي أبي الحسن وأولاد الإمام، بينما يمثل الصحن في المساجد المرينية الركيزة الأساسية في التخطيط وذلك وفقا للتخطيط العام للمساجد الجامعة في الإسلام. وكان لتخطيط مسجدي سيدي أبي مدين وسيدي الحلوي أعظم الأثر في عودة الزيانيين إلى اتخاذ هذا التخطيط[1]، بينما كانت مساجد تلمسان تقتصر قبل ذلك على بيت الصلاة.

---

1 ـ كانت تلمسان في هذه الفترة تابعة إلى الحكم المريني بفاس، وقد أسس بها المرينيون عدة مباني اندثرت كلها ولم يتبق منها اليوم إلا مسجدي سيدي أبي مدين وسيد الحلوي.

والمسجد موضوع الدراسة يتخذ شكلا مستطيلا، طوله 28,70م وعرضه 19,10م ويتوسطه صحن تحيط به مجنبات من سائر جهاته (لوحة 28). ويتخذ بيت الصلاة فيه شكلا عرضه عرض المسجد، أما طوله فيبلغ خمسة عشر مترا، ويشتمل بيت الصلاة على خمس بلاطات الوسطى منها أكثر اتساعا إذ تبلغ 3,53م، بينما يبلغ اتساع البلاطات الأخرى 3,20م. وتمتد البلاطة الوسطى من واجهة بيت الصلاة المطلة على الصحن إلى جدار المحراب، بينما تتوقف البلاطات الأخرى عند الأسكوب الثاني.

وقد ساعد زيادة اتساع البلاطة الوسطى عن البلاطات الأخرى على تشكيل ما يعرف بالمجاز القاطع الذي ظهر في المساجد المبكرة مثل الجامع الأموي بدمشق وجامع القيروان[1]. وقد ظهرت هذه الفكرة حسب اعتقادنا في المغرب الأوسط لأول مرة في مسجدي سيدي أبي مدين وسيدي الحلوي ويرجع كلاهما إلى العصر المريني حيث تفتقر المساجد التي يرجع تاريخها إلى فترات سابقة إلى هذا العنصر المعماري الذي يشكل مع أسكوب المحراب ما يشبه حرفTاللاتيني، مما يدل على مدى تأثر الزيانيين بالمساجد المرينية،

---

1 ـ أحمد فكري: المسجد الجامع بالقيروان ، ص 20.

وتتقاطع هذه البلاطات مع أربعة أساكيب عرضية يزيد اتساع أسكوب المحراب فيها عن البقية إذ يبلغ 3,50م في حين يبلغ اتساع الأساكيب الأخرى 2,70م.

أما المحراب فيتخذ شكل جوفة خماسية الأضلاع تتوسط جدار القبلة يبلغ عمقها 2م، واتساعها 1,45م، وتعلوها قبيبة صغيرة مثمنة الضلوع وهي (لوحة 29، ش:1) على شكل مثلثات تتفرع من مركز القبيبة وتنتهي بشريط مثمن يشكل قاعدتها، وهذه الأضلع مسطحة خالية من الزخرفة ومن المعتقد أنها ترجع إلى فترة الحكم العثماني للجزائر[1].

أما واجهة المحراب فتزدان بعقد على شكل حذوة الفرس يقوم على عمودين تحيط به مجموعة من البلاطات الخزفية تمثل الطراز العثماني (لوحة 29، ش:2) ويمتد أعلاها ثلاث نوافذ مسطحة ومصمتة تصطف على غرار نوافذ مسجد سيدي أبي الحسن، ومسجد أولاد الإمام، ومن المرجح أن تكون بقايا زخارف هذه الواجهة قد تعرضت للتلف بحكم الزمن فقام العثمانيون بتجديدها.

1 - BOUROUIBA (R): L'art Religieux; P: 117.

أما واجهات جدران بيت الصلاة فتكسوها طبقة بيضاء من الجص خالية من الزخرفة.

ج ـ العناصر المعمارية:

1 ـ الدعـائـم:

تسود الدعائم بيت الصلاة باستثناء عمودين يحملان عقد المحراب وقد نوع البناء في أشكال الدعائم حتى تتلاءم وطبيعة الموقع الذي تشغله.

■ الدعائم المصلبة:

وتشغل الصف الأول من بيت الصلاة والصف الأخير المطل على الصحن كذلك البلاطتين الوسطاوين من صف الروافع التي تحمل بائكة الرواق الشمالي للمسجد وكلها دعائم ضخمة بنيت بالآجر وكسيت بطبقة من الجص الأبيض.

■ الدعائم المستطيلة:

وعددها أثنتا عشرة دعامة تمثل الصف الثاني والثالث من دعائم بيت الصلاة بالإضافة إلى أربعة منها متصلة بالجدارين الشرقي والغربي للمسجد على مستوى الصف الأول والرابع من دعائم بيت الصلاة أيضا ويبلغ طول كل دعامة منها 0,80م وعرضها 0,70م.

الدعائـم التي على شكل حرف T اللاتيني:

وعددها ثماني دعائم، ستة منها تحمل بوائك الرواقين الشرقي والغربي المطلين على الصحن، واثنتان منها في الصف الأول من بيت الصلاة تقوم عليها البائكتان المتطرفتان من بيت الصلاة اللتان تمتدان إلى الصف الأول من الدعائم ولا تتصلان بجدار القبلة، وهذه الدعائم أكبر من الدعائم الأولى إذ يصل طولها إلى 1.25م بينما يتجاوز عرضها مترا.

نستنتج من ذلك أنه إذا كانت روافع مسجد سيدي أبي الحسن تتمثل في الأعمدة، ودعائم مسجد أولاد الإمام يقتصر شكلها على المربع، فإن تنوع الدعائم في مسجد سيدي إبراهيم إنما يمثل مرحلة جديدة في العمارة الزيانية وبمقارنة أشكال دعائم هذا المسجد ومواقعها بأشكال دعائم مسجد سيدي أبي مدين ومواقعها نجدها تنطبق تماما عليها[1].

(أنظر اللوحتين 28-32) وفي ذلك ما يشير إلى التأثير العميق للعمارة المرينية على بنيان مسجد سيدي إبراهيم وربما يحملنا هذا إلى الاعتقاد بأن المهندس

---

1 ـ المواقع والأشكال نفسها نجدها أيضا في مسجد سيدي الحلوي، ماعدا الصفين الثاني والثالث من دعائم بيت الصلاة في مسجد سيدي الحلوي التي استبدلت بالأعمدة الرخامية.

الذي خطط مسجد سيدي أبي مدين هو نفس الشخص الذي تولى الإشراف على بناء مسجد سيدي إبراهيم.

2 ـ العقـــود:

تقتصر على العقود الحدوية المنكسرة التي سبق أن رأيناها في مسجد سيدي أبي الحسن، وهي بعيدة عن كل الطرز التي ظهرت في عمائر عصر المرابطين والموحدين، بل تمثل هذه العقود نقطة تراجع في الفن الزياني يذكرنا بتلك العقود التي ظهرت في عصر دولة بني حماد[1].

3 ـ الأبـــواب:

للمسجد ثلاثة أبواب، اثنان يقعان في الجدارين الشرقي والغربي وهما متناظران وينفتحان على الأسكوب الرابع من بيت الصلاة، أما الباب الثالث فينفتح على محور المحراب فيؤدي إلى رواق مؤخر المسجد، وتتسم هذه الأبواب بضخامتها فاتساعها يصل إلى مترين، كما تتميز ببروزها عن سمت جدار المسجد بما يقارب مترين، وقد زينت واجهاتها الخارجية بصفوف من أفاريز الآجر على شكل درجات السلم، ويشبه نظامها أبواب مسجد

---

1 - BOUROUIBA (R): OP CIT; P: 176.

سيدي الحلوي (لوحة39) من العصر المريني، ومن المعروف أن هذا الأسلوب البنائي سبق أن ظهر في الباب الشرقي لمسجد سيدي أبي الحسن، وبالإضافة إلى هذه الأبواب هناك بابان آخران صغيران يقع أولهما على يسار المحراب ويؤدي إلى غرفة صغيرة، والثاني يقع في الركن الشمالي الغربي ويفضي إلى سلم المئذنة، ومن الجدير بالذكر أن البوادر الأولى لهذا النظام من الأبواب ظهرت في المغرب الإسلامي في جامع المهدية بتونس وتنملل بالمغرب الأقصى[1].

4 ـ نظـــام الأسقـــف:

تنوع نظام التغطية في مسجد سيدي إبراهيم، حيث حل محل الأسقف الخشبية المنشورية الشكل التي سبق الحديث عنها في المسجدين السابقين نوع آخر من التغطية في القباب والأقباء المتقاطعة والبرميلية المغطاة بالجص، ويعتبر هذا النظام في التغطية في هذا المسجد مبكرا في ظهوره، إذ انتشر بعد ذلك في العصر العثماني وكان من أهم خصائص العمارة العثمانية في مدينة الجزائر[2]، وقد وزعت هذه العناصر من التغطية في المسجد كما يلي:

---

1 - BOUROUIBA (R): OP CIT, Fig 45.

2 ـ يظهر هذا النظام في التغطية في الجامع الجديد، ومسجد علي بتشين بمدينة الجزائر وكلاهما يرجعان إلى العصر العثماني.

- **القبـة:**

وتغطي الفراغ المربع (الأسطوان) الذي يتقدم المحراب، وهي قبة مضلعة تشبه إلى حد كبير القبة الصغيرة التي تغطي المحراب في المسجد الجامع بتلمسان، وكذلك قباب جامعي القيروان وتونس حيث ظهر هذا الأسلوب المعماري في بناء القباب لأول مرة في المغرب الإسلامي[1].

وتتكون قبة مسجد سيدي إبراهيم من أربعة وعشرين فصا (لوحة 30) تتوزع من رأس القبة وتنتهي في قاعدتها التي تتكون بدورها من شكل هندسي اثنا عشري يتصل برقبة القبة عن طريق أنصاف قباب صغيرة متقاطعة تتناوب مع نوافذ صغيرة وترتكز المجموعة كلها على قاعدة مربعة.

- **الأقباء:** هي نوعان أقباء برميلية وأخرى متقاطعة.

- **الأقباء البرميليـة:**

وتغطي البلاطات الثلاثة الوسطى لبيت الصلاة، وتمتد هذه الأقباء عموديا على جدار المحراب ويعترضها قبوان يقعان إلى يمين قبة المحراب

---

1 ـ أحمد فكري: المسجد الجامع بالقيروان، ص 91، 97، 103.

ويسارها ، يغطيان أسكوب المحراب كما تغطي الأقباء البرميلية أيضا المجنبات الثلاثة المحيطة بالصحن.

■ الأقبـاء المتقـاطعـة:

تغطي مساحة صغيرة من المسجد بالمقارنة مع الأقباء البرميلية حيث تغطي هذه الأقباء البلاطتين المتطرفتين من بيت الصلاة، وذلك بأن يغطي كل فراغ مربع (أسطوان) ناتج عن تقاطع البلاطة بالأسكوب قبوا واحدا .

ويعتبر هذا النظام من التغطية المتمثل في هذه الأقباء حديث النشأة إذ لم يسبق لنا مشاهدة هذا الأسلوب المتبع في التغطية في المساجد المرابطية والموحدية وحتى في المساجد المرينية التي اقتبس منها المهندس تخطيط مسجد سيدي إبراهيم، بل على الضد من ذلك فإن هذا النظام من التغطية شاع استعماله في العصر العثماني، وربما يدعونا هذا إلى الاعتقاد بأن سقف هذا المسجد تعرض للتجديد في العصر العثماني.

5 ـ الصحـن:

مستطيل الشكل يمتد من الشرق إلى الغرب يبلغ عرضه 11,25م بينما يقدر عمقه بـ 10,10م، وهو صحن مكشوف تحيط به أربع بوائك من العقود المنكسرة، وتنخفض أرضيته على مستوى أرضية المسجد بنحو 0,30م،

وتتوسط هذا الصحن نافورة مياه ذكر بروسيلار أن بعمودها نقش كتابي يتضمن اسم السلطان وقد قرأ عليه العبارة الآتية:

"السلطان أبو حمو موسى"[1].

6 ـ المئذنـة:

تقع في الركن الشمالي الغربي، وتبرز إلى الخارج من الجهة الغربية للمسجد، وهي متوسطة الارتفاع، وتتكون كبقية المآذن الزيانية من برجين (لوحة 31) سنتناول بالدراسة كل برج بمفرده.

- **البرج الرئيسي:** يبلغ ارتفاع هذا البرج 13,70م، وعرض كل من واجهاته الأربعة أربعة أمتار وهو برج مربع الشكل تتوسطه نواة مركزية مربعة الشكل أيضا، يبلغ طول كل ضلع من أضلاعها 2,20م، ويحيط بها درج صاعد يؤدي إلى الجوسق، هذا من الداخل. أما من الخارج فيظهر البرج مقسما إلى ثلاثة قطاعات طبقا للوحدات الزخرفية التي تزين واجهاته ويشغل القطاع الأدنى منها عقد كبير مفصص تحيط به طرة بارزة مستطيلة الشكل من الآجر وتشغل القطاع الأوسط

1 - BROSSELARD (CH): Les Tombeaux Des Emirs Beni zeiyan, P: 12.

شبكة من العقود المدببة الرؤوس تذكرنا بالعقود التي تزدان بها المآذن الموحدية، وتقوم هذه العقود على أربعة أعمدة رفيعة، وقد وضعت هذه المجموعة في إطار مستطيل مبني بمادة الآجر، كما يفصل بين هذا القطاع والقطاع الأدنى إفريز بارز من الآجر، أما القطاع الأعلى فتشغله أربعة عقود نصف دائرية منكسرة، على أرضية الفسيفساء تتخذ وحداته الملونة باللون الأسود والأصفر والأخضر أشكالا مربعة تشبه لوحة الشطرنج، وتنتهي كل واجهة من واجهات البرج الرئيسي الأربعة بشرفات مسننة.

● **الجوسـق:** وهو صغير نوعا ما بالمقارنة بحجم البرج الرئيسي يبلغ ارتفاعه 4,70م أما عرض أضلاعه فيعادل تقريبا عرض أضلاع النواة المركزية في البرج الرئيسي، وتشغل واجهاته الأربعة فتحات مصمتة يتوجها عقد نصف دائري، كما تعلوها فتحات أخرى مربعة الشكل، ويلاحظ على هذه الواجهات خلوها من الزخارف.

د ـ العناصر الزخرفية:

يعد مسجد سيدي إبراهيم من المنشآت التي لم تحتفظ بعناصرها الزخرفية، فإذا استثنينا مجموعة البلاطات الزخرفية التي تزين واجهة

المحراب، وإن كانت ترجع إلى فترات أحدث عهدا، فإن واجهات مسجد سيدي إبراهيم تبدو خالية تماما من الزخارف، وهذا لا يعني أن المسجد كان عاطلا منذ إنشائه من الزخرفة بل إن هناك من الأدلة[1] ما يثبت أن واجهة المحراب كانت تزدان بزخارف اندثرت مع مرور الزمن.

إن البلاطات الخزفية التي تزين حاليا واجهة المحراب يرجع تاريخها إلى العصر العثماني[2]، فقد دفع ضياع الزخارف الأولى الفنانين العثمانيين إلى تزيين هذه الواجهة بهده البلاطات ليصبغوا عليها نوعا من الجمال، وتحتوي هذه البلاطات على تكوينات زخرفية نباتية اعتمدت أساسا على الورقة الثلاثية الفصوص التي تشبه ورقة العنب، وإلى جانب هذه الورقة نلاحظ أشرطة صغيرة من الأوراق ثلاثية الفصوص تحيط بالورقة الكبيرة (لوحة 29).

ومن الجدير بالملاحظة أن الفنانين الذين سهروا على زخرفة هذا المسجد اصطنعوا أسلوبا واقعيا في تصوير التوريقات النباتية بخلاف أسلوب

1 ـ تتمثل في الشبابيك المخرمة التي تعلو واجهة المحراب، والتي أقيمت على نظام شبابيك مسجد سيدي أبي الحسن، وأولاد الإمام مما يرجح أن تكون واجهة محراب هذا المسجد مزدانة بحلية زخرفية شبيهة بزخارف المسجدين السابقين.

2 - BOUROUIBA (R): L'art Religieux, P: 200.

التحوير الذي شاع استخدامه في العصور السابقة، وقد تميز العصر العثماني بهذا الأسلوب من الزخرفة إذ نجد مساجد مدينة الجزائر تزينها بلاطات خزفية تحتوي على نفس التكوينات الزخرفية والتي نفذت بنفس الأسلوب.

وفي ختام هذا العرض يمكن القول أن سقوط الدولة الموحدية أدى إلى انقسام المغرب إلى ثلاث دويلات صغيرة، اختصت كل دولة بجزء من مساحته الشاسعة، ونتج عن هذا الانقسام، اختلاف في الأنماط الاجتماعية والعمرانية إذ لم تعد ترتبط فيما بينها بروابط سياسية تقرب بين أنحاء المغرب كله كما كان الشأن في العصرين المرابطي والموحدي عندما صار المغرب والأندلس وحدة سياسية.

وكان لاستقلال بني عبد الواد بالمغرب الأوسط أثره في اصطباغ عمائره التي شيدت في عهدهم أو تلك الزيادات التي ألحقوها بالمباني التي تعود إلى فترات سابقة بمميزات خاصة بهذه الأسرة تحددت خلال مرحلتين:

المرحلة الأولى: ويمثلها مسجدا سيدي أبي الحسن وأولاد الإمام اللذان يتميزان عن مسجدي سيدي إبراهيم وجميع مساجد المغرب الأوسط بمخططهما الفريد وبصغر مساحتهما ويرجع ذلك إلى افتقارهما إلى الصحن

المركزي واقتصارهما على بيت الصلاة، ويذكرنا هذا التخطيط بمسجد أبي فتاتة بتونس والسيدة برباط المنستير[1]، ومسجد باب المردوم بطليطلة[2].

أما فيما يختص بالعناصر المعمارية والزخرفية، فإن هذه المرحلة تمثل امتدادا للعمارة المرابطية، كما أن بعض هذه العناصر تذكرنا بنظائرها الأندلسية كالمحراب الذي يشبه باب الوزراء بجامع قرطبة، وإن كانت مكونات هذه العناصر تميل إلى البساطة، كما نلاحظ في هذه المرحلة أيضا انتشار العقود الحدوية البسيطة، وغياب بعض العناصر المعمارية كالعقود المفصصة والعقود المسننة الموحدية، وبالنسبة للعناصر الزخرفية فإن مراوح النخيل لم تحظ بالمكانة التي حظيت بها في الفن المرابطي من المبالغة في الإتقان والتنوع في الأشكال الذي بلغ حد التعقيد، فقد جاءت بسيطة في مجملها تدل على تراجع ملموس في الفن الزياني.

---

1 - LEZINE ALEXANDRE: Sousse Les Monuments Musulmans, ed Cérès Production, P 34,35.

- " " " : Le Ribat De Sousse Suivi De Notes Sur Le Ribat Du Monastir, Tunis, 1956, P:37.

2 ـ عبد العزيز سالم: في تاريخ وحضارة المسلمين في الأندلس، ص 168 ـ 169.

المرحلة الثانية: ويمثلها مسجد سيدي إبراهيم الذي يعود بمخططه إلى المساجد المبكرة في الإسلام، والتي تتألف من صحن تحيط به ثلاث مجنبات، ولكننا إذا أمعنا النظر في تخطيطه وبعض عناصر عمارته فإننا نجده متأثرا لدرجة كبيرة بالمساجد المرينية بتلمسان، غير أنه يتميز عنها وعن المساجد الزيانية بأسلوب التغطية الذي استخدمت فيه لأول مرة في المغرب الأوسط طريقة الأقباء البرميلية والمتقاطعة التي شاع استعمالها فيما بعد في العصر العثماني.

وخلاصة القول أن العمائر الدينية التي يرجع تاريخ إنشائها إلى عهد بني عبد الواد تميزت بصغر مساحتها وباشتمالها على مئذنة واحدة مربعة الشكل تتخذ دوما من الأركان موقعا لها، وأن هذه المساجد لم تشهد ابتكارا جديدا أو تطويرا في العناصر المعمارية والزخرفية، بل أصبحت أكثر بساطة عما كانت عليه في عهد المرابطين والموحدين.

❖ المساجد المرينية

يرجع تاريخ قيام الدولة المرينية[1] إلى سنة 668 هـ/1269م، ففيها تمكن المرينيون من دخول مدينة مراكش عاصمة الموحدين والاستيلاء عليها، وبسقوط مراكش انتهى حكم الموحدين في المغرب الإسلامي وقامت دولة بني مرين بعد أن خاضت معارك شديدة مع الموحدين كان النصر حليفها في النهاية، وبقيام الدولة المرينية يكتمل عدد الدويلات المستقلة بالمغرب، فقد كانت العلاقة الطيبة التي تربط الأمراء الحفصيين في تونس مع الموحدين، وحنكة الأمراء الزيانيين حكام المغرب الأوسط ودهاؤهم السياسي من العوامل التي ساعدتهم على الانفصال بدون عناء عن دولة الموحدين بينما لم يجد المرينيون سبيلا إلى ذلك غير الجهاد حتى كتب لهم النصر.

---

1 ـ نسبة إلى مرين بن ورتاجن بن ماخوخ من قبيلة زناتة التي كانت تقطن أراضي الزاب من المغرب الأوسط (مناطق بسكرة حاليا) وعن تاريخ هذه الدولة **أنظر:**

ـ ابن الأحمر: روض النسرين في دولة بني مرين، تحقيق عبد الوهاب بن منصور منشورات مطبعة القصر الملكي، الرباط، المطبعة الملكية 1962م.

وما أن استقر المرينيون بمراكش وخضعت لهم كل قبائل المغرب الأوسط، حتى شرعوا في بسط نفوذهم شمالا نحو الأندلس وشرقا نحو المغربين الأوسط والأدنى فنجحوا في عهد السلطان "أبي يوسف يعقوب بن عبد الحق"[1] في العبور أربع مرات إلى الأندلس في سنة 684 هـ / 1285م توفي عقبها السلطان "يعقوب بن عبد الحق" فخلفه ابنه "أبو يعقوب يوسف" الذي ركز نشاطه نحو الأراضي المشرقية، فاستولى على معظم أراضي المغرب الأوسط ماعدا تلمسان التي حاصرها جيشه مدة ثماني سنوات[2] بنوا قبالتها حصنا كبيرا سرعان ما تحول إلى مدينة كبيرة شيدت بها المساجد والقصور والحمامات، وبالرغم من ذلك فقد صمدت أسوار مدينة تلمسان أمام ضرباتهم المتكررة، ولم يكتب لهم النصر فعادوا إلى المغرب الأقصى بعد أن بلغهم خبر مقتل السلطان "أبي يعقوب يوسف".

---

1 ـ حكم من سنة 656 هـ/1258م إلى 785 هـ/ 1286م خلفا للسلطان "أبي بكر" وتوفي في قصره بالجزيرة الخضراء بعد أن مرض مرضا شديدا.

ـ راجع: عبد العزيز سالم: المغرب الإسلامي، ص 784.

2 ـ أنظر الصفحة 100 من هذا الكتاب.

وفي عهد السلطان "أبي سعيد عثمان"[1] أعاد المرينيون الكرة لغزو تلمسان سنة 714 هـ/ 1314م على رأس جيش كبير فتم لهم ذلك وتمكنوا من انتزاعها من الأمير الزياني ـ آنذاك ـ "موسى بن عثمان بن يغمراسن" هذا ولم يحاول أبو سعيد عثمان غزو أراضي المغرب الأدنى واكتفى بتوطيد علاقاته مع أمرائها، وبعد وفاته في سنة 731 هـ/1330م خلفه ابنه "أبو الحسن علي بن عثمان" الذي خضع له الأمراء الزيانيون والحفصيون وتمكن من الاستيلاء على تلمسان سنة 737هـ/1336م وامتد نفوذه إلى المغرب الأدنى فدخل تونس سنة 748 هـ/1347م بعد أن خاض ضد حاكمها أبي يحي الحفصي معارك شديدة، وعلى الرغم من الاتساع الكبير الذي بلغته الدولة المرينية   في عهد السلطان أبي الحسن علي بن عثمان إلا أنها لم تعمر طويلا فسرعان ما بدأت الإنهزامات تتوالى على السلطان أبي الحسن وكان أولها بالقيروان، فاضطر للعودة إلى المغرب الأقصى، وهناك وجد ابنه "أبا عنان" قد استقل بالحكم وأعلن نفسه في غيابه سلطانا على مراكش، فأدى ذلك إلى وقوع معارك بينهما ثم توفي السلطان أبو الحسن بعدها بفترة.

---

1 ـ هو الابن الأصغر للسلطان أبو يعقوب، تولى الحكم بعد أخويه الكبيرين اللذين دام حكم كل منهما سنتين فقط.

حاول أبو عنان إخضاع المغرب وتوحيده تحت حكمه، فغزا تلمسان سنة 753 هـ/1352م، وواصل زحفه شرقا حتى تمكن من فتح مدينة بجاية، وقسنطينة بعد أن تنازل عنهما السلطان "محمد بن زكريا الحفصي"[1] سلطان تونس، ثم تمكن بعدها من دخول تونس، غير أن عرب القيروان تصدوا له بعنف واستماتوا في صد قواته في تلك المعركة، وأرغم على العودة إلى المغرب الأقصى ليلقى مصير والده.

وبوفاة أبي عنان تولى حكم دولة بني مرين سلاطين ضعاف فضعفت معهم الدولة إلى حد أنها أصبحت مطمعا للبرتغاليين، إلى أن تولى حكمها الأمراء السعديون في سنة 956 هـ/1549م، ونستنبط مما سبق أن سلاطين الدولة المرينية ركزوا اهتماماتهم على الحروب والمعارك بهدف توسيع رقعة دولتهم، وبسط نفوذهم مقتدين في ذلك بالدولة الموحدية غير أنهم لم يهملوا

---

1 ـ هو الأمير أبو عبد الله محمد ابن الأمير أبي زكريا ، الفصي ، تنازل عن بجاية سنة 748 هـ للسلطان أبي الحسن المريني ، فصرفه إلى المغرب وأنزله مدينة ندرومة .

راجـع:

ـ الزركشي (أبو عبد الله محمد إبراهيم): تاريخ الدولتين الموحدية والحفصية، تحقيق: محمد ماضور، المكتبة العتيقة، تونس 1966، ص 82.

الجانب العمراني حيث راحوا يشيدون القصور والمساجد التي ما يزال بعضها قائما حتى اليوم شاهد صدق على روعة الفن المريني ولا يزال معظم منشآتهم قائما بالمغرب الأقصى حتى الآن، وقليل منها نراه في المغرب الأوسط. وقد نتج عن حكم المرينيين لمدينة تلمسان حاضرة المغرب الأوسط ـ آنذاك ـ أن أقيمت بها منشآت دينية عديدة لم يتبق منها للأسف غير ثلاثة مساجد، كان أقدمها في البناء جامع المنصورة الذي لم يتبق منه في وقتنا الحاضر غير أجزاء بسيطة من المئذنة والأسوار بينما احتفظ مسجدا سيدي أبي مدين وسيدي الحلوي بعمارتهما الأولى، ولذا سوف نخصها بالدراسة في هذا الفصل مبتدئين بالأقدم فالأحدث.

(1) مسجد سيدي أبي مدين

أ ـ تاريخ إنشاء المسجد:

شهدت فترة حكم السلطان "أبو الحسن" توسعا كبيرا للدولة المرينية على حساب أراضي المغربين الأوسط والأدنى ـ كما ذكرنا ـ فما أن تمكن هذا السلطان من دخول مدينة تلمسان حاضرة دولة بني زيان ـ آنذاك ـ سنة 738 هـ/1336م ، حتى بادر إلى البناء والتعمير، وكان من جملة ما شيده مسجد

العبّاد[1] الذي ألحقه بضريح الشيخ الصوفي سيدي أبي مدين[2] الذي بناه السلطان الموحدي "محمد الناصر" في السنوات الأخيرة من القرن السادس الهجري، الحادي عشر الميلادي وقد اهتدينا إلى ذلك من خلال نص النقش التأسيسي للمسجد الذي زينت به واجهة بابه الشمالي، وفيما يلي نصه:

"الحمد لله وحده أمر بتشييد هذا الجامع المبارك مولانا السلطان

---

1 ـ العبّاد: مفردها عابد، أطلقت على هذا المكان منذ القديم لوجود مقبرة دفن فيها الكثير مـن الفقهـاء وعلماء الدين، ويمثل هذا المكان حاليا الضاحية الشرقية لمدينة تلمسان. **راجع:**

- ALFRED BEL:L'Islam Mystique, In Revue AFRICAINE, T 69, 1928,p: 83.

2 ـ هو شعيب بن حسين الأنصاري الأندلسي، من حصن قطنيانة من أحواز أشبيلية توفي سنة 594 هـ ودفن بتلمسان، **أنظـر:**

ـ ابن الزيات : التشوق إلى رجال التصوف، نشره: أدولف فور، الرباط، سنة 1958 ص 316 ـ 325.

ـ ابن مريم: البستان في ذكر الأولياء والعلماء بتلمسان، ديوان المطبوعات الجامعية، الجزائر، سنة 1986، ص 108 ـ 113.

ـ ابن قنفذ القسنطيني: أنس الفقير وعـز الحقيـر، نشـره: محمـد الفـاسي، وأدولـف فور، جامعة محمـد الخامـس، الرباط، (بدون تاريخ) ص ص 11 ـ 21.

ـ ابن خلدون (يحي): بغية الرواد، ج 1، ص 126.

عبد الـلـه علي ابن مولانا السلطان أبي سعيد عثمان ابن مولانا السلطان أبي يوسف يعقوب ابن عبد الحق أيده الـلـه ونصره عام تسعة وثلاثين وسبعمائة نفعهم الـلـه".

وقد أصبح هذا المسجد يعرف بمسجد سيدي أبي مدين نسبة   إلى الشيخ الصوفي أبي مدين الأندلسي الذي دفن في هذا المكان، وعلى الرغم من مضي فترة طويلة على بنائه، فإنه لا يزال محتفظا بنظامه التخطيطي الأول إلى اليوم.

ب ـ النظام التخطيطي للمسجد:

بني المسجد على شكل مستطيل يمتد من الشمال إلى الجنوب تبلغ أطواله 28,85 × 18,95م، ويتوسط المستطيل صحن مكشوف مربع الشكل يبلغ اتساعه 10,20م ، في حين يقدر عرضه بـ 11,35م ، وأرضيته منخفضة قليلا عن مستوى أرضية المسجد، ويحف بالصحن بوائك بيت الصلاة والمجنبتان الشرقية والغربية، وتشتمل كل من المجنبتين على بلاطة واحدة ، أما المؤخر فيشغله أسكوب واحد (يمتد موازيا لجدار القبلة) ويقسمه الباب الشمالي إلى قسمين منفصلين ترتفع أرضيتهما نحو متر واحد عن مستوى أرضية المسجد مكونة ساترين، خصصا لصلاة للنساء، ويلاحظ أن تخطيط

مسجد سيدي أبي مدين لم يتأثر بتخطيط المساجد الزيانية السابقة والذي يقتصر على إقامة بيت الصلاة، ويفتقر إلى الصحن وهذا التخطيط يعود بنا إلى النظام التخطيطي التقليدي للمساجد الجامعة ويتكون من صحن تحف به البوائك من جميع الجهات، وقد كان لتخطيط هذا المسجد تأثير كبير على المساجد المرينية التي بنيت بعده مثل سيدي الحلوي وعلى المساجد التي ترجع إلى فترات متأخرة من العصر الزياني، والتي شيدت عقب عودة تلمسان إلى الحكم الزياني مثل مسجد سيدي إبراهيم ـ كما سبق أن رأينا في الفصل السباق[1] ـ ذلك أن هذين المسجدين السابقين قد خضعا في تخطيطهما إلى درجة كبيرة لمخطط مسجد سيدي أبي مدين.

■ بيت الصـلاة:

مستطيل الشكل تمتد استطالته عرضيا بالنسبة للمخطط العام للمسجد ويبلغ طوله 18,90م، وهو في ذلك مساو لعرض المسجد، أما اتساعه فيقدر بـ 14م، وتقسم هذه المساحة أربعة صفوف من الدعامات ينشأ عنها خمس بلاطات عمودية على جدار القبلة، تمتد من الجدار الشمالي لبيت

---

1 ـ راجـع: صفحة 128 من هذا الكتاب.

الصلاة وتنتهي عند الصف الأول من الأعمدة التي تحد أسكوب المحراب يستثنى من ذلك البلاطة الوسطى التي تمتد بائكتاها إلى جدار القبلة (لوحة 32).

والجدير بالملاحظة أن هذا الأسلوب المعماري المتبع في هذه البوائك لم يظهر من قبل في أي مسجد من مساجد المغرب الأوسط، وربما يكون مرجع ذلك تأثره بأسلوب المساجد المرينية في المغرب الأقصى فنظام تخطيط جامع تنيمال (لوحة 33، ش: 1) يشابه نفس نظام سيدي أبي مدين ذلك أن معظم بوائك المسجد تنتهي عند الصف الأول من الدعامات التي تحدد أسكوب المحراب، ماعدا بوائك البلاطتين الجانبيتين، والبلاطة الوسطى الممتدة إلى جدار القبلة[1]، ويلي هذا المسجد مباشرة "جامع الحمراء" بفاس الجديدة (لوحة33، ش:2) الذي يرجع تاريخ بنائه إلى سنة 675 هـ/1276م في عهد السلطان "أبي يوسف يعقوب بن عبد الحق"، وفي مخطط هذا الجامع نلاحظ أول نموذج لهذه البلاطات ـ الموجودة بمسجد سيدي أبي مدين بتلمسان ـ نستنتج من ذلك أن مهندس مسجد أبي مدين قد استوحى تخطيط هذا المسجد من الجامع الكبير بفاس الجديد خاصة وأن تاريخ بنائهما يرجع إلى فترة واحدة.

---

1 ـ MARÇAIS (G): L'Architecture Musulmane D'Occident, P: 268.

- LAMBERT (E): L'Art Musulman D'Occident, P: 135.

■ المحـــــراب:

يتوسط جدار القبلة جوفة عميقة سداسية الأضلاع عمقها 2,20م وعرضها 1,70م تعلوها قبيبة صغيرة مقرنصة (لوحة 4، ش:1) تشبه مقرنصات قبيبة محراب مسجد سيدي أبي الحسن، وتستند هذه المقرنصات إلى إفريز مثمن الشكل يزدان بشريط كتابي نقش بخط النسخ، ويستند هذا الشريط الكتابي إلى مجموعة من العقود الزخرفية نصف الدائرية زينت بزخارف على شكل محارات وهي في ذلك تشابه العقود المرينية في المغرب الأقصى[1].

وتقوم هذه العقود على أعمدة رفيعة من الجص تلتصق بجدران جوفة المحراب وتتخذ من الإفريز الذي يحيط بالمحراب ـ على مستوى تاجي العمودين اللذان يحملان عقده ـ قاعدة لها، أما القسم الأدنى من جوفة المحراب فعاطل من الزخرفة.

■ واجهـة المحـراب:

تشتمل على عقد نصف دائري متجاوز لنصف الدائرة يحف به عقد آخر زخرفي مفصص، وتمتد السنجات بين العقدين، أما بنيـقتا العقد

---

1 - TERRASSE (H) ET HAINAUT (J): Les Arts Décoratifs au Maroc; P: 76.

- 201 -

فتوسطهما زخرفة مستديرة على شكل محارة، وتحيط بها شبكة التوريقات تتمثل في مراوح نخيلية مختلفة الأشكال ، وتتوج عقد المحراب وبنيقتيه أشرطة مستطيلة الشكل من الزخارف الكتابية تشكل تربيعة العقد، ويرتكز العقد المذكور على عمودين رخاميين رفيعين ينتهي كل منهما من أعلى بتاج ، ويعلو هذه اللوحة الزخرفية ثلاث نوافذ جصية مخرمة ومعقودة بعقود نصف دائرية تحليها سنجات صغيرة على غرار سنجات عقد المحراب ، وتفصل بين هذه النوافذ أشرطة عمودية من الزخارف النباتية كما تحيط بها أشرطة كتابية، وتنتهي زخارف واجهة المحراب من الأعلى بخمسة عقود أخرى على طراز عقود النوافذ الثلاثة، وهي عقود زخرفية تشغل مساحاتها الداخلية مجموعة من الزخارف الهندسية والنباتية، وتنتشر هذه الزخارف الأخيرة بالواجهات الأربعة لقاعدة القبة، ويشبه أسلوب الزخرفة في واجهة هذا المحراب زخارف واجهة محراب المسجد الجامع بتلمسان (لوحة 11، ش:1)، وواجهة محراب مسجد سدي أبي الحسن ويظهر هذا التشابه على نحو واضح في شكل العقد والسنجات التي تحليه مما يوحي بالتأثير الذي تلقاه هذا المحراب من المحرابين السابقين (لوحة 34، ش: 2).

■ الواجهات الداخلية للمسجد:

و إذا كانت واجهات المحراب قد ظهرت زخارفها بهذه الصورة الرائعة فإن بقية جدران المسجد لا تقل عنها أهمية إذ تكسوها الزخارف   من نفس الطراز حتى سقف المسجد، سنتناولها بالدراسة فيما بعد.

ج ـ العناصر المعمارية:

1 ـ الروافع:

يغلب على روافع مسجد سيدي أبي مدين الدعامات ذلك أنه   لا يشتمل إلا على عمودين يحملان عقد المحراب، ويتكون كل عمود منهما   من سارية (أو بدن) وتاج.

أما **السارية**: فمصنوعة من الرخام ويبلغ ارتفاعها 1,64م وقطرها 0,11م.

وأما **التاج**: فيتكون من طبلة مقسمة إلى قسمين أحدهما علوي مستدير تنطلق من أركانه أشكال حلزونية، والآخر سفلي اسطواني الشكل ينتهي   في أدناه بإفريز بارز يحيط ببدن العمود، وقد نقش على الطبلتين المستديرتين لهذين التاجين النص التالي:

التاج الأيسر: "هذا ما أمر بعمله مولانا أمير المسلمين أبو الحسن   ابن مولانا

أمير المسلمين".

التاج الأيمن: ابتغا[1] وجه الـلـه العظيم ورجا[2] ثوابه الجسيم كتب الـلـه له أنفع

الحسنات وأرفع الدرجات"

ويشبه أسلوب النقشين في هذين التاجين نظيره في تيجان مدينة الزهراء وجامع

القرويين بفاس ومدرسة العطارين[3].

2 ـ الدعامات:

يشتمل مسجد سيدي أبي مدين على أربع وعشرين دعامة مختلفة الشكل:

1 ـ **دعامات مستطيلة**: هي دعامات ضخمة عددها ثمانية تبلغ مقاساتها

0,70×0,90م وتمثل الصف الثاني والثالث من دعامات بيت الصلاة محددة بذلك الأسكوب

الثالث.

---

1 ـ والصواب ابتغاء بالهمزة.

2 ـ والصواب رجاء بهمزة.

3 - BOUROUIBA (R): L'Art Religieux, P: 258.

- TERRASSE (H) ET HAINAUT (J):OP CIT, P: 77.

2 ـ **دعامات مصلبـة**: وعددها أيضا ثمانية تتوزع كما يلي: اثنتان تقوم عليهما قبة الحراب، وأربعة تمثل الصف الرابع من دعامات بيت الصلاة وهي تطل على الصحن من الجهة الجنوبية، وبينما تظهر ثلاثة منها في ذلك الصف كما يتمثل في المسقط الأفقي (المخطط) الذي نشره جورج مارسي[1] متخذة شكل حرف T اللاتيني. هي في الحقيقة مصلبة، وهناك أيضا دعامتان تتوسطان صف الدعامات المطل على صحن المسجد من جهته الشمالية.

3 ـ دعامات على شكل حرف T اللاتيني: وتمثل بقية الدعامات منها ستة تحمل البائكتين الغربية والشرقية من البوائك المحيطة بالصحن واثنتان تحتل الصف الأول من صفوف دعامات بيت الصلاة تنتهي عندها البائكتان المتطرفتان من صفوف البوائك المتعامدة على جدار القبلة.

3 ـ **العقـــود**: وهي عقود متجاوزة لنصف الدائرة ولكنها تنكسر عند الرأس (لوحة 35، ش:1)، وهي بذلك لا تشبه طراز العقود المرينية التي استخدمت في المساجد المرينية بالمغرب الأقصى، كالعقود ذات التشبيكات أو التي تنشأ عن تقاطع المعينات.

---

1 - W Et G MARÇAIS: Les Monuments Arabes, Fig 49.

- MARÇAIS (G): L'Architecture Musulmane, P: 276.

4 ـ الأبــواب:

يبلغ عدد أبواب المسجد سبعة أبواب، منها ثلاثة رئيسية اثنتان منها في الجدارين الشرقي والغربي للمسجد على الأسكوب الرابع من بيت الصلاة وهما بابان بارزان عن سمت الجدار(لوحة 32)، أما الباب الثالث فينفتح في الجدار الشمالي للمسجد الواقع في محور المحراب، ومن الملاحظ أن هذا الطراز من الأبواب قد ظهر في المغرب الأوسط لأول مرة في أبواب المسجد الجامع بتلمسان زمن الموحدين ثم ظهرت بعد ذلك في مسجد سيدب أبي الحسن ولكن تخطيطه يختلف عن تخطيط بابي مسجد سيدي أبي مدين، ويستبعد أن يكون المهندس قد اقتبس هذا التخطيط من مسجد سيدي أبي الحسن، لأن أبواب مسجد المنصورة[1] المندثر تشبه أبواب مسجد سيدي أبي مدين، وإذا علمنا أن مسجد المنصورة قد أسس أثناء حصار تلمسان فهذا يؤكد ما أشرنا إليه سابقا من أن نظام أبواب مسجد سيدي أبي مدين لم تقتبس

1 ـ أنشأه السلطان المريني أبو يعقوب يوسف في سنة 702 هـ / 1303م بمدينة المنصورة، ويعتقد أن هذا الجامع لم يكتمل بناؤه قبل جامع حسن بالرباط، وقد خطط على شكل مستطيل تبلغ أبعاده 85 × 60 م. يتوسطه صحن مربع تحيط به الأروقة من جوانبه الأربعة.

- MARÇAIS (G): L'Architecture Musulmane, P:174.

من نظام أبواب مسجد سيدي أبي الحسن، بل الأرجح أن تكون الفكرة قد انتقلت إليه من المغرب الأقصى، فتخطيط جامع تينـمال[1] شبيه لدرجة كبيرة بمخطط أبواب مسجد سيدي أبي الحسن كما أن نظام هذه الأبواب قد ظهر أيضا قبل ذلك في مسجد المهدية بتونس[2].

ويشتمل المسجد أيضا على أربعة أبواب أخرى صغيرة، منها بابان ينفتحان على يمين المحراب ويساره ويؤديان إلى غرفة كبيرة تقع وراء المحراب، وهذه الغرفة بدروها تحتوي على باب ثالث ينفتح في الجدار الشرقي لها يؤدي إلى الخارج ربما كان مخصصا للإمام، أما الباب الرابع فينفتح في الجدار الشمالي للمسجد على محور الرواق الغربي ويؤدي إلى درج المئـذنة.

5 ـ الأسقـف:

تعلو بلاطات المسجد ، مساحات جصية كبيرة مستطيلة نقشت عليها زخارف هندسية متعددة الأضلاع من نجوم ومثلثات ومعينات تختلف من سقف إلى آخر (لوحة 35، ش:2) ويغطي هذه الأسقف من الخارج سقف من القرميد الأحمر، ويشير الأستاذان وليم مارسي وجورج إلى أن السقف قد

1 - Ibid, P: 201.

2 - BOUROUIBA (R): L'Art Religieux, P: 45.

تم رفعه إلى أعلى عن مستواه الأول بنحو 0,75م من قبل الإدارة الفرنسية وذلك لتعزله عن الأسقف الجصية الداخلية التي امتدت إليها الرطوبة حرصا على عدم تلفها فيما لو استمرت بارتفاعها الأول، هذا ويمثل الإفريز السفلي الذي يحيط بالصحن والمغطى بالقرميد الأحمر السطح الأصلي للمسجد[1].

6 ـ القبـة:

وتشغل المجال المربع (الأسطوانة) الذي يتقدم المحراب، وتتكون من قاعدة مربعة تأتي فوقها قبة مستديرة ومخرمة بخروم ذات أشكال هندسية مختلفة يزينها زجاج مختلف الألوان، ويشغل الأركان الأربعة التي تقع بين القاعدة المربعة والرقبة المستديرة مقرنصات من نفس طراز المقرنصات التي تشغل قبة المحراب (لوحة 34، ش:1)، ويأتي فوق الرقبة مباشرة نحر دائري عريض نقشت عليه زخارف خطية وتستند عليه القبة.

والقبة مكسوة بطبقة من الجص تزينها خروم وتتخذ هذه الخروم أشكالا نباتية كالسيقان النباتية، وأوراقا مختلفة الأشكال (لوحة 36، ش:1)، ومما يسترعي النظر أن هذه القبة لا تشبه قبة المحراب، وليست من طراز

1 - W Et G MARÇAIS : Les Monuments Arabes, P: 246

القباب الزيانية ولا المرابطية في المغرب الأوسط، كما أنها لا تشبه قباب المساجد المرينية في المغرب الأقصى والتي كثيرا ما اتخذت أنموذجا في بناء مساجد المغرب الأوسط آنذاك، وهذا ما يجعل من المحتمل أن هذه القبة إما أن تكون قد ألحقت بالمسجد في فترة لاحقة من تاريخ بناء المسجد ـ وهذا أمر مستبعد ـ أو تكون قد جددت وهو ما نرجحه، لأن مقرنصات الأركان التي حولت بواسطتها القاعدة المربعة إلى رقبة مستديرة هي من طراز المقرنصات التي ظهرت لأول مرة في المغرب الأوسط في القبيبة الصغيرة التي تتوج قبة محراب المسجد الجامع بتلمسان، ثم استخدمت مع بعض التطوير في مسجدي سيدي أبي الحسن وأولاد الإمام، وها نحن نجدها مستعملة في القبة التي تغطي محراب المسجد وفي الأركان الأربعة لقاعدة القبة نفسها مما يثبت أن المسجد كان يشتمل على قبة منذ الأيام الأولى لبنائه، وأن الطراز الجديد الذي زخرفت به القبة إنما هو نتيجة تجديدات جذرية ألحقت في فترات متأخرة بالقبة.

7 ـ المئـذنـة:

تقع في الركن الشمالي الغربي على محور الرواق الغربي للصحن وهي تشبه المآذن الزيانية، سواء كان من حيث الموقع أو من حيث الشكل إذ أنها تتكون من قسمين رئيسيين مربعي الشكل هما البرج المربع الكبير والطابق العلوي الصغير (لوحة 36، ش: 2)، ويبلغ ارتفاع المئذنة 27,50م، أما عرض كل من واجهاتها الأربعة فيقدر بـ 4,40 م، ويصعد إلى سطح المئذنـة عبر درج داخلي يحيط بنواة مركزية مربعة الشكل يبلغ عرض كل من أضلاعها الأربعة 1,70م، ويسقف هذا الدرج قبوات متقاطعة منحدرة مع انحدار السلم، ويتوج هذا البرج برج صغير مربع الشكل يبلغ ارتفاعه 5,40م وعرض كل من جوانبه الأربعة 1,90م ويزدان البرج الرئيسي بشبكة من الزخارف[1] مقسمة بواسطة إفريزين من الأجر إلى ثلاثة قطاعات: ويمثل معظم مساحة البرج

---

1 ـ وتزيين مآذن المغرب كان تقليدا ظهر في الأندلس زمن الموحدين ويتمثل في مئذنة جامع اشبيلية وبرج كنيسة اومنيام سانكتورام وكنيسة سانتا كاتالينا وكلاهما كان فيما يبدو مئذنة لمسجد من عصر الموحدين وأصل الشبكات الزخرفية من المعينات يعود إلى تشابكات العقود والنحور الناتئة التي تزين قواعد قباب جامع قرطبة.

ـ السيد عبد العزيز سالم: حول أمثلة من الابتكارات في المسجد الجامع بقرطبة، مقال بمجلة المنهل، العدد 54، السنة 53، المجلد 48 1987، ص 310 ـ 314.

وتحليه شبكة من الزخارف على شكل معينات متقاطعة تشبه زخارف المآذن الزيانية بالمغرب الأوسط، وكذلك زخارف المآذن المرينية بالمغرب الأقصى[1]، أما القطاع الثاني: فيتمثل في شريط من زخارف البلاطات الخزفية، محدد من الأسفل ومن الأعلى بالإفريزين سالفي الذكر وزخارف هذا القطاع لا تعدو سلسلة من الأشكال الهندسية الدائرية على شكل أطباق نجمية بالوجهات الأربعة للبرج بمعدل ثلاثة أطباق في كل واجهة، أما القطاع الثالث فتمثله الشرفات المثلثة والمسننة في آن واحد، تزدان كل شرفة منها بزخارف هندسية من المثلثات والأطباق النجمية مرسومة على البلاطات الخزفية.

أما جوسق المئذنة (الطابق العلوي) فتشغل كل واجهة من واجهاته الأربعة حنية تزينها شبكة من المعينات المتقاطعة على طراز زخارف القطاع الأدنى في البرج الرئيسي، وأما المساحات المتبقية فتكسوها البلاطات الخزفية التي رسمت عليها زخارف شبيهة بزخارف القطاع الثاني من البرج، وقد روعي في تنفيذها صغر حجمها حتى تتلاءم ومساحات جوسق المئذنة.

---

1 - MASLOW (B): Les Mosquées De Fés Et du nord du Maroc, PARIS, 1937, PL; 35,37,41.

- **الواجهات الخارجية للمسجد:**

اهتم الفنان بالواجهة الشمالية للمسجد فزينها ونظمها في شكل هندسي أضفى على المسجد رونقا وبهاء، وتتكون الواجهة من بناء يبرز عن سمت جدار المسجد الشمالي، وساباط يؤدي إلى أرضية المسجد، ويمثل زخرفة هذه الواجهة عقد كبير على شكل حذوة الفرس منكسر قليلا في نهايته العليا، يبلغ ارتفاعه سبعة أمتار[1]، وعرضه ثلاثة أمتار، وتزدان بنيقتيه ببلاطات خزفية رسمت عليها زخارف نباتية تشتمل على مراوح النخيل وسيقان رفيعة متقاطعة، ويحيط بالعقد وبنيقتيه ثلاثة أشرطة متوازية من الآجر تتخللها بين الفينة والأخرى حلقات مجدولة تلتف حولها على شكل زخرفة مضفرة، ويأتي فوق هذه الحلية إفريزان بارزان من الآجر يمتدان أفقيا ويحصران بينهما شريطا آخر من الكتابة يشتمل على النقش التأسيسي[2] كتب بالخط النسخي على أرضية من الفسيفساء، أما المساحة المستطيلة التي تمتد أعلى هذا الشريط الكتابي، فقوام زخارفها خطوط هندسية متقاطعة مخلفة زخارف هندسية متعددة الأشكال تجتمع حول خمسة نجوم مثمنة الرؤوس ، ويتوج هذه

---

1 - BOUROUIBA (R): L'Art Religieux, P: 252

2 ـ أنظر صفحة 143 من هذا الكتاب.

الواجهة طبقة من القرميد اللامع محمولة على واحد وعشرين زوجا   من الكوابيل الرفيعة من الآجر، تمتد في إفريز أفقي ويحدها على الجانبين أربعة أزواج من كوابيل أخرى بارزة قليلا إلى الأمام، وتعتبر هذه الواجهة أول نموذج من المغرب الأوسط حيث لم يسبق لها عهد بمثل ذلك في المساجد المرابطية والزيانية التي تميزت واجهاتها الخارجية بالبساطة، أو حتى تلك التي ترجع إلى فترات سابقة.

ولم تقف زخرفة الواجهة عند هذا الحد، بل امتدت إلى داخل الساباط الذي يصل بين الخارج والمسجد، حيث يدخل إلى المسجد من واجهته الشمالية عبر درج يتكون من إحدى عشرة درجة يؤدي إلى ساباط كبير تسقفه قبة صغيرة من المقرنصات التي تشبه خلية النحل، وقد زينت جدران هذا الساباط على ارتفاع ما يقرب من 2م بأشرطة من الفسيفساء وزينت بزخارف نباتية خطية، ونظمت هذه الأشرطة حول بابين ينفتحان في الجدارين الغربي والشرقي للساباط يؤدي الأول منهما إلى غرفة الزوار والثاني إلى مدرسة لتعليم القرآن، وينتهي هذا الساباط بباب كبير يتكون من دفتين من خشب الأرز

تكسوهما صفائح كبيرة من البرونز صنعت بالأندلس وقد قدم هدية   إلى السلطان أبي الحسن مقابل إطلاقه سراح أسير نصراني كان بتلمسان[1].

وتشتمل دفتا الباب على زخارف هندسية قوامها أطباق نجمية كبيرة مرسومة في إطارات مربعة تشكلها عناصر هندسية أخرى متعددة الأضلاع وزخارف نباتية من مراوح النخيل الملتوية، وتشكل صفوفا متوازية تملأ الفراغات، وقد أكسبت الباب حلة زخرفية رائعة.

د ـ العناصر الزخرفية:

شغلت الزخرفة حيزا كبيرا في مسجد سيدي أبي مدين فكست   أو غمرت معظم مساحات المسجد من جدران وعقود وسقوف وواجهات وهو ما لم يظهر في العمائر المرابطية ولا الزيانية بهذه الوفرة، وقد امتزجت العناصر النباتية والخطية والهندسية فيما بينها في نسيج متجانس فألبست جدران المسجد حلة زخرفية بديعة قلّما نجدها في العمائر السابقة بالمغرب

---

1 - PIQUET (V): Autour des monuments Musulmans du Maghreb, P:232.

- BERQUE (A) : L'Algérie Terre D'art et d'histoire; P:193.

- " " " " " " " " " ": Art antique et art Musulman en Algérie, S.I.N.D, N° 8 Cahiers du centenaire d'Algérie T VI, P: 80.

الأوسط، وقد أدت وفرة هذه العناصر إلى ضرورة تناول كل عنصر منها على حدة:

1 ـ الزخارف النباتية:

وهي ليست على درجة زخارف عهد المرابطين، إذ يلاحظ على الزخارف النباتية في مسجد سيدي أبي مدين فقر شديد في تنوعها، فلا نشاهد المراوح النخيلية المعقدة والمحلاة بزخارف مسننة، وتتمثل الزخارف النباتية في مسجد سيدي أبي مدين فيما يلي:

السيقان النباتية: وهي رفيعة تنطلق من نقطة غير معلومة وتنتهي بمروحة نخيلية، ويغلب عليها طابع الاستدارة وتكون أشكالا زخرفية على شكل حلقات دائرية (لوحة 33، ش:1).

المراوح النخيلية: يغلب عليها طابع البساطة في رسمها، فهي ملساء وتتكون عادة من فصين مختلفين في شكلهما الذي أدى إلى تنوع شكل المروحة النخيلية، وربما قصد الفنان تغيير شكل فصوصها لتجنب التكرار وإبراز هذه الورقة في أشكال مختلفة، وإن كانت فكرتها الأصلية واحدة فرسم مثلا:

مراوح نخيلية ملتوية الشكل تتخذ من حرفS اللاتيني أو شكل علامة استفهام أسلوبا لها، وزينت بها المساحات العليا الممتدة بين نوافذ

المحراب وجدران الساباط، ولقد عمد الفنان إلى استخدام المروحة النخيلية القصيرة إلى جانب الطويلة، لملء الفراغات الجصية الناجمة عن الزخارف الأخرى، وكذلك نوع الفنان في أشكال المروحة النخيلية المزدوجة إذ اهتم بفرعيها، فنتج عن ذلك كما ذكرنا سابقا تنوع في أشكال الورقة فرسم

ما يلي:

- **ورقة ذات فرعين:** يمثل الأول فرعا مستقيما، والثاني ملتو إلى الخلف (لوحة 37، ش: 2).
- **ورقة ذات فرعين** : على شكل حـرفv اللاتيـــني.
  (لوحة 37، ش: 3).
- ورقة تتكون من فرعين (مروحتين) معكوفتين في نفس الاتجاه
(لوحة 37، ش: 3، 5).
- ورقة تتكون من فرعين: الأول قصير على شكل حلقة والثاني طويل ملتو .(لوحة 37، ش: 6).

▪ **العناصر النباتية المحورة:**

يتمثل هذا النوع من الزخارف في المراوح النخيلية القصيرة التي تتكون من فرعين أضيف إليها فرع ثالث في الوسط مما غير من شكلها الأصلي

وجعلها بين الزهرة الثلاثية الفصوص والمروحة النخيلية وزين بها الفنان واجهات جدران الساباط (لوحة 37 ، ش:7).

وقد استعمل الفنان إلى جانب هذه العناصر أيضا أشكالا زخرفية أخرى تشبه كيزان الصنوبر، وتحلي هذه العناصر التيجان الجصية لعمودي المحراب والمساحات التي تفصل بين نوافذ واجهة المحراب (لوحة 37 ش:8.9).

2 ـ الزخارف الهندسية:

إذا كانت الزخارف النباتية قد انتشرت على نطاق واسع في معظم مساحات مسجد سيدي أبي مدين، فإن الزخارف الهندسية تقتصر على بعض المساحات القليلة كأسقف المسجد، وبعض الخطوط المستقيمة والأفاريز المنتشرة هنا وهناك، وتتميز العناصر الزخرفية والهندسية بكثرة التكرار وباستقلالها عن بقية الزخارف مثل زخارف السقف، ويمكن حصر العناصر الزخرفية الهندسية فيما يلي:

■ **الأشكال الرباعية والسداسية**: وتشغل الأجزاء العليا من جدران المسجد وزخارف واجهة المحراب وفي زخارف بيت الصلاة.

النجـــوم: وهي متعددة الرؤوس وقد أدمجت إلى جانب العناصر الهندسية الأخرى زخرفة سقف المسجد (لوحة 35، ش: 2).

الأطباق النجمية: وهي تختلف من طبق إلى آخر بازدياد عدد رؤوسها أو نقصانها، وتتوزع على مساحات متفرقة من المسجد، كما أن الفنان لم يتقيد في تنفيذها بمادة واحدة بل نقشت على الجص وعلى البرونز ورسمت على الخزف حيث تحلى ساباط المسجد وشبابيك واجهة المحراب الجصية، ودفتي الباب البرونزية، وكذلك نجدها في الشريط العلوي من زخارف المئذنة.

الأشكال الدائرية: وهي نوعان، دوائر بسيطة، ودوائر منقوشة ويزين هذا النوع من الزخارف شبكة زخارف المعينات بالمئذنة وتربيعة محراب المسجد.

3 ـ الزخارف الخطيــة:

تشغل الزخارف الخطية مكانة كبيرة بين زخارف المسجد ـ المنقوشة على الجص ـ بأشرطة عديدة من النصوص يمكن تقسيمها من حيث المضمون إلى ما يلي:

أ ـ نصوص تأسيسية[1]: وتشتمل على مجموعة من النقوش التي تؤرخ للمسجد، حيث يبلغ عددها أربعة نقوش، يزين الأول واجهة الباب الشمالي للمسجد، والثاني نقش على لوحة رخامية ثبتت على الدعامة الأولى التي تقع يسار المحراب، والثالث نقش على تاجي عمودي عقد المحراب أما النقش الأخير فيزين إفريز الساباط.

ب ـ العبارات الدعائية: وهي كلمات كررها الفنان في أشرطة زخرفية طويلة.

ج ـ النصوص القرآنية: وهي آيات مختلفة من القرآن تحث على العبادة، وقد استعمل في نقش هذه النصوص الخطان الكوفي و النسخي.

أما الخط النسخي فقد نقشت به أشرطة طويلة ورفيعة تشكل تقريبا إطارا للوحات الزخرفية الأخرى، وقد استعمل إلى جانب العناصر النباتية توريقات من مراوح النخيل، كما يشبه أسلوب هذا الخط إلى حد كبير الطابع الأندلسي في الكتابة (لوحة 38، ش: 1).

أما الخط الكوفي فقد استعمل على نطاق واسع في بحور وأشرطة من النقوش في أماكن مختلفة من المسجد، وقد زينت الأشرطة الكوفية بالزخارف

1 ـ راجع: الصفحتين 143، 148 من الكتاب.

النباتية مما زاد في عرضها، ونلاحظ ذلك في أشرطة واجهة المحراب وعلى الجدران الجانبية للباب الرئيسي، ويتميز الخط الكوفي في هذه الأشرطة باستقامة حروفه والارتفاع الهائل في حرفي الألف واللام بحيث يصل إلى 0,27م[1]، وتنتهي هذه الأحرف في الأعلى بورقة نباتية محورة عن الطبيعة نتجت عن اتحاد مروحتي النخيل المنتشرة في أعلى الشريط وبين الحروف فتملأ الفراغات بأسلوب يجعلها تطغى على الزخارف الخطية فتجعل الشريط الكتابي غير واضح (لوحة 38، ش: 2، 3)، وتمثل هذه الزخرفة التي يمكن تسميتها بالخط الكوفي المورق صورة من أروع الزخارف الخطية التي احتفظ بها مسجد سيدي أبي مدين من عصر المرينيين.

(1) مسجد سيدي الحلوي

أ ـ تاريخ إنشاء المسجد:

يرجع تاريخ بناء هذا المسجد إلى سنة 754هـ/1353م، فقد بني   في عهد السلطان "أبي عنان" ابن السلطان أبي الحسن كما ينص على ذلك النقش التأسيسي الذي يعلو واجهة المدخل الرئيسي للمسجد وفيما يلي نصه:

---

1 - W Et G MARÇAIS: Les Monuments Arabes, P: 253.

"الحمد لله وحده أمر بتشييد هذا الجامع المبارك مولانا السلطان أبو عنان فارس ابن مولانا السلطان أبي الحسن علي ابن مولانا السلطان أبي عثمان ابن مولانا أبي يوسف يعقوب ابن عبد الحق أيد الـلـه نصره عام أربع وخمسين وسبع ماية ".

وقد أهدى هذا المسجد لروح الشيخ القاضي الأندلسي أبي عبد الـلـه الشوذي الاشبيلي[1] المعروف عند أهالي مدينة تلمسان بالحلوي، كما يدل على ذلك نقش تأسيسي آخر نقش على تاجي عمودي عقد المحراب وفيما يلي نصه:

- **التاج الأيمـن:**

1 ـ أمر ببناء هذا الجامع.

2 ـ المبارك عبد الـلـه المتوكل على الـلـه فارس.

3 ـ أمير المؤمنين.

1 ـ هو عبد الـلـه الشوذي الإشبيلي، اشتغل قاضيا باشبيلية في السنوات الأخيرة من دولة بني عبد المؤمن وكان فقيها عالما بأمور الدين، ثم فر من الأندلس بنفسه إلى المغرب واستقر بتلمسان في زي المجانين ومكث فيها حتى توفي، وكان يتكسب من بيع الحلوى في شوارع المدينة للأطفال ويرقص لهم حتى لقب بالحلوي، وهذا ما آل إليه حال الفقيه العالم، ولمزيد من المعلومات عن حياته، **أنظر:**

- BERQUE (A): Art Antique et art Musulman en Algérie, P: 83.

- PIESSE(L): Les Mérinides, In Revue AFRIQUE FRANÇAISE 1988, P: 235.

- **التاج الأيسر:**

1 ـ جامع ضريح.

2 ـ الشيخ الولي الرضي الحلوي.

3 ـ رحمت اللـه عليـه.

ب ـ النظام التخطيطي للمسجد:

يشبه تخطيط مسجد سيدي الحلوي إلى حد كبير تخطيط مسجد سيدي أبي مدين إذ أن معظم العناصر المعمارية في هذا المسجد تنهج نهج نظام العناصر المعمارية في مسجد سيدي أبي مدين ، فالمسجد وإن كان أقل في مساحته من مسجد أبي مدين إلا أنه مطابق له من حيث العناصر الأساسية مثل الصحن والأبواب والبلاطات والمحراب وكلها مشابهة لنظائرها بمسجد سيدي أبي مدين (لوحة39)، والمخطط يوضح أن المسجد مستطيل الشكل كبير يتجه من الشمال إلى الجنوب يبلغ طوله 28,50م وعرضه 17,40م يتوسطه صحن قريب من المربع مقاساته 10,10×10,50م، ويحف بالصحن بوائك بيت الصلاة والمجنبتان والمؤخر ويشغل كل مجنبة بلاطة واحدة، أما المؤخر فيتألف من أسكوب واحد، وفي نقطة التقاء المجنبتين بأسكوب المؤخر، نلاحظ أسطوانين ينتجان عن امتداد البائكتين الجانبيتين للصحن إلى الجدار

الشمالي للمسجد، كذلك امتداد بائكة مؤخر الصحن إلى الجدارين الجانبيين، وهذان الأسطوانان لا يظهران في مسجد سيدي أبي مدين في نفس الموضعين وإن كان هذا الأخير يشغله أسطوان يقع في محور البلاطة الوسطى ويمثل امتداد للساباط الذي يعتبر همزة الوصل بين الباب الخارجي للمسجد والصحن.

■ بيــت الصـــلاة:

مستطيل الشكل طوله يماثل عرض المسجد، ويقدر اتساعه بـ /13,20 ويشتمل على خمس بلاطات متعامدة على جدار المحراب عرضها ثلاثة أمتار يزيد اتساع البلاطة الوسطى عن بقية البلاطات، إذ يبلغ عرضها 3,35م، كما أن بائكتيها تمتدان إلى جدار المحراب مكونة مجالا مربعا تغطيه قبة، بينما يفصل بقية البوائك عن جدار المحراب أسكوب يمتد عرضيا[1] وهو أحد الأساكيب الأربعة التي تقطع عرضيا هذه البلاطات، وهذا طبقا للأسلوب المتبع

---

1 ـ نشر الأستاذان وليم وجورج مارسي مخططا لهذا المسجد في كتابها

(Les Monuments Arabes, P: 289)

وقد كرر جورج مارسي نشر ـ المخطط نفسـه في كتابـه L'Architecture Musulmane, P: 278 ويظهـر فيـه بوائك بيت الصلاة ممتدة إلى جدار القبلة.

في مسجد سيدي أبي مدين، وتقوم بوائك بيت الصلاة على صف   من الدعامات وصفين من الأعمدة الرفيعة التي أضفت على بيت الصلاة اتساعا وجمالا، على عكس الخشونة التي ظهرت في دعامات مسجد سيدي أبي مدين.

ويتوسط المحراب جدار القبلة، وهو عبارة عن جوفة خماسية الأضلاع تشبه في شكلها جوفة محراب المسجد الجامع بتلمسان وجوفات المحاريب الزيانية، ويبلغ عرض فتحة المحراب 1,68م وعمقها 1,90م ويغطي جوفة المحراب من الداخل قبيبة مقرنصة تقوم على قاعدة مثمنة تشبه قبيبة محراب جامع سيدي أبي مدين من حيث العناصر الهندسية المكونة للمقرنصات وإن كانت غير واضحة من جراء التلف الذي لحقها ـ وكما سبق أن ذكرنا ـ فإن أصل هذا النوع من المقرنصات ظهر في المسجد الجامع بتلمسان ثم جامع القرويين بفاس[1]، وتطور بعد ذلك وبصورة ملحوظة في المساجد الموحدية بالمغرب الأقصى أيضا، كجامع تينمال الذي يرى فيه الأستاذ بورويبة المصدر الذي استوحى منه الفنان هذا النوع من المقرنصات[2] وقد تبين لنا من خلال

1 - MARÇAIS (G): L'Architecture Musulmane D'Occident; P: 203.

2 - BOUROUIBA (R): L'Art Religieux ; P: 261.

دراستنا للمساجد الزيانية أن هذا النوع من المقرنصات قد استخدم   في مسجدي سيدي أبي الحسن وأولاد الإمام قبل أن يستخدم في المساجد المرينية في المغرب الأوسط ، وربما يكون التأثير قد انتقل منها إلى هذه المساجد.

وتزدان واجهة المحراب بعقد نصف دائري متجاوز يبلغ قطره 0,78م، يتكئ على عمودين من الرخام، ويعلو واجهته ثلاث نوافذ معقودة ومخرمة بزخارف هندسية تختلف من نافذة لأخرى، أما بقية مساحات واجهة المحراب فتخلو من الزخرفة وتدل النوافذ الثلاثة على أنها كانت على درجة كبيرة من الزخرفة لا تقل جمالا عن واجهة المحراب في مسجد سيدي أبي مدين ـ لو لم تندثر.

ج ـ العناصـر المعمـاريـة:

1 ـ الروافـع: يوجد بالمسجد نوعين من الروافع: دعامات وعمد.

أ ـ الدعـامات:

وهي نوعان، دعامات مصلبة، ودعامات على شكل حرفT، أما الدعامات المصلبة فعددها ثماني دعامات، تتوزع في المسجد كما يلي: اثنتان   في الصف الأول وأربعة تحمل عقود البائكة المطلة على الصحن من جهة بيت

الصلاة، أما الدعامتان الأخيرتان فتقعان في صف الدعامات التي تحمل بائكة العقود المطلة على الصحن من جهة مؤخر المسجد.

أما الدعامات التي تتخذ شكل حرف T اللاتيني: فتعادل من حيث العدد الدعامات المصلبة، منها ست دعامات تحيط بالصحن واثنتان في الصف الأول من دعامات بيت الصلاة وتشبه هذه الدعامات إلى حد كبير دعامات مسجد سيدي أبي مدين شكلا وحجما.

ب ـ العمـــــد :

تميز بيت الصلاة بالعمد الرخامية في حين افتقر إليها مسجد سيدي أبي مدين، ويعد استخدام العمد في حمل بوائك المسجد فكرة جديدة تميز بها مسجد سيدي الحلوي عن مسجد سيدي أبي مدين، وإن كانت العمد قد استخدمت من قبل في المسجد المندثر بمدينة المنصورة .

وتشغل هذه الأعمدة الصف الثاني والثالث من صفوف روافع بيت الصلاة ويتكون كل عمود من بدن وتاج ويصل ارتفاعها بما في ذلك التاج إلى مترين (لوحة 40).

ويجدر بنا أن نشير إلى أن هذه الأعمدة المستعملة في هذا المسجد تعود   إلى فترة سابقة عن تاريخ بناء المسجد ، وأنها صنعت في الأصل لاستعمالها في بناء

قصر يسمى "قصر الفتح" بناه السلطان "أبو الحسن المريني" سنة 745هـ /1344م في مدينة تلمسان لتكون قاعدة له لفتح تلمسان، ولما هاجروا هذه المدينة اندثرت قصورها واستعملت أحجارها وأعمدتها في مبان عديدة، فكان من بينها مسجد سيدي الحلوي الذي استجلب السلطان أبو عنان فارس أعمدته من هذه المدينة[1]، ويؤكد هذا الأمر التشابه القائم بين تيجان أعمدة مسجد سيدي الحلوي وتيجان أعمدة مباني مدينة المنصورة، وهناك أيضا دليل مادي آخر يتمثل في ساعة[2] شمسية نقشت على بدن أحد أعمدة بيت الصلاة، ولما كان هذا المكان لا يصل إليه نور الشمس، فإن هذه النقطة أثارت الشكوك لدى علماء الآثار في أصل هذه الأعمدة، ترتب عنها دراسة كشفت عن أصل هذه الأعمدة وأنها ترجع إلى قصر الفتح بمدينة

1 أنظـر:

- Louis Piesse : Tlemcen domination musulmane, P: 235.

- Berque (A): Art antique et art Musulman, PP: 84 – 85.

- " " " " " " " " " : Algérie Terre d'art ET d'histoire , PP: 199 – 200.

- W ET G MARÇAIS : Les Monuments Arabes, P: 202.

2 ـ حول هذه الساعة، أنظـر:

- ALFRED BEL : Trouvailles Archéologiques A Tlemcen , In Revue Africaine, 49e Année; 1905, P: 230.

المنصورة معتمدين في دراستهم على النقش التأريخي للساعة المنقوش على بدن العمود، وفيما

يلي نصه:

((صنعها أحمد بن محمد اللمطي في شهر يا من سنة ذمـز))[1].

2 ـ العقـــود:

إن عقود المسجد هي عموما عقود متجاوزة لنصف الدائرة ومنكسرة قليلا في

الأعلى، تشبه عقود مسجد سيدي أبي مدين. (لوحة 41)

3 ـ الأبـواب:

للمسجد ثلاثة أبواب كبيرة، منها اثنان يقعان في الجدارين الغربي والشرقي وينفتحان في

الأسكوب الرابع من بيت الصلاة، والثالث يقع في الجدار الشمالي وينفتح في رواق مؤخر

المسجد على محور المحراب، وهي أبواب تبرز   عن سمت جدار المسجد، كما تشبه في

تخطيطها أبواب مسجد سيدي أبي مدين

---

1 ـ أعتمد في كتابة تاريخ الصنع على القيم العددية للأحرف العربية: فرمـز للشهر بحرفي "يا " = 10 + 1 =

11 أي شهر ذي القعدة ، السنة بـ " ذمـز " = 700 + 40 + 7 = 47 ، وهكذا يكون تاريخ صنع هـذه السـاعة

الشمسية يرجع إلى شهر ذي القعدة من سنة 747 هـ.

-BOUROUIBA(R):Les Inscriptions Commémoratives,P:70

وإلى جانب هذه الأبواب يوجد بابان ضيقان أحدهما يقع إلى يمين المحراب ويؤدي إلى قاعتين صغيرتين خلف جدار القبلة، وثانيهما يقع في الجدار الغربي للمسجد على مستوى أسكوب مؤخر المسجد، ويؤدي إلى درج المئذنة.

4 ـ الأسقـف:

يغطي مسجد سيدي الحلوي سقوف تطابق سقوف سيدي أبي مدين في النظام وتختلف عنها في المادة المصنوعة منها، فسقوف مسجد سيدي أبي مدين مبنية بالجص، وسقوف مسجد سيدي الحلوي مصنوعة من الخشب فهي تشبه سقوف مسجد سيدي أبي الحسن من العهد الزياني وتتكون هذه الأسقف من سماوات خشبية (ألواح مسطحة) استعمل فيها طريقة التجميع والتعشيق المتبعة في صناعة الخشب عند المسلمين، حيث تتداخل هذه الألواح فيها بينها مخلفة فراغات ذات أشكال هندسية قوامها نجوم ومعينات متناسقة فيما بينها مساحات جميلة من السقوف تغطي المسجد وتضفي عليه حلة زخرفية بديعة[1].

---

1 أنظـر : ET G MARÇAIS: OP CIT, P: 297

وقد عرفت هذه السقوف باللغة الإسبانية باسم *ARTISONADOS* وتعني الأسقف الخشبية وقد شاع استخدام هذا النوع من الأسقف الخشبية في عمائر المغرب الإسلامي في عصر المرينيين والزيانيين ، مثل جامع الأحمر بفاس وجامع تازا، كما استعمل أيضا في المدرسة البوعنانية بفاس من العصر المريني، وفي مسجد سيدي أبي الحسن بتلمسان من العصر الزياني، وهذه السقوف لا يمكن اعتبارها من ابتكار الزيانيين أو المرينيين فالعمائر الموحدية سقفت بهذا النظام مثل جامع الكتبية بمراكش[1]، مما يجعلنا نعتقد بأن بوادر هذا النظام قد ظهرت في عهد الموحدين.

5 ـ المئذنـــة:

تقع المئذنة في الركن الشمالي الغربي، وتبرز إلى الخارج عن جدار المسجد من الجهة الغربية، وقد اتبع في بنائها نظام المآذن المغربية، فهي مربعة الشكل، يبلغ ارتفاعها 25,17م وتتكون من قسمين، برج رئيسي وجوسق (لوحة 42).

---

1 - H BASSET ER H TERRASSE : Sanctuaires Et Forteresses AL Mohades, In Hesperis, 1932;
P:211.

- MASLOW (B): Les Mosquées De FES, Plan 2.

● **البرج الرئيسي:**

ويبلغ ارتفاعه 20,25م، وعرض كل من جوانبه الأربعة4,65م، تتوسطه نواة مركزية مربعة الشكل طول ضلعها يساوي 1,78م ويسقف كل مجموعة درجات تمتد بين بسطتين برميلية الشكل تنحدر بانحدار الدرج، تصل بين هذه القبوات حنايا ركنية، هذا من الداخل أما من الخارج فينقسم البرج الرئيسي إلى ثلاثة قطاعات بواسطة صفين من الآجر يبرزان قليلا إلى الخارج عن جدار البرج ويشغل هذه القطاعات حليات زخرفية هي كالآتي:

يزين القطاع السفلي عقد كبير منكسر ومفصص يشغل واجهة المئذنة، وضع هذا العقد داخل إطار من الفسيفساء الخزفية تحيط به من الجهة العلوية وعلى الجانبين بينما أغفلت قاعدة الإطار، ويزين بنيقتا العقد أيضا زخارف من الفسيفساء الخزفية، ويشكل القطاع السفلي قاعدة لأكبر قطاع في البرج، تحليه شبكة كبيرة من المعينات التي شاع استخدامها في المآذن الموحدية والزيانية، وتستند هذه اللوحة الخزفية من المعينات إلى أربعة عقود صغيرة زخرفية تتكون من رأسين، وتقوم على أعمدة رفيعة يأتي أعلاه القطاع الثالث الذي يتميز بالعرض وقصر ارتفاعه، وتكسو واجهاته الأربعة الفسيفساء الخزفية، كما تميز

كل واجهة من واجهاته الأربعة أربع وحدات زخرفية على شكل أطباق نجمية كبيرة (لوحة42) خطوطها متداخلة فيما بينها مكونة زخارف هندسية متعددة الأشكال ويتوج هذا الشريط الزخرفي من الفسيفساء سلسلة من الشرفات المسننة على شكل مثلثات[1] تكسوها أيضا زخارف هندسية مختلفة من مثلثات ودوائر رسمت على أرضية من الفسيفساء الخزفية .

- **الجوسق (الطابق العلوي):**

عبارة عن برج صغير مربع الشكل، تغطيه قبة صغيرة، يبلغ ارتفاعه 5,32 م، وعرض أضلاعه 2م، يشغل كل واجهة من واجهاته الأربعة شبكة صغيرة من المعينات تشبه زخارف البرج الرئيسي موضوعة في حنيه مستطيلة أما بقية مساحاته فتحليها الفسيفساء الخزفية التي تتنوع ألوانها ما بين الأبيض والأخضر والبنفسجي، رصعت بها واجهات المئذنة فجاءت من أجمل مآذن المغرب الأوسط وأكثرها جمالا ومحافظة على شكلها الأول.

---

1 ـ يشير الأستاذ بورويبة في كتابة L'Art Religieux; P: 274 أن معدل الشرفات في كل واجهة من واجهات المئذنة يساوي ثلاثة شرفات بينما الموجودة حاليا هي أربع شرفات لكل واجهة.

- **الواجهات الخارجيــة:**

حظيت الواجهة الشمالية للمسجد في العهد المريني باهتمام كبير عكس بقية الوجهات الأخرى التي لم يعتن بها مثل الواجهة الشمالية، وقد جاء الاعتناء بهذه الواجهة لاحتوائها على الباب الرئيسي للمسجد

(لوحة 43) وهي تشبه واجهة مسجد سيدي أبي مدين الشمالية شبها كبيرا وإن كانت أجزاء كبيرة منها قد فقدت زخرفتها ، وقام بترميمها المهندس رتيير *RATTIER* سنة 1899 كما أشار إلى ذلك الأخوان وليم مارسي وجورج[1].

وتتكون هذه الواجهة من برج صغير يوصل إلى باب كبير يتكون من دفتين ويعلوه عقد نصف دائري متجاوز، ويلاحظ هنا أن زخارف هذا العقد وبنيقايه قد تلاشت نهائيا، لم يبق منها غير أشرطة بسيطة من الفسيفساء الخزفية تحيط بعقد الباب، زينت بزخارف هندسية باللون الأبيض والأخضر والأزرق، والأصفر وبعض الألوان الداكنة على أرضية من الفسيفساء الخزفية، ويأتي إلى الأعلى شريطان زخرفيان يمتدان عرضيا الأول يحمل النقش

1 - W ET G MARÇAIS : Les Monuments Arabes, P: 286.

التأسيسي للمسجد[1]، وهو رفيع ويغلب عليه الطابع الأندلسي في الكتابة، أما الشريط الثاني فيمتد بطول الشريط الكتابي ولكنه أوسع بكثير، وقد رسمت زخارفه باللون الأبيض على أرضية سوداء وتمثل هذه الزخارف مجتمعة الطبق النجمي الذي شاع نقشه على الأخشاب في المشرق وتتميز هذه الزخارف عن بقية زخارف الواجهة بكبر حجمها.

ويتوج هذه الواجهة ضلة تشبه مسجد سيدي أبي مدين، وتقوم على ثلاثة عشر كابولا من الخشب وليس زوجا من الكوابل كما هو الحال في ضلة مسجد سيدي أبي مدين، ويمتد أسفل منابت هذه الكوابيل شريط من الكتابة فيما يلي نصه:

"الغبطة المتصلة والبركة الكاملة والسعادة"، ويمتد على جانبيه عناصر زخرفية على شكل عقود، ويغطي هذه الضلة سقف من القرميد الأحمر.

ويحيط بهذه الواجهة إفريزان كبيران بارزان عن الواجهة، ويمتدان من مستوى منبت عقد المحراب إلى الضلة، ويشكلان في الوقت نفسه دعامتين للضلة إذ ينطلق منهما ويمثل حجمهما كابولان تستند إليهما الظلة وتكسو

1 ـ راجع: الصفحة 160 من الكتاب.

هذين الإفريزين زخارف على شكل نجوم صغيرة مرسومة على أرضية من الفسيفساء الخزفية، وقد جاء عن مارسي في معرض حديثه عن هذه الزخارف[1]: إن هذه الزخارف بالرغم من وجود نماذج لها في بعض العمائر الأندلسية التي تعاصر هذا المسجد مثل زخارف باب قصر الجعفرية إلا أنها لا تضاهي في الجمال زخارف واجهة مسجد سيدي الحلوي.

د ـ العناصر الزخرفية:

لم يتأثر مسجد سيدي الحلوي بالنظام البنائي العام لمسجد سيدي أبي مدين فحسب، بل امتد هذا التأثير إلى المساحات المخصصة للزخرفة والمواضع المرسومة عليها، وكذلك بلغ الأمر بالفنان إلى اختيار العناصر الزخرفية نفسها لتزيين المسجد، فلو عقدنا مقارنة بسيطة بين المسجدين نجد أن واجهات المسجد زخرفت على نظام المسجد الأول وكذا السقوف ، وقد جمع أيضا الفنان بين الزخارف النباتية والخطية والهندسية، واستخدمها وفق ظروف المكان، فجاءت إما مستقلة أو متحدة مع بعضها البعض، حتى يجعل

1 - W ET G MARÇAIS : OP CIT, P: 288.

من زخارف المسجد وحدة متكاملة، وسوف نتناول هذه العناصر بالتوضيح فيما يلي:

1 ـ الزخارف النباتية:

تتميز العناصر النباتية في مسجد سيدي الحلوي بالبساطة في التنفيذ وتتمثل في السيقان النباتية الرفيعة، ومراوح النخيل وبعض العناصر النباتية الأخرى المحورة عن الطبيعة.

أ ـ المراوح النخيلية: اتبع فيها الفنان الأسلوب الذي كان قد اتبع في مسجد سيدي أبي مدين من حيث تنوع كل فرع من الفرعين المكونين لهذه الورقة حتى يكسبها أشكالا مختلفة، أو ربما تجنبا للتكرار، وإن كانت فكرتها في الأصل واحدة، ويمكن تقسيم هذه الأوراق من حيث الشكل إلى ثلاثة أنواع هي:

ـ ورقة بسيطة مرسومة على شكل دائري زينت بها تيجان أعمدة بيت الصلاة (لوحة 44، ش: 1).

ـ ورقة تتكون من فرعين الأول قصير والثاني منحني طويل تشغل إفريز ساباط المسجد (لوحة 44، ش: 2).

ـ ورقـة تتكـون مـن فرعيـن ولكنهمـا ينحنيـان على شكل نصف دائرتيـن، ويـزين هذا النوع من الزخارف إفريز العقد الداخلي للساباط (لوحة 44، ش: 3).

ب ـ العناصر النباتية المحورة عن الطبيعة نجد إلى جانب المراوح النخيلية بعض العناصر النباتية المحورة عن الطبيعة يمكن تلخيصها فيما يلي :

أوراق نباتية تتكون من ثلاثة فصوص منها فصان جانبيان يتوسطهما فص كبير رسمت داخله حلقة دائرية (لوحة 44، ش: 4) ويشغل هذا العنصر الزخرفي كوابيل ضلة واجهة المسجد الشمالية، كما استخدم الفنان أيضا عناصر زخرفية أخرى تشبه شجرة النخيل (لوحة 44، ش:5) إلى جانب كيزان الصنوبر (لوحة 44، ش:6) وقد زينت بها أيضا كوابيل ضلة الواجهة الشمالية للمسجد.

2 ـ الزخارف الهندسيــة:

وتشبه الزخارف الهندسية بمسجد سيدي أبي مدين من حيث الأشكال وتزين هذه الزخارف السقف الخشبي للمسجد، والجدير بالملاحظة أن هذه الزخارف لم يتبع في تنفيذها أسلوب النقش، بل إنها تنتج عن تقاطع الألواح الخشبية الصغيرة التي تغطي السقف مخلفة فيما بينها فتحات على شكل

زخارف هندسية (لوحة 44 ، ش: 7) قوامها الأشكال الثمانية والمعينات والمربعات تتكرر مكونة شبكة كبيرة من الزخارف الهندسية، وقد استخدم هذا الأسلوب من الزخرفة على الخشب لأول مرة في المغرب الأوسط في سقف مسجد سيدي أبي الحسن، ويرى مارسي[1] أن هذا الطراز من السقوف استعمل بكثرة في العمائر الأندلسية المغربية.

2 ـ الزخارف الخطيــــــة:

جمع الفنان المريني في مسجد سيدي الحلوي بين الخطين النسخي والكوفي، فقد استعمل الخط الأول في تنفيذ النقوش التأريخية في المسجد كنقش واجهة المدخل في الجدار الشمالي للمسجد، ونقشي تاجي عمودي المحراب[2]، ويلاحظ على الأسلوب المتبع في كتابة هذين النقشين أنه أسلوب بسيط، ربما فرضه المكان الذي وضعت فيه الكتابتان، أو أن القيمة التاريخية التي كان يهدف من ورائها الفنان جعلته لا يهتم بأسلوب الكتابة ذلك أن الفنان ربما كان يهمه من الكتابة الجانب التأريخي أكثر من الجانب الزخرفي.

---

1 - W ET G MARÇAIS : OP CIT, P: 276.

2 ـ أنظر نص الكتابتين في الصفحة 160 من الكتاب.

كما استعمل الفنان أيضا الخط الكوفي ليس بقصد الزخرفة بل لتخليد تاريخ إنشاء الساعة الشمسية[1] التي رسمت على أحد أعمدة بيت الصلاة بالمسجد، والجدير بالملاحظة أن هذا الأسلوب المتبع في نص هذه الكتابة هو الخط الكوفي المغربي، وإن كان الأستاذ بورويبة يطلق عليه تسمية الخط الكوفي الفلكي[2]. وتتميز نهايات أحرف كلمات هذا النص بأشكال زخرفية عبارة عن خطوط مائلة تشبه مراوح النخيل (لوحة 44، ش: 8) وأخيرا نود الإشارة إلى أن هذا النص كان منقوشا على أحد الأعمدة التي استجلبت من مدينة المنصورة الأمر الذي يدعونا إلى الاعتقاد إلى أن هذا الخط يختلف عن الخط الكوفي الذي يزدان به إفريز السقف، والذي نقشت فيه العبارة التالية: "الغبطة المتصلة والبركة الكاملة والسعادة"، وهذه العبارة نفسها تزين الشريط الكتابي الممتد أسفل كوابيل الضلة الخشبية لواجهة الباب الشمالي (لوحة 44، ش: 9).

كرر الفنان هذه العبارة في شريط كبير يمثل إفريز سقف المسجد ولقد نقشت كلماتها بخط يشبه إلى حد كبير الخط الكوفي الذي نقش على أرضية من

---

1 ـ أنظر نص الكتابتين في الصفحة 165 من الكتاب.

2 - BOUROUIBA (R): L'Art Religieux; P: 290.

الجص في مسجد سيدي أبي مدين، وتتميز حروف هذا النقش بزواياه القائمة ، كما ينتهي بمراوح نخيلية تمتد في اتجاهات مختلفة، كما تملأ أيضا الفراغات الموجودة بين حروف الكلمات بطريقة تجعل هذه الزخارف النباتية تطغى فيها على النص الكتابي فيصبح غير واضح تمام الوضوح.

وأخير نخلص إلى القول أن العمائر المرينية بالمغرب الأوسط تميزت عن تلك التي أنشئت في العهود السابقة بعدة أساليب معمارية، منها ما ظهر لأول مرة في المغرب الأوسط، ومنها ما اقتبس من عمائرها، فقد أدى قيام الدولة المرينية بالمغرب الأقصى في أعقاب سقوط الدولة الموحدية إلى رسوخ نسبة كبيرة من التأثيرات الموحدية فيها، ظهرت آثارها في المساجد التي أنشأوها، فأكسب هذا مساجدهم سمة مميزة عن المساجد الموحدية.

ولم تلبث هذه التقاليد الفنية المرينية أن انتقلت بدورها إلى المغرب الأوسط وظهرت على نحو واضح في المساجد التي أنشأوها، فأدى ذلك   إلى إضفاء طابع مميز لهذه المساجد يختلف عن الطابع الذي ظهرت به المساجد المرابطية والزيانية، ومن هذه السمات التي تميزت بها المساجد المرينية النظام التخطيطي، فقد خرج تخطيطها عن إطار مخططات المساجد المرابطية التي تتسم بتعدد البلاطات وامتدادها عرضا ـ كما أنه يختلف أيضا عن المساجد الزيانية

صغيرة المساحة والتي اقتصرت على بيت الصلاة دون الصحن ـ إلى مخطط يتميز بالطول وبكبر مساحة بيت الصلاة الذي يعتبر أهم عنصر معماري   في المسجد، وبتناقص عدد بلاطات المجنبات إلى بلاطة واحدة لكل مجنبة، ويتجلى هذا التخطيط واضحا في مسجدي سيدي أبي مدين وسيدي الحلوي.

ولعل أبرز ما يمكن ملاحظته في هذين المسجدين دون بقية المساجد السابقة نظام البوائك في بيت الصلاة، إذ تمتد من بائكة الصحن إلى نهاية صف الدعامات الأول الموازي لجدار القبلة، ما عدا البائكتين الوسطاوين فإنهما تمتدان إلى نهاية جدار القبلة، ويعتبر هذا الأسلوب المتبع في البوائك ابتكارا مرينيا إذ اقتبس من مسجد الحمراء بفاس الجديد، وهو من نفس الفترة أيضا.

لقد أدخل المرينيون أيضا إلى المغرب الأوسط نظاما جديدا في الأبواب يتمثل في الأبواب البارزة التي تأخذ الموقع المماثل في مسجد سيدي أبي مدين وسيدي الحلوي، وإذا كانت الأبواب الجانبية بسيطة في شكلها، فإن المهندس أولى اهتماما كبيرا للباب الشمالي الذي كان يمثل في الوقت نفسه واجهة المسجد والتي تعتبر بدورها نظاما معماريا جديدا في المغرب الأوسط، ومع أن هذا الطراز من الأبواب لا يعد جديدا في المغرب الأوسط حيث ظهر قبل هذه الفترة في جامع قرطبة وجامع المهدية بتونس فإن المرينيين هم أصحاب

الفضل في إدخاله إلى المغرب الأوسط وفي تطويره، حيث يعتبر باب مسجد سيدي أبي مدين بتخطيطه وزخارفه المختلفة فريدا من نوعه في المغرب الأوسط، وربما في المغرب الإسلامي كافة، ذلك أنه يحتوي على قبة صغيرة تسقف الساباط الموصل بين باب المسجد وأسكوب مؤخره أقيمت مقرنصاتها على شكل خلية النحل لم يوجد لها فيما أعلم مثيلا في بلاد المغرب.

هذا وقد اهتم المرينيون أيضا بزخرفة مساجدهم من الداخل فكسيت واجهات بيت الصلاة وجدرانه وسقوفه بحلة زخرفية جميلة على نظام واجهات مسجد سيدي أبي الحسن.

وخلاصة القول أن المرينيين قد أحسنوا استخدام العناصر المعمارية والزخرفية سواء أكانت من ابتكارهم أم من تلك التي أخذوها من مبان سابقة قديمة فإنهم عرفوا كيف يستعملونها ويوظفونها في بناء المسجد وتجميله. وهذان المسجدان ـ أي مسجد سيدي أبي مدين وسيدي الحلوي ـ لا يزالان قائمين يشهدان بعظمة عمارة عصرهم وجمالها التي لا تقل في الإبداع عما بقي من عمارة الأسلاف.

❖ المدارس و الأضرحة

أولا - المدارس

نشأت المدرسة في المشرق الإسلامي في فترة مبكرة قبل أن ينتشر نظامها في المغرب الإسلامي بنحو قرنين من الزمان، وعلى الرغم من أن الإرهاصات الأولى لنشأة المدارس التي تمثلت في دور العلم ودور الحديث والدور الخاصة قد ظهرت في مراكز العلم المختلفة في المشرق الإسلامي   في نيسابور وهراة ومرو وطوس في النصف الثاني من القرن الرابع الهجري، إلا أن السواد الأعظم من المؤرخين يتفقون على أن أول مدرسة شيدت   على مستوى الدولة في الإسلام هي المدرسة النظامية التي أنشأها الوزير السلجوقي نظام الملك الطوسي ببغداد في سنة 475 هـ/1065م ثم أتبعها بإنشاء مدرسة ثانية تحمل نفس الاسم في مدينة نيسابور.

ويرجع بعض المؤرخين السبب في ظهور نظام المدارس في الإسلام كمؤسسة علمية قائمة بذاتها إلى رغبة الدارسين ف تلقي مختلف العلوم   على نحو أكثر عمقا على شيوخ العصر مع توفير الإمكانات اللازمة للإقامة، وإقامة الصلاة وتدبير الطعام للطلبة، وكان إنشاء المدارس عملا من أعمال

البر والتقوى يقوم به الأثرياء من أرباب الحرف والصناعة والتجارة، ويوقفون عليها بعض أملاكهم للإنفاق على أساتذتها وطلابها، وسرعان ما انتشر نظام المدارس بعد ذلك في بغداد والموصل وحلب ودمشق وفي الأتابكيات المختلفة ولاسيما على أيدي بني زنكي، ومن الشام انتقل نظام المدارس السلجوقية إلى مصر على يدي الناصر صلاح الدين يوسف بن أيوب لنشر المذهب الشافعي والقضاء على التشيع بعد سقوط الدولة الفاطمية[1].

1 ـ خذا بخش: الحضارة الإسلامية، ترجمة علي حسين الخربوطلي، دار إحياء الكتب العربية، 1960، ص 173.

ـ عبد الـلـه علام: الدولة الموحدية بالمغرب في عهد عبد المؤمن بن علي، دار المعارف القاهرة 1971، ص 292.

ـ سعد زغلول عبد الحميد: العمارة والفنون في دولة الإسلام، منشأة المعارف الإسكندرية 1986، ص 412.

ـ حسين أمين: تاريخ العراق في العصر السلجوقي، منشورات المكتبة الأهلية في بغداد مطبعة الإرشاد، 1965، ص 217 ـ 244.

حسين أمين: المدرسة المستنصرية، مطبعة شفيق، العراق، 1960، ص 20 ـ 24.

ـ أرنست كونل: الفن الإسلامي، ترجمة: أحمد موسى، مطبعة أطلس القاهرة، 1961 ص 129 ـ 130.

- BRUNSHWIG (R): Quelques Remarques Historiques Sur Les Medersas De Tunisie, In Revue Tunisienne 1er Trimestre, 1931, P: 216 – 262.

وواقع الأمر أن ظهور المدارس في الإسلام ارتبط بانتشار التشيع في العالم الإسلامي شرقا وغربا من جهة وبالرغبة في تلقي العلم على نطاق واسع وعلى مستوى راق يكفل للدارس التخصص في جوانب معينة من الفقه السني، أما في المغرب الإسلامي، فإن نظام المدارس ظهر لأول مرة في عصر الموحدين ثم انتشر في سائر أنحاء المغرب في عصر بني مرين وفيما تبقى من مدن الأندلس في عصر بني الأحمر.

ومازالت آثار الكثير من المدارس المغربية قائمة في فاس من العصر المريني مثل المدرسة البوعنانية والمدرسة المصباحية ومدرسة الصهريج، كما تبقت في غرناطة آثار مدرستها الواقعة إزاء المسجد الجامع والمعروف أن مدينة مرسية كانت لها مدرسة أقيمت في أواخر عصر الموحدين وظلت قائمة بعد سقوط المدينة في أيد القشتاليين[1].

وإذا كان الهدف من وراء إنشاء المدارس في بلاد الشام في عهد النوريين وفي مصر في عهد الأيوبيين هو نشر المذهبين الشافعي والحنفي على وجه

1 ـ السيد عبد العزيز سالم: بيوت الله مساجد ومعاهد، مطابع الشعب، 1961، ج2 ص: 200 - 205.

الخصوص ومحاربة المذهب الشيعي، فإن الموحدين استهدفوا نشر الفكر الموحدي بينما استهدف المرينيون إحياء المذهب المالي والقضاء على آثار الفكر الموحدي في بلاد المغرب[1] .

ذلك هو وجه الاختلاف في الأسلوب المعماري للمدرسة المغربية عن المدرسة المشرقية التي تتميز بتعدد الأواوين[2]، وبإنشاء هذا النوع من المدارس في المغرب يعتبر المرينيون أول من أدخل نظام المدارس إلى المغرب الإسلامي.

أما المغرب الأوسط فقد شيدت مدارسه بمدينة تلمسان، منها ثلاثة أسسها بنو عبد الواد واندثرت جميعها إما بفعل عوامل الدهر أو دمرها المستعمر بحجج مختلفة بحيث لم يعد بإمكاننا التعرف عليها إلا من خلال المعلومات التي زودتنا بها بعض المصادر التاريخية، أما الرابعة فقد شيدها بنو مرين بجوار مسجد سيدي أبي مدين، وما تزال هذه المدرسة قائمة حتى اليوم وعلى الرغم من دثور معظم هذه المدارس إلا أننا سنحاول تسليط بعض

1 - MARÇAIS (G): Les Villes D'Art Célèbres, P: 45.

2 ـ أرنست كونل: الفن الإسلامي، ص 29.

الأضواء على نظامها التخطيطي وأهم عناصرها المعمارية والزخرفية من خلال ما تبقى منها قائما حتى اليوم بتلمسان وما زودتنا به النصوص التاريخية.

1ـ مدرسة أولاد الإمام:

أسس هذه المدرسة الأمير الزياني أبو حمو موسى الأول سنة 710 هـ/1310م تكريما للشيخين أبي زيد عبد الرحمن وأخيه أبي موسى عيسى[1]، اللذان عرفا بأولاد الإمام، وذلك للإفادة من علمهما الغزير ورغبة منه في دعم الحياة العلمية بتلمسان، وتعتبر هذه المدرسة أقدم المدارس التي أنشئت في المغرب الأوسط، وكان يتولى التدريس فيها الشيخان سالفا الذكر، وظلا يشتغلان بالتدريس فيها إلى أن توفيا ودفنا بها وللأسف لم تستطع هذه المدرسة أن تقاوم معاول الزمن، فدثرت معالمها ولم يتبق منها غير المسجد الصغير الذي سبق الحديث عنه في الفصل الثاني والذي يرجح أنه مصلى المدرسة.

وكل ما وصلنا من أخبار هذه المدرسة لا يعدو شذرات قليلة نقلها لنا بعض المؤرخين نذكر منهم ابن مريم[2] والتنسي[3] وأحمد بابا التنبكتي[1] ومن

---

1 ـ أنظر ترجمتهما في الصفحة 117 من الكتاب.

2 ـ ابن مريم: البستان، ص 123.

3 ـ التنسي: تاريخ بني زيان، ص 139.

خلال هذه المقتطفات حاول الأستاذ جورج مارسي[2] أن يرسم صورة تقريبية للموقع الذي كانت تشغله المدرسة ومخططها، إذ يرى أن المدرسة كانت تشغل المساحة الواقعة غرب مسجد أولاد الإمام وشماله، كما أنها كانت تشتمل على قاعتين كبيرتين يتلقى فيهما الطلبة دروسهم على الشيخين سالفي الذكر وكان يقوم على جانبي القاعتين بيتان يقيم فيهما الشيخان.

2 ـ المدرسة التاشفينية:

تعتبر المدرسة التاشفينية ثاني مدرسة أنشئت بالمغرب الأوسط أنشأها السلطان "أبو تاشفين ابن أبي حمو الأول" الذي تولى الإمارة في الفترة ما بين 718 هـ/ 1318 م ـ 737هـ/1337م، ويحدد جورج مارسي موقعها بأنها كانت على بعد 25م جنوب المسجد الجامع بتلمسان وقد كانت هذه المدرسة قائمة إلى سنة 1873م، حيث قامت الإدارة الفرنسية بهدمها بحجة تحديث المدينة، ولم يتبق منها غير مسقطها الأفقي (مخططها)، (لوحة 45، ش: 1) الذي قام

---

1 ـ أحمد بابا التنبكتي: نيل الابتهاج ، ص 139، 148.

2 - Marçais (G): Remarques Sur Les Medersas Funeraires En Berberie , Le Caire , Imprimerie De L'institut Français, D'archeologie 1937, P: 263.

برفعه أحد المهندسين[1] قبل هدمها، وجزء من بلاطاتها الخزفية التي كانت تزين
واجهات جدرانها، وقد حاول جورج مارسي وضع صورة كاملة لهذه المدرسة من خلال ما
أورده المؤرخ التنسي في سياق وصفه لمنشآت الأمير أبو تاشفين إذ قال: "وحسن ذلك كله
ببنائه المدرسة الجليلة العديمة النظير التي بناها بإزاء الجامع الأعظم ما ترك شيئا مما
اختصت به قصوره المشيدة، إلا وشيد مثله بها شكر الله له صنعه وأجزل له عليه
ثوابه"[2].

ومستعينا بالمسقط الأفقي المرسوم لها، فيرى أن فيها من المميزات الفنية
والمعمارية ما يجعلها مبنى فريد من نوعه في المغرب الإسلامي، كما أنها تشتمل على
بعض العناصر المعمارية التي تقربها من المدارس المرينية في المغرب الأقصى، وكذلك بعض
التأثيرات المشرقية التي تتمثل بصفة خاصة في مصلاها الذي

---

1 ـ يسمى هذا المهندس دونجـوي DONJOY وقد كلفه بعمل هذه المساقط المعماري ديتوي DUTHOIT
الذي حاول انقاض البلاطات الخزفية التي كانت تزين الواجهة الرئيسية للمدرسة وقد تمكن في ذلك بمساعدة
الإدارة الفرنسية، وأرسلها إلى فرنسا حيث عرضت في متحف CLUNY بباريس.
راجـع: DUTHOIT: Rapport sur une mission scientifique en Algérie, archives des mission
  scientifiques, 1873; 3eme Série; T1 , P: 325

2 ـ التنسي: المصدر السابق، ص 141.

يتبع نظام مدارس بلاد الشام، مثل مدرسة "معرة النعمان" (596 هـ/1199م)، والسلطانية (620ـ 630 هـ ـ 1223 ـ 1232م)، والشريفية بحلب (650هـ/ 1252م) ويكمن وجه التشابه بين هذه المدارس والمدرسة التاشفينية   في مصلاها، إذ يتكون من مساحة وسطية مربعة تغطيها قبة كبيرة وتمتد   على جانبيها مساحتان مستطيلتان[1].

- ## النظام التخطيطي للمدرسة[2]:

تتكون من مستطيل يمتد من الشمال إلى الجنوب، يساوي طوله تقريبا (حسب المسقط) ضعف عرضه، ويتوسط هذا المستطيل صحن يمتد طوليا على امتداد المدرسة، تحف به بائكة من جميع جهاته تليها مباشرة من الجهات الثلاثة الشرقية والشمالية والغربية غرف مستطيلة تمتد بمحاذاة الصحن أما الجهة الجنوبية فيشغلها بيت الصلاة.

---

1 - DUTHOIT: OP CIT; P:325.

2 ـ اعتمدنا في وصف هذه المدرسة على المخطط الذي نشره مارسي في كتابه: l'architecture Musulmane,
P:287.

■ بيـــت الصــــلاة:

مستطيل الشكل يمتد عرضيا حيث يبلغ عرضه ضعف طوله ويتكون من ثلاث مساحات مربعة تفصلها عقود كبيرة، يتوسط القسم الوسطى محراب مجوف ويبرز إلى الخارج (لوحة 45 ،ش: 1)، ويبدو أنه من طراز المحاريب المضلعة السائدة في المساجد المرابطية والزيانية والمرينية بالمغرب الأوسط، وربما كان يغطي هذا القسم من بيت الصلاة قبة كبيرة وفقا لما جرت عليه العادة في المساجد، وعلى جانبي هذا القسم تمتد مساحتان مستطيلتان تمثلان غرفتين مستقلتين ربما كانتا تستخدمان لأغراض التدريس ويشبه تقسيم بيت الصلاة في هذه المدرسة بيت الصلاة في مدرسة سلا* بالمغرب الأقصى[1] (لوحة 45 ،ش: 2).

---

1 ـ أنشأها السلطان أبو الحسن المريني، بنحو أربع أو خمس سنوات قبل المدرسة المصباحية التي يرجع تاريخ إنشائها إلى سنة 747 هـ/ 1346م.

MARÇAIS(G):l'architecture Musulmane,P:289.

وقد زود بيت الصلاة في المدرسة بمئذنة، والتي يبدو من خلال قاعدتها أنها كانت مربعة، وتقع المئذنة في الركن الجنوبي الشرقي للمدرسة يفتح بابها في القسم الشرقي من بيت الصلاة.

■ **أبـواب المدرسـة:**

تشتمل المدرسة على بابين رئيسيين يشغلان الواجهتين الشرقية والغربية، وهما بابان بارزان يضفيان على المدرسة واجهتين رئيسيتين ويشكل الباب الغربي الواجهة الرئيسية للمدرسة، كما يبدو ذلك من المسقط ومن المحتمل أن يكون مزودا بقبة صغيرة، وإذا كان الأمر كذلك فإن المدرسة التاشفينية تعتبر أول نموذج متكامل لطراز الأبواب البارزة في المغرب الأوسط بعد باب مسجد أبي الحسن، وإذا سلمنا أن هذا الباب الغربي لها كان سقفه قبة، فإن هذا يقودنا إلى القول أن النظام المعماري المتبع في هذا الباب يعتبر أول نموذج لمثل هذه الأبواب في المغرب الأوسط ، وأن البناء الذي شيد بابي مسجد سيدي أبي مدين وسيدي الحلوي إنما استوحى فكرتهما من هذا الأخير، وبالتالي يعود الفضل في إدخال هذا النظام من الأبواب إلى المغرب الأوسط إلى الزيانيين وليس إلى المرينيين كما أشرنا إلى ذلك سالفا، ويفتح البابان في الصحن عبر ساباط لكل باب وعلى جانبي هذا الساباط تمتد الغرف

المستطيلة التي سبق ذكرها ـ كما تشتمل المدرسة على عدة أبواب خارجية أخرى ضيقة تقع على جانبي البابين الرئيسيين وتفتح في الغرف المستطيلة.

■ صحـن المدرسـة:

يتميز بالطول حيث يزيد عن ضعف العرض، تحيط به بائكة من جوانبه الأربعة، يفتح الجانب الشرقي على الغرفتين المستطيلتين بثمانية أبواب بمعدل أربعة أبواب لكل غرفة من الغرفتين السابقتين، ويرى مارسي[1] أن هاتين الغرفتين إما أنهما مزودتان بأحواض خاصة بالوضوء أو مقسمتان بحواجز خشبية لتستخدم غرف نوم للطلبة الوافدين.

أما بائكتا الواجهتين الجنوبية والشمالية فيفصلهما عن الرواقين السابقين جداران هما امتداد لبائكتي العقود الشرقية والغربية، فيتشكل لدينا في الجانب الجنوبي والشمالي للمدرسة ما يشبه غرفتين صغيرتين لهما ثلاثة جدران وسقف تفتحان على الصحن ببائكة من العقود أيضا (إيوان).

---

1 - Marçais(G):Remarques sur les medersas funéraires, p: 274.

▪ الزخـــــارف:

تدل مجموعة البلاطات الخزفية التي عثر عليها ضمن بقايا المدرسة على استخدام البلاطات الخزفية في تغطية واجهات المدرسة التاشفينية وقوام زخارف هذه البلاطات عناصر نباتية تتمثل في الأزهار المتعددة الرؤوس والتي هي على شكل نجوم، وعلى تشبيكات رائعة من المراوح النخيلية والسيقان النباتية الحلزونية مما يوحي بمدى الإتقان الفني في زخرفة هذه المدرسة.

3 ـ المدرسة اليعقـــوبية:

لقد كان لوفاة الأمير"أبو يعقوب"[1] أثر كبير في نفس ابنه الأمير أبو موسى حمو الثاني (753 ـ 788 هـ/1352 ـ 1386م) إذ قام بنقل جثمانه من مدينة الجزائر ليدفنه بجوار قصر المشور بتلمسان، فأنشأ له سنة 763 هـ/ 1362م ضريحا جمع فيه أيضا رفاة اثنين من أفراد أسرته (أعمامه) هما "أبو

1 ـ هو الشقيق الأكبر للأميرين أبو سعيد عثمان، وأبو ثابت الزعيم، لم يتول الحكم بهائيا، إذ يذكر التنسي ـ أنه أثناء فترة حكمهما لتلمسان اختار هو الإقامة بمدينة ندرومة حيث عكف على عبادة الله وترك مشاغل الدنيا، توفي بمدنية الجزائر سنة

763 هـ/ 1362 م.

راجع: التنسي: تاريخ بني زيان، ص 149 ـ 152.

سعيد عثمان"، و "أبو ثابت الزعيم" اللذان توليا حكم تلمسان ـ فيما سبق ـ ليجعل من هذا المكان مقبرة خاصة بأمراء "بني عبد الواد" فكان إنشاء هذا الضريح بمثابة النواة الأولى لمجموعة من المباني، وقد أشار "يحي بن خلدون"[1] إلى أن الأمير "أبو موسى الثاني" قد شرع في بناء المدرسة مباشرة بعد أن أنهى مراسيم دفن والده، فكان الانتهاء من بنائها سنة 765 هـ/1364م، وقام بتعيين أحد الفقهاء ليتولى التدريس بها، وكان هذا الفقيه هو الشيخ" أبو عبد الـله محمد"[2]، وقد حضر الأمير أبو حمو موسى الثاني أول درس ألقى بها، هذا وقد عرفت هذه المدرسة باسم "المدرسة اليعقوبية " نسبة إلى الأمير" أبو يعقوب" ولكن سرعان ما تغير اسمها فأصبحت تعرف بين سكان المدينة باسم مدرسة سيدي " إبراهيم المصمودي " نسبة إليه، والذي توفي سنة 805 هـ/1402م ودفن بها ومنذ ذلك الحين والمدرسة تعرف باسمه إلى وقتنا هذا.

والمجموعة البنائية لم يحفظ منها حاليا غير المسجد والضريح بينما اندثرت المدرسة في عهد الحكم العثماني للمغرب الأوسط، وما وصلنا عنها من معلومات لا يتعدى إشارة بسيطة من برجيـس BARGES الذي أسعفه

---

1 ـ ابن خلدون (يحي) بغية الرواد، ج2، ص 136.

2 ـ أنظر ترجمته، صفحة 127 من الكتاب.

الحظ في مشاهدة بعض أجزائها القائمة سنة 1846م ممثلة ـ حسب ما يرويه ـ في باب كبيرة مبنية بالآجر، نقشت عليها الآيات الثلاثة من سورة الفتح[1] ولم يهتم بمتابعة بقية آثار المدرسة، ربما لأنه كان يشك في صحة موقع هذه المدرسة إذ أنه كان قريبا من مسجد سيدي أبي الحسن، مما جعل الأمر يختلط عليه   في نسبة هذه البقايا إلى المدرسة اليعقوبية أو كان ذلك كل ما أمكن له مشاهدته.

4 ـ مدرسة سيدي أبي مديــن:

■ **تاريخ إنشاء المدرسة:**

تقع هذه المدرسة بجوار المسجد الذي يحمل اسمه من جهته الغربية، يفصل بينهما ممر ضيق، ويرجع تاريخ إنشائها إلى سنة 747 هـ/1346م أثناء فترة حكم السلطان "أبي الحسن علي المريني" الذي ألحقها بالمسجد بعد فترة تقدر بثماني سنوات من إنشاء المسجد، وذلك كما هو مبين في النقش الإنشائي الذي يزين رقبة قبة قاعة الصلاة في المدرسة:

---

1 - BARGES (JJL): Tlemcen Ancienne Capitale, P:391.

((الحمد لله رب العالمين

1 -	بناني كي قيم لدى دينا	- الإسلام أمير المسلما
2 -	أبو الحسن الذي فيه المزايا	- تفوق النظم بالنوم الثمينا
3 -	إمام لا يعبر عنه وصف	- بما أجرى به الأعمال دينا
4 -	سليل أبي سعيد ذي المعالي	- أقر إلى الأنام بها عيونا
5	وقد سماه خالقه عليا	- فأعلاه وأعطاه يقينا
6	أبان بصالحات منه دينا	- وإيمانا يكون له معينا
7	الشهر ربيع الثاني لسبع	- خلون من السنين وأربعينا
8 -	إلى سبع مبين فدام سعد	- محوله مقاصده فنونا
9 -	وكان له الإله على الاتصال	- على مرضاته دائما معينا))

وعلى الرغم من الفترة الزمنية الطويلة التي مرت على إنشاء هذه المدرسة، فهي لا تزال محتفظة بشكلها العام وعلى عناصر عمارتها الأولى فيما عدا بعض الترميمات التي ألحقت بقبة المصلى ومحرابه[1]. وهذه الترميمات تتمثل في الزخارف التي أقيمت على طراز زخارف ضريح سيدي أبي مدين، الذي ينص النقش الكتابي الذي يزين واجهة مدخله على أن هذه الزخارف جددت في العصر العثماني، وقد قام بتنفيذها فنان يسمى "سرمشيق" الذي يعتقد أن يكون قد أوكلت إليه مهمة تجديد زخارف قبة المصلى في المدرسة أيضا، وقد

---

1 - W ET G MARÇAIS: Les Monuments Arabes, P. 278.

تعرضت المدرسة على ترميم آخر في فترة متأخرة من الاحتلال الفرنسي للجزائر[1]. وتقوم حاليا وزارة الثقافة بترميمات تشمل المسجد والمدرسة بعد ما لحق بجدرانها من تلف.

- **النظام التخطيطي للمدرسة:**

تقع المدرسة في مكان مرتفع عن مستوى أرضية المسجد، يصعد إليها بواسطة درج يتكون من خمسة عشر درجة، ويوصل إلى ساحة فسيحة تتقدم المدرسة.

والمدرسة على شكل مستطيل كبير يتوسطه صحن مكشوف، تحف به بائكة من العقود من جميع جهاته، البائكتان الجانبيتان يفتح بكل منهما ثماني غرف صغيرة، أما الرواق الجنوبي فيتقدمه بينت الصلاة والدرس في آن واحد وإلى يسار هذه القاعة يوجد باب صغير يفتح في صحن صغير أبعادة 3,95 × 3,20م يحيط به أربع غرف أخرى، أما عن يمين بيت الصلاة فنجد مساحة كبيرة مربعة الشكل. والجدير بالإشارة هنا أن المخططات التي نشرها كل من مارسي[2] (لوحة46) ورشيد بورويبة[3] لهذه المدرسة قد أغفلا فيها

1 - BARGES (JJL): OP CIT, P: 310.

2 - W ET G MARÇAIS: OP CIT, P: 273.

3 - BOUROUIBA (R): L'Art Religieux, fig 63.

الإشارة لهذا الصحن، بينما تدل الجدران التي لا تزال قائمة إلى اليوم على أن هذه المساحة تتبع التخطيط المعماري للمدرسة ونعتقد بأنها كانت تمثل صحنا صغيرا مشابها للصحن الذي يقع بجوار قاعة الصلاة في الجهة الشرقية ومماثلا له في الوقت نفسه،خاصة وأن مخططات المساجد المرينية ـ والتي سبقت دراستها في الفصل السابق ـ تثبت مدى إصرار البناء المريني على إتباع نظرية التماثل في تخطيط عمائره، أما الرواق الشمالي فنجد به بابين، الباب الأول ويقع يسار المدخل الرئيسي للمدرسة ويفتح على درج صاعد يوصل إلى الدور العلوي حيث نجد مجموعة من الغرف مماثلة لغرف الطابق الأرضي، أما الباب الثاني فيقع إلى يمين الداخل إلى المدرسة، ويمثل ممرا منكسرا[1] يقود إلى صحن صغير على شكل مربع، تحيط به من الجهتين الشرقية والغربية ثماني غرف صغيرة، تمثل مراحيض المدرسة، ويمتد بين هذه الغرف عقد نصف دائري يلتصق بالجدار الشمالي ويمتد أسفله حوض مستطيل الشكل يستعمل

---

1 ـ يطلق الأستاذ الدكتور السيد عبد العزيز سالم على هذا النوع من الأبواب المستعملة خاصة في القلاع والحصون تسمية أبواب على نظام المرافق.

راجـع: عبد العزيز سالم: المغرب الإسلامي، ص 677.

للوضوء، ويلاحظ أن هذه المجموعة البنائية (المراحيض) بارزة إلى الخارج عن الجدار الشمالي للمدرسة حيث تتخذ نفس المكان الذي تشغله المئذنة في المسجد، ولو حاولنا عقد مقارنة بسيطة بين مسقطي (مخططي) مدرسة سيدي أبي مدين ومسجده (اللوحتان 32، 46)، لوجدنا أنهما متقاربان، إذ أن التخطيط العام للمدرسة يشبه مخطط المسجد، ولا يختلفان عن بعضهما البعض فيما عدا نوع كل عنصر من عناصرها ووظيفته، فنجد مثلا مكان بيت الصلاة في المسجد يمثله في المدرسة قاعة الصلاة والصحنان الجانبيان، بينما تشغل الغرف الجانبية بالمدرسة مكان الرواقين الجانبين في المسجد، كما تشغل المراحيض في المدرسة مكان المئذنة في المسجد، علاوة على واجهة الباب التي تشبه في شكلها وموقعها واجهة الباب الرئيسي في المسجد، مما يدل على محاولة المهندس تطبيق مخطط المسجد على المدرسة[1].

العناصر المعمـاريـــة في المدرسة:

- **بيت الصلاة:** ويستخدم أيضا للتدريس، يتقدم المدرسة، ويتوسط صحنين صغيرين، وهو مربع الشكل طول ضلعه 5,80 م، يدخل إليه

1 ـ أنظر: المسقط الأفقي للمسجد: لوحة رقم 32 من الكتاب.

من باب صغير يفتح على الصحن، ويقع على محور الباب الرئيسي، ويتوسط الجدار الجنوبي لبيت الصلاة محراب مجوف سداسي الأضلاع (لوحة 47، ش: 1) تغطيه من الداخل قبيبة صغيرة دائرية تقوم على رقبة مثمنة الشكل، ويكسو واجهات المحراب الداخلية مجموعة من البلاطات الخزفية تعود إلى العهد العثماني ـ كما سبقت الإشارة إلى ذلك ـ ويسقف بيت الصلاة قبة كبيرة من الخشب تزينها زخارف إشعاعية (لوحة 47، ش:2) نظمت في حلقات دائرية تزداد كثافة كلما اقتربت من قمة القبة، وترتكز هذه القبة على حنايا ركنية مسطحة مصنوعة من الخشب رسمت عليها زخارف هندسية متعددة الأشكال، ويغطي هذه القبة من الخارج سقف مربع يشتمل على أربع واجهات من القرميد الأخضر.

■ **غرف الطلبــة:**

هي غرف صغيرة مختلفة المساحة، منظمة في صفين متقابلين يفصل بينهما الصحن، وتشتمل كل غرفة على باب ضيق متوسط عرضه يساوي 0,75م، يعلوه عقد نصف دائري منكسر، ويتوج كل باب نافذة صغيرة لإدخال النور إلى الغرفة، كما زودت كل غرفة بحنية صغيرة مجوفة في الجدار،

ربما يستعملها الطلبة لحفظ أدوات المدرسة أو لوضع المصباح ويغطي هذه الغرف سقف مسطح يمثل أرضية لعدد مماثل من غرف الدور العلوي.

- **صحـن المدرسـة:**

مستطيل الشكل يمتد طوليا مع امتداد المدرسة، يبلغ عرضه 13,20م، أما عمقه فيقدر بـ 15,75م، تحيط به بائكة من العقود تقوم على عشر دعامات مستطيلة، وأربعة أخرى على شكل مرفق أو حرف "L" اللاتيني تقع في الأركان وتشكل أربعة أروقة تحيط بالصحن عرض كل منها 1,75م.

- **بـاب المدرسـة:**

يدخل إلى المدرسة من باب يقع في الجدار الشمالي للمدرسة على محور باب المصلى، وهو باب فخم يتكون من دفتين، تزين واجهته زخارف من الآجر قوامها تشبيكات من المعينات المتقنة التنفيذ، ويعلو واجهة الباب ضله من الخشب تستند على مجموعة من الكوابيل المزدوجة، تشبه ظلة واجهة باب المسجد.

- **العناصـر الزخـرفيـة:**

استخدم الفنان لنقش هذه الزخارف خامات مختلفة يأتي الجص   في المقدمة نظرا للمجموعة الكبيرة من الزخارف التي نقشت عليه، ثم يليه الخشب ثم البلاطات الخزفية، وأخيرا الآجر الذي يستعمل لأول مرة   في العمائر المرينية، وقد ركز الفنان اهتمامه على زخرفة المصلى، حيث قام بزخرفة جدران القاعة الداخلية بشبكة من المعينات رسمت بداخلها عناصر نباتية محورة عن الطبيعة (لوحة 48، ش:1)، وقد حاول الفنان إتباع الأسلوب السائد في المسجد، سواء كان ذلك في طريقة التنفيذ، أم في المادة المستخدمة في نقش الزخارف (**الجص**)، وحتى في مواضيع الزخرفة نفسها إذ يتضح لنا ذلك في شبكة المعينات التي تشبه شبكة معينات المسجد موضوعا ومساحة، وقد جمع الفنان عناصر مختلفة من الزخارف الهندسية والنباتية والخطية بطريقة تجعل من كل عنصر زخرفي حلية زخرفية مستقلة أو ايضا عنصرا مكملا للمواضع الزخرفية الأخرى، ويتبين ذلك في زخرفة المعينات التي جمع فيها بين عنصر المعين (هندسي) ومراوح النخيل (نباتي) ولفظ الجلالة "الـلـه" (خطي) ليعطينا حلية زخرفية في ارفع مستوى من الدقة في التنفيذ وروعة في الجمال (لوحة 48، ش: 2)، كما استطاع الفنان أيضا أن يجمع بين

العناصر النباتية والهندسية والخطية بأسلوب متناسق إذ نقشها في أشرطة عريضة وأخرى ضيقة حسبما يتطلبه نوع الزخرفة، غطيت بها واجهات الجدران من أرضية بيت الصلاة وحتى سقفه، ولم يترك فيه جزءا إلا أكسبه طبقة من الزخارف.

وتمثل واجهة المحراب أهم هذه الواجهات، وهذا شيء طبيعي لأن واجهة المحراب هي دائما محط اهتمام الفنانين المسلمين وتحظى بعناية كبيرة وفائقة في زخرفتها من قديم الزمان فكان الفنان دائم الحرص على إكساب هذه الواجهة حلية وخزفة متنوعة ومنسقة تليق بمكانتها الدينية في المسجد حيث تمثل قبلة بيت الصلاة، وعلى وجه الخصوص فإن واجهة محراب بيت الصلاة في مدرسة سيدي أبي مدين تمثل بالنسبة لنا أهم هذه الواجهات لسببين نلخصهما فيما يلي:

أولا- تشتمل هذه الواجهة على زخارف مختلفة اعتنى بها الفنان عناية تامة جمعها حول عقد المحراب.

ثانيا: تكمن أهمية هذه الواجهة في احتفاظها بالزخارف الأصلية للمدرسة[1] والتي تسمح لنا بأخذ فكرة عامة عن هذه الزخارف بالدرجة الأولى والتي على غرارها تم ترميم زخارف الوجهات الأخرى، وهنا تكمن أهمية هذه الواجهة التي لا نستبعد أن تكون قد اقتبست من واجهة محراب مسجد سيدي أبي مدين والتي ظهر أول نموذج لها في واجهة محراب المسجد الجامع بتلمسان الذي يرجع تاريخه إلى عهد المرابطين[2]. ولمزيد من الإيضاح سنخص بالدراسة كل عنصر على حدة:

أولا- الزخارف النباتية:

استخدم الفنان المروحة النخيلية المسننة والتي رسمت عليها حلقات دائرية (لوحة 48، ش: 3)، وقد حرص الفنان على أن تكون على شكل ورقتين متقابلتين متماثلتين حول عنصر معين عادة ما يكون سيقان نباتية رفيعة، وقد رسم هذه الأوراق داخل أشكال هندسية تتمثل في المعينات المزخرفة بفصوص صغيرة وممتدة في أشرطة طويلة تزين واجهة المحراب،

---

1 - W ET G MARÇAIS: Les Monuments Arabes, P. 276

2 ـ أنظر: لوحة رقم 11.

وتشبه هذه الأوراق مراوح النخيل البسيطة في المسجد الجامع بتلمسان، ومسجد سيدي أبي الحسن والتي يغلب عليها الطابع الأندلسي المميز.

ثانيا- الزخارف الهندسية:

العنصر المميز في هذه الزخارف هو شكل المعين حيث استخدم أحيانا في شكل شبكات مختلفة الأشكال تزين سلسلة العقود الزخرفية التي تحلي عقد المحراب، أو في شكل إطارات للعناصر الزخرفية الأولى أو بمثابة تشبيكات المعينات التي تحتوي بداخلها على زخارف نباتية أو خطية وقد أخذ المعين مكانة كبيرة في هذه الزخارف، كما استخدم إلى جانب المعين الطبق النجمي المتكون من ستة عشر رأسا في شريط كبير يحيط بالأجزاء العليا من الواجهات الداخلية لجدران قاعة الصلاة ويمتد بين هذه الأطباق نجوم ثمانية الرؤوس صغيرة الحجم.

ثالثا- الزخارف الخطية:

حظيت الزخارف الخطية ايضا بعناية الفنان، إذ استعمل عدة أشرطة من النقوش الكتابية، أكبرها شريط الكتابة الإنشائية الذي نقش على الخشب[1]

---

1 ـ أنظر: نص النقش في الصفحة 178 من الكتاب.

بخط كوفي أندلسي أتبع فيه الفنان أسلوب الحفر الغائر في نقش كتاباته، كما تمتد أشرطة أخرى نقشت على الجص بالخط الكوفي كررت فيها عبارة "الملك لله"، وتشتمل شبكة المعينات أيضا على نقش يمثل لفظ الجلالة "الـلـه" منقوشا داخل المعينات فوق أرضية نباتية، ويتميز هذا الخط بطول حروف الألف، ويشبه إلى حد كبير تلك الأشرطة الزخرفية المنقوشة على الجص في المسجد (لوحة38ش:2)، وكما يبدو واضحا أن هذه الزخارف مستوحاة من زخارف المسجد.

صفوة القول أن نظام المدارس لم يستخدم هنا فكرة الأواوين التي كانت سائدة في المشرق ، وبالرغم من قلة هذه المدارس واندثار معظمها فقد تمكننا من معرفة الطابع المعماري العام لها، وذلك من خلال بعض أجزاء الأبنية المتبقية منها ومن بعض النماذج التي مازالت قائمة وبالرجوع أيضا إلى ما أشار إليه المؤرخون في مؤلفاتهم، حتى توصلنا إلى معرفة المخطط العام لها حيث جاءت هذه المدارس كلها في صورة واحدة وهي عبارة عن: صحن مكشوف مستطيل أو مربع، تحيط به بائكة من جميع جهاته ويشغل الجزء الجنوبي منها عادة مصلى المدرسة، والذي يستعمل في آن واحد قاعة لتعليم الطلبة، ويلاحظ ذلك في مخطط المدرسة التاشفينية ومدرسة سيدي أبي مدين، إذ لا يشتمل المبنى في كلتي المدرستين إلا على قاعة واحدة كبيرة ومجموعة

من الغرف الصغيرة كانت تستخدم كمساكن للطلبة موزعة على طابقين كما هو الحال في مدرسة سيدي أبي مدين، كما اشتملت المدرسة أيضا على واجهة كبيرة بارزة إلى الخارج عن الجدار تحيط بالمدخل الرئيسي الذي يشغل إما الجدار المقابل للمصلى ـ كما في مدرسة سيدي أبي مدين ـ أو الجدار الجانبي مثلما هو الحال في المدرسة التاشفينية، أما فيما يتعلق بالزخرفة فإن الفنان أهمل أغلب مساحات المدرسة ولم يهتم إلا بزخرفة الواجهة الرئيسية للمدرسة وقاعة الصلاة من الداخل.

ثانيـا- الأضرحـة

■ تعريف الضريح:

استعملت كلمة ضريح في العمارة الإسلامية الدينية بالمغرب الإسلامي للدلالة على المكان الذي يدفن فيه الأولياء الصالحون وعلماء الدين الإسلامي وقد شاع في تغطية هذه المباني استخدام القباب، مما أدى إلى تسميتها أحيانا "بالقبـة" وقد ظهرت عدة تسميات للضريح عبر فترات التاريخ الإسلامي، اختلفت من فترة لأخرى، ومن مصر لآخر، وذلك حسب طبيعة الشخص المدفون واللغة التي يتكلمها سكان المنطقة.

فقد أطلق مصطلح "مشهد"[1] على كل المنشآت التي دفن فيها شهداء المسلمين الأوائل، أو أهل بيت "الرسول صلّى الـله عليه وسلّم"، أما في بعض البلاد العربية فيطلق على مدفن الأولياء لفظ "مقام" ويقصد به مكان دفن الولي أو الشيخ، وفي العهد العثماني استعملت كلمة "تربـــة" للدلالة   على المدفن، وقد اتخذ الضريح منذ القديم شكلا مربعا يتمثل في غرفة صغيرة مربعة الشكل تغطيها قبة ترتكز على رقبة غالبا ما تكون مثمنة يحول الشكل المربع فيها إلى مثمن بواسطة عناصر معمارية تشغل أركان الشكل المربع وتكون إما مقرنصات مختلفة الأشكال، أو حنايا ركنية، أو مثلثات كروية، حيث تختلف هذه العناصر باختلاف المناطق الجغرافية وباختلاف الأساليب المعمارية السائدة في تلك العصور.

■ أصــــل الضريح:

ترجع أقدم أمثلة لهذا النظام من المباني إلى فترة متأخرة من انتشار الإسلام تقدر بحوالي قرنين ونصف قرن، وقد يرجع هذا التأخر في بناء الضريح حول القبر إلى كراهية الإسلام لإقامة المباني على القبور حتى لا تكون

---

1 ـ مثل مشهد السيدة رقية بالقاهرة.

راجـــع: أحمد فكري: مساجد القاهرة ومدارسها، ج1، ص 130.

مزارا للناس، وتقديسا لأصحابها فتصبح مشابهة للأماكن المخصصة لعبادة الأوثان في العصر الجاهلي مما حدا بالمسلمين إلى الابتعاد عن إقامة مثل هذه المنشآت في العصور الإسلامية الأولى، تجنبا لكل الشبهات، وحتى يحفظوا للناس دينهم الصحيح. ويرجع أقدم مثال للأضرحة التي مازالت قائمة حتى الآن في التاريخ الإسلامي إلى النصف الأول من القرن الثالث الهجري، التاسع الميلادي ماثلا في ضريح الخليفة العباسي "المستنصر" المتوفي سنة 245 هـ/859 م الذي أنشأته له أمه الرومية الأصل، وقد أقيم هذا الضريح على قبره في مدينة سامراء[1]، ولازال يعرف حاليا بالقبة الصليبية، كما يعتبر ضريح إسماعيل السمانيد المتوفي سنة 295 هـ/907م الذي أقيم له ببخارى ثاني أقدم ضريح أنشئ في الإسلام[2]، ويرى أرنست دييز أن شكل الضريح مأخوذ من معبد النار الساساني الذي يمثل النقطة الأساسية التي اعتمد عليها المسلمون في وضع شكل أضرحتهم، حيث يذهب إلى القول بالتشابه القائم بين معبد

1 ـ أنشأها الخليفة العباسي المعتصم سنة 222 هـ/ 837 م شمال بغداد ونقل إليها مقر الخلافة العباسية، راجع:

ـ الحميري: الروض المعطار، ص 300.

2 ـ صالح لمعى مصطفى : القباب في العمارة الإسلامية ، دار النهضة العربية بيروت بدون تاريخ، ص 23 ، 24.

النار الساساني من جهة وضريحي إسماعيل السمانيد ببخارى، وأرسلان جسيب، الذي أنشئ له بالقرب من مدينة "مشهد" والذي يعود تاريخه إلى حوالي 391هـ/1000م ـ ذلك أن هناك من العناصر المعمارية ما هو مأخوذ مباشرة من هذا المعبد حيث أجريت بعض التعديلات على الشكل العام للمبعد تمثلت في تخفيف بعض الكتل البنائية المكونة له مشكلة نقطة التحول التي أجريت على مبعد النار الساساني كي يصبح ضريحا لمشايخ الإسلام وأمرائـه[1].

ويرى "صالح لمعى" أن تغطية الأضرحة القباب هو تأثير مسيحي على العمارة الإسلامية، إذ أن القبة كانت تمثل في القرن الرابع الميلادي رمزا للسماء في العمارة المسيحية، وربما هذا ما يفسر تغطية ضريح الخليفة العباسي "المستنصر" بقبة من قبل والدته الرومية الأصل[2].

انتشر بعد ذلك الضريح بهذا الشكل في مختلف الأمصار الإسلامية وفي فترات متتابعة من التاريخ الإسلامي، فكان يتميز كل مصر بطابعه المميز

---

1 - DIEZ (E): L'Art De L'Islam, Vol, 20ed, Petite Bibliothèque Payot, PARIS, PP: 57 – 58.

2 ـ صالح لمعـى: المرجع السابق، ص 24.

في البناء والزخرفة، والكسوات الزخرفية والنقوش الزخرفية (خطية ـ نباتية ـ هندسية)، بينما تميزت الأضرحة في المغرب الإسلامي بالبساطة في شكلها وزخرفتها، وقد وصلنا العديد من هذه الأضرحة في فترات متباعدة ولكنها تحمل تقريبا نفس الشكل المتمثل في الغرفة الصغيرة تغطيها قبة.

ولقد احتفظ لنا المغرب الأوسط بمجموعة هائلة من الأضرحة يعود أقدمها إلى أواخر حكم الموحدين، سنخص البعض منها بالدراسة مبتدئين بالأقدم فالأحدث.

■ ضـريح السلطـانـة[1]:

يقع هذا الضريح في المقبرة التي تقع شمال شرق مدينة تلمسان ويعرف بمقبرة سيدي يعقوب، وقد عثر الأثري بروسيلار ـ الذي قام التنقيب في هذا المكان ـ على شاهدي قبر، دل الشاهد الأول على أن هذا الضريح دفنت فيه فتاة صغيرة، يتضح من نقش الشاهد بأنها أميرة زيانية لم يرد ذكر اسمها في نص الكتابة، واكتفى النقاش بذكر سنة وفاتها (815 هـ/1412م)، أما الشاهد

---

1 ـ أطلقت عليه هذه التسمية نسبة إلى الأميرة التي دفنت به وبقيت مجهولة الاسم.

الثاني فهو لامرأة أيضا، ويرى بروسيلار[1] أن نسبها يرجع على أسرة حكمت تلمسان، وقد توفيت هذه المرأة قبل الأميرة الزيانية بفترة وحجته في ذلك عثوره على الشاهد الثاني في مستوى يقع أسفل من مستوى الشاهد الأول.

أما النظام التخطيطي للضريح فيختلف عن الطراز العام للأضرحة المكونة من غرفة مربعة تغطيها قبة، ذلك أن ضريح السلطانة بسيدي يعقوب يرتسم على شكل هندسي ثماني الأضلاع، كل ضلع من هذه الأضلاع يشغله عقد مفصص مفتوح، ويشتمل كل عقد على تسعة فصوص ، وتقوم هذه العقود على دعامات مربعة، وقد هيئت هذه العقود لتحمل فوقها قبة مضلعة يساوي عدد أضلاعها واجهات الضريح، وقد استغنى البناء في هذا الشكل عن استخدام الحنايا الركنية لتحويل الشكل المربع إلى المثمن كما جرت العادة في القباب الأخرى نظرا لتوفر الضريح على الشكل الثماني الذي يتخذ عادة قاعدة لإقامة القبة، وقد شيد الضريح بالآجر، والجدير بالذكر أن العقود المفصصة التي استخدمت في بناء هذا الضريح تمثل إحدى خصائص العمارة

1 - BROSSELRD (CH): Mémoire épigraphique et historique sur les Tombeaux des émirs Beni Zeiyan, ET Boabdil, In Journal asiatique; 1976; P: 9.

المرابطية، إذ استخدم هذا الطراز من العقود في الفترات اللاحقة، وهذا ما يؤكد صحة ما ذهب إليه بروسيلار باعتقاده أن بناء هذا الضريح يرجع   إلى فترة سابقة من وفاة الأميرة الزيانية، وبناء على شكل العقود وطرازها يرجح أن يكون قد بنى في السنوات الأخيرة من حكم المرابطين للمغرب الأوسط ذلك أن عقود هذا الضريح جاءت على هيئة عقود حذوة الفرس المفصصة وهي منكسرة قليلا في رأس العقد تشبه إلى درجة كبيرة عقود بيت الصلاة في المسجد الجامع بتلمسان.

2 ـ ضريح سيدي أبي إسحاق الطيار:

يقع ضريح "سيدي أبي إسحاق الطيار"[1] على مقربة من مسجد سيدي أبي مدين، وقد عاش هذا الولي الصالح في القرن السابع الهجري حيث توفي في السنوات الأخيرة[2] منه بعد أن قضى حياته في العبادة وتعليم القرآن، وقد اشتهر بكراماته الشيء الذي جعل قبره مزارا لسكان المدينة. وفيما يخص كنيته بالطيار فقد وردت قصتها في كتاب "نفح الطيب" فيما يلي نصها:

---

1 ـ اسمه الصحيح هو سيدي إبراهيم الغوث.
2 ـ ابن مريم: البستان في ذكر الأولياء والعلماء بتلمسان، ص 56، 57.

" أن أبا إسحاق أقام خمسا وعشرين[1]سنة لا ينام إلا قاعدا، فسألت ابن مرزوق لم لقب بالطيار؟

فحدثني عن بعض أصحابه أنه نشر ذات يوم ثوبه في الشمس على بعض السطوح ثم قعد هنالك، فمر به رجل فقال: له طر، فقال أعن أمرك؟ قال: نعم فطار حتى وقع على الأرض وما بـــه من باس "[2].

■ النظام التخطيطي للضريح:

يبدو من الآثار المتبقية من الضريح أنه شيد على شكل مربع طول ضلعه 6م، وتتمثل الأجزاء التي مازالت قائمة من الضريح في عدة عقود على هيئة عقد حذوة الفرس المنكسر في نهايته العليا (لوحة 49، ش:1)،وتقوم على نوعين من الدعامات: منها المربعة والمصلبة، وقد استخدم في بناء العقود والدعامات مادة الآجر، وربما كانت القبة التي تغطي الضريح أيضا مبنية من المادة نفسها، ويتضح لنا من العقود التي تحدد غرفة الضريح أنها كانت

---

1 ـ وقد ذكر يحي بن خلدون (بغية الرواد ج1، ص 106)، وابن مـريم (البسـتان ص56) مـدة أربـع وعشـرين سنة أي ينقصان سنة عما ذكر في نص المقري.

2 ـ المقري (أحمد بن محمد): نفح الطيـب مـن غصـن الأنـدلس الرطيـب وذكـر وزيرهـا لسـان الـدين بـن الخطيب، تحقيق محمد محي الدين عبد الحميد، مطبعة السعادة، القاهرة ط، 1949، ج 7، ص: 182.

مغطاة بقبة، كما تدل آثار بعض الدعامات والعقود على أن هذه القبة كان يحيط بها

ثلاثة أروقة جانبية من جهاتها الثلاثة الغربية والجنوبية والشرقية، كما يشتمل الضريح

على باب يقع في الجدار الشمالي لا يزال محتفظا بهيكله العام (لوحة 49، ش:2) وهو باب

ضيق يبلغ عرضه حوالي 1م، يعلوه عقد حذوة الفرس منكسر وتدل آثار زخارف هذا

الباب على أنه من طراز الأبواب البارزة التي ظهرت لأول مرة في المغرب الأوسط في

الزيادة الموحدية بالمسجد الجامع بتلمسان ثم بمسجد سيدي أبي الحسن، كما يزين

عقد الباب صفين من العقود الزخرفية المفصصة تشبه عقود جامع تينمال[1] الذي

يرجع إلى عهد الموحدين، وهذا يوافق القول الذي ذكره ابن مريم[2] من أن سيدي أبي

إسحاق الطيار قد عاش في القرن السابع الهجري، وتوفي   في السنوات الأخيرة منه، مما

يدل على أن هذا الضريح أنشئ في هذه الفترة.

---

1 - MARÇAIS (G): l'architecture musulmane, P:239.

2 ـ ابن مريم: المصدر السابق، ص 56، 57.

3 ـ ضريح سيدي أبـي مـدين:

■ تاريخ الضريـح:

يشكل ضريح سيدي أبي مدين النواة الأساسية التي أنشئت حولها   في فترات متباعدة من الزمن، المجموعة البنائية التي تعرف باسم سيدي أبي مدين[1]، والتي تشتمل على المسجد والمدرسة والضريح بالإضافة إلى القصر الذي اندثر ولم تبق منه غير أجزاء بسيطة من جدرانه.

وقد أنشأ هذا الضريح السلطان الموحدي محمد الناصر في السنوات الأخيرة من القرن السادس الهجري[2]، وذلك في المكان الذي اختاره الشيخ الصوفي أبو مدين ليدفن فيه[3]، والمعروف بالعباد، حيث يعتبر هذا الضريح ثاني أقدم مبنى ما يزال قائما في مدينة تلمسان بعد المسجد الجامع 530هـ/ 1136م. وإذا ألقينا نظرة بسيطة على هذا الضريح فإننا نجد به من العناصر المعمارية والزخرفية ما لا ينطبق على الأساليب الشائعة في تلك الفترة، مما يفسر

---

1 ـ أنظر ترجمته في الصفحة 143.

2 ـ التلمساني عبد الحميد حميدو: السعادة الأبدية لأبي مدين شعيب فخر الـديار التلمسانية، المطبعة الجديدة ، فاس سنة 1935، ص 36.

3 ـ ابن خلدون (يحي): بغية الرواد، ج1، ص 126.

أنه تعرض لتجديدات وإضافات عبر الفترات الزمنية التي مرت عليه، حيث أصبح من الصعب تبيان الأجزاء الأصلية للضريح من الحديثة، فقد ذكر بعض الأثريين[1] أن الأمير "يغمراسن بن زيان" قد الحق به بعض الأعمال، ولكنهم لم يشيروا إليها بالتحديد، كما تعرض أثناء الحكم المريني للمغرب الأوسط لإضافة الرواق الغربي، ويدل على هذه الزيادة الكتابة المنقوشة على تاجي عمودين، وفيما يلي نصها:

"أمر ببناء هذه الدار السعيدة دار الفتح عبد الـله علي بن أمير المسلمين بن مولانا أمير المسلمين بن يعقوب بن عبد الحق".

يلاحظ من مضمون هذا النقش الكتابي أنه لا يتفق والمكان الذي يوجد فيه ، إذ لم تتضح علاقة دار الفتح التي يتحدث عنها النقش الكتابي بضريح سيدي أبي مدين، نستنبط من ذلك أن النقش الكتابي يدل على أن هذه الأعمدة قد جلبت من مدينة المنصورة بعد أن هاجرها المرينيون ذلك لأنها تحمل اسم أحد القصور التي شيدت في عهد المرينيين وهو قصر الفتح ونعتقد أن يكون هذا الرواق المتقدم للضريح قد ألحقه السلطان أبو الحسن علي أثناء

---

1 - W ET G MARÇAIS: Les Monuments Arabes; P: 331.

إنشائه للمسجد، وقد استعان في بنائه بأعمدة قصور مدينة المنصورة المندثرة، مثلما فعل بعده السلطان "أبو عنان فارس" عندما استجلب أعمدة قصور هذه المدينة واستعان بها في رفع سقف بيت الصلاة في مسجد سيدي الحلوي، وهذا ربما يفسر برغبة السلاطين المرينيين في الإسراع بإكمال منشآتهم جعلتهم يستعينون ببعض العناصر المعمارية ـ التي يتطلب صنعها وقتا طويلا ـ من بقايا مدينة المنصورة وأطلالها، هذا وقد تعرض هذا الضريح ايضا للتجديد في بداية القرن الثالث عشر الهجري عقب الحريق الذي شب فيه[1]، وأتى على أجزاء كبيرة من عمارته، مما دفع "بالباي محمد"، "حاكم وهران" آنذاك سنة 1208 هـ/ 1793م إلى تجديد بعض الأجزاء من زخارفه التي اندثرت بفعل النيران، وقد اهتدينا إلى ذلك من خلال النقش الجصي الذي يزين تربيعة عقد باب الضريح، والذي نقرأ عليه ما يلي:

أولا: الشريط الكتابي للتربيعة الخارجية:

السطر العمودي الأول: الحمد لله أمر بتنميق هذه.

السطر الأفقي: الروضة المباركة المشتملة على ضريح.

---

1 - BOUROUIBA (R): OP CIT, P: 239.

السطر العمودي الأيسر: الشيخ سيدي أبي مدين أدركنا اللـه برضاه.

ثانيا: الشريط الكتابي للتربيعة الداخلية:

السطر العمودي الأول: الأمير عبد اللـه.

السطر الأفقي: السيد محمد باي أيده اللـه ونصره وجعل.

السطر العمودي الأيسر: الجنة منزله عام ثمانية ومائتين وألف.

وعلى طرفي الشريطين الأفقيين كتب في أشكال مربعة ما يلي:

يمين الشريط الخارجي: أنظر إلى الدر الأنيق.

يسار الشريط الخارجي: تراه في جيد شريف.

يمين الشريط الداخلي: نظمه فتى عشيق.

يسار الشريط الداخلي: الهاشمي بن صرمشيق.

- ■ **النظام التخطيطي للضريح:**

يتبع ضريح سيدي أبي مدين التخطيط العام للقباب الذي شاع استخدامه في المشرق والمغرب على السواء، حيث يتكون من غرفة مربعة طول ضلعها يقدر بـ 5,40م، تسقفها قبة كبيرة تستند إلى الجدران الأربعة ويشغل كل جدار من هذه الجدران عقد كبير غائر على شكل حذوة الفرس تنفتح في جزئه الأعلى نافذة معقودة بعقد مدائنى، وتزينه تشبيكات هندسية جصية،

ويأتي في أعلى العقود وعلى مستوى الحنايا الركنية نافذتان صغيرتان على نمط نافذة العقد، ويدخل إلى هذه القاعة من باب يتوسط الجدار الغربي، يعلوه عقد حذوة الفرس منكسر في نهايته العليا (لوحة 50، ش: 1).

■ القبة:

تقوم قبة الضريح على قاعدة تتكون من أثنى عشر ضلعا، وقد استخدمت المثلثات الكروية الكبيرة في تحويل الشكل المربع إلى الشكل الإثنى عشري، بأن استخدم البناء كل حنية ركنية مكونة من مثلثين متلاصقين في تشكيل ضلعين في كل ركن (لوحة 50، ش: 2) وبهذه الطريقة تمكن من تحويل الشكل المربع إلى شكل هندسي يتكون من اثني عشر ضلعا، ويمتد أعلى هذه الحنايا الركنية إفريز كتابي يحيط برقبة القبة وينطلق منه أربعة وعشرين عقدا زخرفيا نصف دائريا، ويتوج هذا الصف من العقود رسوم هندسية على شكل مثلثات تشتمل بداخلها على زخارف نباتية، وتنتهي هذه الحلية الزخرفية في أعلى القبة بنجمة يتفرع منها أربعة وعشرين رأسا، ويغطي هذه القبة من الخارج سقف له أربعة أوجه من القرميد.

ويتقدم هذه الغرفة رواق مربع طول ضلعيه الشرقي والغربي 5,40م بينما يقدر طول ضلعه الجنوبي بـ 4,10م، والشمالي بـ 5,60م، ويتوسط هذا

الرواق أربعة أعمدة ضخمة تحمل فوقها أربعة عقود على شكل حذوة الفرس وقد نقش

على تاجي عمودين منها النقش الكتابي السالف الذكر[1] والذي أفادنا بمصدر هذه الأعمدة

التي اتضح أنها جلبت من بقايا قصر الفتح بمدينة المنصورة (لوحة 48، ش: 4)، وتكون

هذه الأعمدة فيما بينها صحنا صغيرا مربع الشكل تغطيه قبة خشبية حديثة، بينما

يغطي الأروقة الأربعة المحيطة به أقبية برميلية.

■ العنــاصر الـزخـرفيـة:

إذا أخذنا بالنص الكتابي الذي يتوج غرفة الضريح، فإن هذه الزخارف من عمل

فنان عثماني يسمى "صرمشيق" كما ورد في الكتابة ويرى مارسي[2] أن هذه الزخارف التي

تزين غرفة الضريح من الداخل كلها من عمل هذا الفنان، ونحن لا نتفق مع مارسي فيما

ذهب إليه، حيث لو دققنا جيدا في أسلوب هذه الزخارف لوجدنا أن هناك طرازين

متميزين من الزخارف يكسوان الوجهات الداخلية لجدران الضريح والقبة التي تغطي

غرفته، فهناك جزء كبير   من الزخارف نعتقد أنها ترجع إلى القرن الثامن الهجري أي إلى

فترة بناء

---

1 ـ أنظر: نص النقش الكتابي في الصفحة 145

2 - W ET G MARÇAIS: les monuments arabes; P: 234

المسجد، ونستنتج من ذلك أن أغلب تشبيكات المعينات، والزخارف   التي تشتمل عليها تشبه إلى حد كبير زخارف المسجد كما أن الزهرات   التي تزين النوافذ تشبه من حيث أسلوب تنفيذها وعدد رؤوسها البالغ ستة عشر رأسا زهرات المسجد والمدرسة أيضا، هذا وتجدر الإشارة هنا إلى أن طراز الزهرة التي تزين قبة الضريح والمكونة من أربعة وعشرين رأسا نجدها أيضا مرسومة بالأسلوب نفسه وبعدد الرؤوس نفسها على واجهات القسم العلوي من مئذنة المسجد، كما أن تشبيكات المعينات التي تزدان بها الواجهات الداخلية لغرفة الضريح فهي شبه أيضا وإلى حد كبير تلك التشبيكات   التي تزين الوجهات الداخلية لجدران المسجد.

وخلاصة القول أن هذه العناصر الزخرفية التي أشرنا إليها قد شاع استعمالها في العصر المريني، وبالتالي فهي إحدى مميزات زخارف هذه الفترة. مما يرجح أن تكون هذه الزخارف من الأعمال التي ألحقها السلطان المريني   "أبو الحسن علي" إلى جانب الرواق المتقدم لغرفة المدفن بضريح سيدي أبي مدين، وأن الأعمال التي قام بها الفنان صرمشيق إنما تتمثل في كسوة البلاطات الخزفية التي تغطي المساحات السفلى من الجدران، والتي يغلب عليها فعلا الطابع العثماني في رسم الزخارف النباتية المتميزة بالواقعية (الطبيعية) البعيدة

عن التحوير (لوحة 51، ش: 1)، كما نرجح أن يكون أيضا قد قام بعمل الزخارف النباتية داخل بعض العقود الزخرفية المحيطة بقاعدة القبة، وبعض الأجزاء الأخرى من الزخارف التي التهمتها النيران، كما لا نستبعد أن تكون الألوان التي طليت بها هذه الزخارف أيضا من عمله. وبوجه عام فإن زخارف الضريح يمكن تقسيمها من حيث المضمون إلى ثلاثة مواضيع هي:

1 ـ زخارف نباتية:

وتميزها المروحة النخيلية المتعددة الأشكال التي زينت بها بنيقتي العقود وهي متداخلة تمتد بينها سيقان رفيعة، فنجد منها الورقة اللولبية والمكونة من فرعين متماثلين، وآخرين غير متماثلين تعكس الطابع العام للمروحة النخيلية المرينية.

2 ـ الزخارف الهندسية:

لقد لعب كل من الشكلين الهندسيين المثلث والمعين دورا كبيرا   في احتواء الزخارف النباتية والخطية، إذ اشتملت شبكة المعينات على زخارف خطية ونباتية نفذت بأسلوب يشبه الأسلوب الذي أتبعه الفنان في المدرسة حيث أنها لا تمثل أسلوبا زخرفيا مستقلا، بل أنها تتحد مع الزخارف الخطية والنباتية مكونة حلية زخرفية، وإلى جانب هذين العنصرين الهندسيين نجد

عنصرا هندسيا ثالثا يتمثل في الطبق النجمي الذي يمثل عنصرا زخرفيا مستقلا، ويتكون هذا الطبق من ستة عشر رأسا يزين شبكات النوافذ الصغيرة.

3 ـ الزخارف الخطيـــــة:

يمثل هذا الطراز من الزخارف إفريزا كبيرا يحيط بقاعدة القبة كررت فيه كلمتا "العافية، الباقية" نقشت بخط نسخي أندلسي يشبه النقش التأسيسي للمسجد، ويتميز بطول نهاية حرف "الألف" وحرف "اللام" وتشغل المساحة الفارغة بين حروفه زخارف نباتية تتمثل في أوراق مراوح النخيل مختلفة الأشكال تمتد بينها سيقان رفيعة، كما يزين تربيعات العقود أشرطة أخرى من الكتابة تتضمن سورة الإخلاص نقشت بخط كوفي هندسي تزينه أوراق سعف النخيل، وإلى جانب هذه الأشرطة فقد زينت شبكة المعينات بلفظ الجلالة "اللـه" كتب بخط كوفي ـ يتميز حرف اللام فيه باستطالة نهاياته ـ على أرضية نباتية من مراوح النخيل أيضا (لوحة 51، ش: 2).

4 ـ ضريح سيدي إبراهيم

■ تاريخ الضريح:

أشرنا في الفصل الخاص بالمساجد الزيانية أن هذا الضريح كان النواة الأساسية في إنشاء المجموعة البنائية التي تتألف من الضريح والمسجد والمدرسة والتي عرفت آنذاك بالمدرسة اليعقوبية نسبة إلى أبي يعقوب[1]، وقد قام بإنشاء هذا الضريح الأمير "أبو حمو موسى الثاني سنة 763 هـ/1361م[2]، تخليدا لذكرى والده أبي يعقوب، كما دفن إلى جانبه رفاة اثنين من أفراد أسرته كانا قد حكما تلمسان في فترة سابقة وهما الأمير أبو ثابت وأبو سعيد عثمان الثاني[3]، حيث كانا مدفونين بالعباد قبل أن تنقل رفاتهما إلى هذا الضريح، وفي سنة 804 هـ/1401م توفي الشيخ سيدي إبراهيم المصمودي ودفن بهذه

---

1 ـ هو والد الأمير أبو حمو موسى الثاني، لم يتول الحكم طوال حياته.

2 ـ أنظر: W ET G MARÇAIS: Les Monuments Arabes, P:302.

3 ـ حكم السلطان أبو سعيد عثمان الثاني وأخوه أبو ثابت في آن واحد في الفترة ما بين 749 ـ 753 هـ (1348 ـ 1352م).

راجع: التنسي: تاريخ بني زيان، ص 150 – 154.

المدرسة، ومنذ ذلك الوقت تغيرت تسمية هذه المجموعة البنائية فأصبحت تعرف ـ

المباني التي مازالت قائمة منها ـ بضريح ومسجد سيدي إبراهيم.

■ النظــام التخطيطي للضريح:

يرتسم الضريح في شكل مستطيل يمتد من الشمال إلى الجنوب طوله 14,70م،

وعرضه 8م ويشتمل هذا المستطيل على غرفة الضريح يتقدمها صحن (لوحـة 52)،

ويدخل إلى الضريح من باب يقع في الجدار الشمالي يعلوه عقد متجاوز لنصف الدائرة،

ومنكسر قليلا في نهايته العليا وقد اتبع في بناء هذا الباب الأسلوب الشائع في مسجد

"سيدي أبي الحسن" وسيدي "أبي مدين" وسيدي الحلوي، حيث يبرز قليلا إلى الخارج عن

سمت الجدار ، وتعلوه ضلة صغيرة، ويفتح هذا الباب على صحن مربع الشكل يبلغ طول

أضلاعه 6,27م، يتوسطه حوض صغير على هيئة مربعة يتراوح متوسط طول أضلاعه ما بين

2,06، 2,10م، ويحيط بهذا الصحن أربعة أعمدة ضخمة يبلغ ارتفاعها متر ونصف متر، في

حين يبلغ قطرها 0,47م، ويرجح أن تكون قد جلبت من أطلال مدينة المنصورة، تقوم

عليها أربعة عقود ضخمة منكسرة على هيئة حذوة الفرس، ويحيط بالصحن أربعة أروقة

صغيرة يتراوح عرضها

ما بين 1,40 و 1,70م، ويجدر بنا أن نشير إلى أن جدار الرواق الغربي تشغله حنية يعلوها عقد نصف دائري.

■ **قاعة الضريح أو القبـة:**

هي أيضا مربعة طول أضلعها من الداخل 5,73م يتم الدخول إليها عبر باب يقع في منتصف الضلع الشمالي على محور الباب الرئيسي للضريح (لوحة53)، يبلغ عرضه 1,20م، ويتكون من دفتين خشبيتين ويظهر من المخطط العام لهذا الضريح أنه كبير الشبه بضريح سيدي أبي مدين، فجدران قبة ضريح سيدي إبراهيم أيضا تشغلها عقود (لوحـة54) على نمط عقود جدران قبة ضريح سيدي أبي مدين، حيث تعلوهما نافذتان مزينتان بتشبيكات جصية، وهذا مما يوضح مدى التأثير الذي تلقاه هذا الضريح عن ضريح سيدي أبي مدين، ولم يتوقف التأثير عند هذا الحد بل تعداه إلى طريقة تنظيم واجهات الجدران الداخلية لضريح سيدي إبراهيم وزخرفتها، وذلك باعتماد الأسلوب المتبع في ضريح سيدي أبي مدين ويغطي قاعة ضريح سيدي إبراهيم قبة كبيرة تقوم على قاعدة مثمنة استعمل في تحويل الشكل المربع إلى الثمن فيها على حنايا ركنية على شكل مثلثات (لوحـة 55) تشبه بدورها حنايا قبة ضريح سيدي أبي مدين، وقبة مسجد سيدي إبراهيم.

وتدل بقايا الزخارف الجصية التي مازالت بقمة القبة على أنها كانت مغطاة بكسوة من الزخارف المنقوشة على الجص وبدون طلاء، مثلما رأينا في ضريح سيدي أبي مدين. وبوجه عام فإنه إذا كان ضريح سيدي إبراهيم بسيطا من حيث مخططه العام وفي شكل عناصره المعمارية التي استعملت في بنائه فإن وفرة العناصر الزخرفية المتنوعة قد عوضت النقص الموجود في عمارته وإن كانت هي الأخرى تتسم بالبساطة، ومع ذلك فقد استطاع الفنان أن يكسب الضريح بواسطتها لونا من الجمال والسكينة التي قلما نجدها في الأضرحة التي شيدت بعده.

▪ قاعة الضريح أو القبــة:

تعود أهمية الضريح ـ كما أشرنا ـ إلى مجموعة الزخارف التي مازال يحتفظ بها، حيث تغطي كل الواجهات الداخلية للجدران الأربع لغرفة الضريح ، وقد نظم الفنان هذه الزخارف حول العقود الكبيرة (حنيات كبيرة) التي تشغل منتصف الجدران، جمع فيها بين العناصر النباتية والخطية والهندسية في أشرطة مستطيلة زاوج فيها بين الضيقة والعريضة وفق ما تقتضيه نوعية العناصر الزخرفية، وبأسلوب متناسق تمكن الفنان بواسطتها ـ من إعطاء كسوة جميلة لواجهات جدران قاعة الضريح ـ رغم ارتفاعها الهائل الذي يمثل

ارتفاع أروقة الصحن مرتين ـ نقش أغلبها على طبقة من الجص كما رسم قسم منها على لوحات خزفية كسيت بها المساحات السفلى لواجهات الجدران، وتتمثل هذه الكسوة الزخرفية فيما يلي:

■ **الزخارف النباتية:**

تتميز الزخارف النباتية في ضريح سيدي إبراهيم بالبساطة في شكلها. فإذا استثنينا بعض العناصر النباتية الصغيرة المتمثلة في زهرات تتكون من ست بتلات وبعض العناصر المحورة كالأزهار التي على شكل محارات تزين بنيقات العقود، وبعض العناصر الأخرى الثلاثية الفصوص والتي يختلف حجمها من عنصر لآخر، فإن العنصر الوحيد الذي يميز الزخارف النباتية هو المراوح النخيلية البسيطة (لوحة 56، ش1) التي شاع استعمالها في الزخرفة المرينية، مع شيء من التحوير والابتعاد عن الواقعية حيث أصبح من الصعب التمييز بين ساق الورقة والورقة نفسها، وتنحصر هذه الزخارف في بنيقات العقود وفي شريطين علويين وقد نقشت في الشريط الأول إلى جانب الزخرفة الخطية، أما الشريط الثاني فتتناوب فيه مع بعض الكلمات في أشكال هندسية تشكل شريطا من الزخارف أقرب إلى الزخارف الهندسية منه إلى النباتية.

■ **الزخارف الخطية:**

يزين هذا النوع من الزخارف الأشرطة المستطيلة التي تكون عقود الجدران، فقد نقشت فيها آيات قرآنية[1] بالخط النسخي يشبه الخط الذي كتب به النقش التأسيسي الذي يعلو واجهة باب سيدي أبي مدين، كما تفصل بين الآيات في أركان التربيعة حلقة دائرية نقش فيها لفظ الجلالة "الله" ويمتد على مستوى المستطيلات العمودية لتربيعات العقود وعلى جانبي العقد شريط من الزخرفة الهندسية يساوي عرض ارتفاع التربيعة نقشت فيه أشكال نجمية تحوي في داخلها عبارات دينية مثل (العز لله ـ الأمر لله ـ البركة الكاملة ـ العافية الباقية ـ الحمد لله على نعمه ـ البقاء لله ـ الشكر لله) (لوحة 56، ش: 1)، نقشت بالخط النسخي ويتميز بطول نهايات حروف "الألف"، و" للام" فيه.

■ **الزخارف الهندسية:**

تمتد في أشرطة كبيرة تحيط بجدران قاعة الضريح، يمثل الشريطان الأول والثاني خطوطا هندسية مستقيمة متقاطعة مكونة من حين لآخر نجمة ذات اثني عشر رأسا أو ثمانية الرؤوس، تحتضن عبارات كتابية تتناوب مع

1 ـ سورة المائدة: الآيات 109، 117.

أشكال نباتية محورة عن الطبيعة (لوحة 56، ش:1) كما يزين أعلى واجهات الجدران أيضا شريط من العقود المتقاطعة تحتوي بداخلها على عناصر نباتية محورة، ويشبه هذا الأسلوب من الزخرفة زخارف مسجد سيدي أبي الحسن ، وجامع سيدي أبي مدين ومدرسته بالعباد.

ومن خلال هذه الدراسة التي تناولنا فيها الأضرحة يمكن أن نقسمها من حيث المخطط إلى ثلاثة طرز مخلفة، يرتسم الطراز الأول في شكل هندسي مثمن يتوم على عقود مفتوحة تغطيها عادة قبة، ويعتبر هذا الطراز   من الأضرحة فريدا من نوعه في المغرب الأوسط، كما يعتبر من ابتكار المعمار المغربي، أما الطراز الثاني فيتمثل في غرفة مستطيلة تغطيها قبة وهذا الطراز من الأضرحة شاع استعماله في مختلف الأمصار الإسلامية غير أن هناك طرازا ثالثا من الأضرحة يبدو أيضا أنه جديد في المغرب الأوسط ، وهو عبارة عن غرفة مربعة يتقدمها صحن مربع، ويمثل هذا الطراز ضريحا سيدي أبي مدين وسيدي إبراهيم، ويرجع هذا الاختلاف في أشكال الأضرحة إلى تنوع الأساليب المعمارية المنتشرة في تلك الفترات وربما ايضا لنزعة المعمار المغربي   إلى التطوير والإبداع.

وإذا كان الشكل العام للأضرحة قد تميز بالتنوع في مخططاته فإن العناصر المستعملة في بنائها متشابهة، ذلك أن الحنايا الركنية على هيئة المثلثات الكروية تكرر استعمالها في معظم الأضرحة، كما أن العقود المصمتة أو المفتوحة التي تزين قاعدة الضريح تنتشر أيضا في جل الأضرحة، هذا دون أن نغفل الإشارة إلى استعمال القبة في تغطية قاعة الضريح في كل الأضرحة.

وخلاصة القول أن الأضرحة في المغرب الأوسط تتميز بالبساطة   في عمارتها وفي زخرفتها، وبصغر حجمها، وهي بذلك لا ترقى إلى درجة الأضرحة التي شيدت في مختلف الأمصار الإسلامية مثل إيران وتركيا ومصر وبلاد الشام.

❖ التأثيرات الأندلسية على عمائر المغرب الأوسط

لقد كان لانقسام المغرب الأوسط في النصف الثاني من القرن الخامس الهجري إلى شطرين: شرقي يحكمه الزيريون والحماديون. وغربي ويحكمه المرابطون الأثر البالغ في اختلاف أساليب عمارته التي نشاهدها اليوم ماثلة   في ما تبقى من عمائره، فبعد أن كان في العصور الإسلامية الـمبكرة يخضع   في عمارته وفنونه إلى الأساليب الفنية الآتية من الشرق، أصبح القسم الغربي منه منذ قيام دولة المرابطين يخضع إلى التأثيرات الفنية الأندلسية.

ولقد كان لظروف نشأة هذه الدولة ولطبيعة البلاد التي قامت بها وكذا للتعصب الديني أثر عظيم انطبع على عمارتها الأولى، حيث تميزت بالخشونة   في تنفيذ الكتل البنائية والابتعاد عن كل مظاهر الزخرفة التي كان يرى فيها المرابطون أنها منافية لتعاليم الدين الإسلامي.

وقد بدأت مظاهر الخشونة تزول تدريجيا منذ أن اتحد المغرب والأندلس في وحدة سياسية تخضع لحكم الأمراء المرابطين، وذلك بعد أن وصلتهم إشارات الاستغاثة من الأمراء المسلمين في الأندلس لردع خطر الاسترداد المسيحي الذي يتهدد هذه البلاد الإسلامية.

وقد كان لمظاهر الحضارة والترف التي سادت الأندلس في تلك الفترة أعظم الأثر في نفوس الأمراء المرابطين، فأدت معاشرتهم للمجتمع الأندلسي إلى تغيير نظرتهم تجاه تلك المظاهر الفنية التي كانوا ينبذونها أول الأمر وأصبح الفنان المغربي يأخذ منها شيئا فشيئا ويوظفها في المباني المغربية، وذلك عن طريق استقدام العمال المهرة من الأندلس إلى المغرب وتعتبر فترة حكم الأمير "علي بن يوسف بن تاشفين " (500 ـ 537 هـ/1106 ـ 1143م) أزهى فترة عاشها المغرب من ازدهار معماري وفني خلال حكم دولة المرابطين وقد تميزت هذه الفترة بسيادة الفنون الأندلسية على المغرب، وذلك لعدة اعتبارات نوجزها فيما يلي:

إن هذه الفترة شهدت عبور جيش المرابطين إلى الأندلس بغرض الدفاع عن أراضيها الإسلامية، فاستهوتهم حياة الترف التي كانت تسود الأندلس[1]، فأخذ المرابطون ينغمسون في حياة الترف والبذخ على مرور الزمن

1 ـ السيد عبد العزيز سالم: تاريخ المغرب في العصر الإسلامي، ص 653.

وقاموا بنقل مظاهرها إلى المجتمع المغربي وشجعوا انتشارها[1] بل أن الأمير علي بن يوسف

ـ والذي قضى في الأندلس فترات طويلة ـ كان يستقدم إلى المغرب رجال العلم والأدب

والفن[2]، وقد نتج عن احتكاك المغرب بالحياة الأندلسية إلى تحول المرابطين من قوم جفاة

ذوي خشونة إلى قوم يتذوقون الفن ويحسونه، ويعملون من أجله، وسرعان ما نسي

المرابطون في ظل هذه الحياة المبادئ التي قامت عليها دولتهم.

وقد ساهمت هذه العوامل في إكساب المغرب مسحة أندلسية، تجلت في

الطابع العام للمباني المغربية، وفي العناصر الزخرفية التي كانت تزين بها، مازالت بعض

معالمهم المعمارية القائمة تشهد على هذا التأثير الأندلسي في عمائر المغرب الأوسط.

وإذا كان عصر المرابطين في المغرب قد شهد اقتباسا لبعض الفنون الزخرفية

والعناصر المعمارية كما وجدت في بلاد الأندلس، فإن بني مرين وبني

---

1 ـ عبد العزيز سالم: الفردوس المفقود ـ الفن الأندلسي، مجلة الدارة، العدد الرابع 1983، ص 109.

2 ـ ليفي بروفنسال: الإسلام في المغرب والأندلس، ص 46، 47.

زيان ومن قبلهم الموحدين قد أخذوا من العناصر المعمارية والفنون الزخرفية الأندلسية وطوروها إلى درجة يصعب فيها معرفة التأثيرات الأندلسية عليها، بينما يوحي الطابع العام لهذه الزخارف بأنها أندلسية الأصل، وسنحاول   من خلال هذه الدراسة التي خصصناها للمباني الدينية في المغرب الأوسط أن نتتبع بعض العناصر المعمارية والزخرفية المستخدمة في هذه المباني وكيفية الانتقال إليها، ومعرفة التأثير الذي تلقته عن العمائر الأندلسية، سواء أكانت مرابطية أم تلك التي ترجع إلى فترات لاحقة كالعمائر الموحدية.

هذا وقد بلغ الأمر بأحد المشتغلين بالآثار الإسلامية في المغرب والأندلس إلى القول ـ في معرض حديثه عنها ـ أن الفن في هاتين الفترتين إنما نطلق عليه تسمية الفن المرابطي، والفن الموحدي مجازا، بينما هما في الحقيقة فنان أندلسيان نقلا إلى المغرب[1].

إن دراسة التأثيرات الأندلسية على عمائر المغرب الأوسط يمكن تقسيمها من حيث كيفية الانتقال وطريقة الاقتباس إلى قسمين: يمثل الأول التأثيرات المباشرة التي تلقاها المغرب الأوسط في ظل حكم المرابطين له، أما القسم الثاني فيمثل تلك

---

1 ـ ليو بولد وتوريس بالباس: الفن المرابطي والموحدي، ترجمة الدكتور سيد غازي دار المعارف، مصر ـ 1971، ص 13

التأثيرات التي انتقلت إليه عن طريق العمائر الموحدية في المغرب الأقصى، ويمثل هذه الفترة عمائر بني عبد الواد وبني مرين. وسنتناول فيما يلي دراسة كل فترة على حدة:

1- التأثيرات الأندلسية على المغرب الأوسط في عهد المرابطين:

لقد كان الفن المعماري في عمائر المرابطين الأولى، وفي عهد يوسف بن تاشفين بالذات خشنا عاطلا من الزخرفة، انعكست عليه الروح الاجتماعية التي صاحبت قيام هذه الدولة، وباتحاد المغرب والأندلس وباحتكاك المجتمع المرابطي بالمجتمع الأندلسي تأثر المغرب بمظاهر الحياة الاجتماعية الأندلسية وانعكست هذه المظاهر مباشرة على العمائر المرابطية سواء تلك التي كانت مبنية في فترة سابقة، أم تلك التي لم تبن بعد وأول مباني المغرب الأوسط التي تجلت فيها التأثيرات الأندلسية هو مسجد الجامع بتلمسان، ويدل على ذلك روح الأسلوب البيزنطي التي لا تشبه الأسلوب البربري المبكر - الذي تعطينا مدينة "سدراته" أمثلة عنه - من جهة، ومن جهة ثانية فهو أيضا بعيد كل البعد عن سمات الأسلوب الزخرفي العراقي، الذي يظهر جليا في عمائر إفريقية، وعلى وجه التحديد في جامع القيروان (50 هـ/670م)

وبعض العناصر المعمارية في قلعة بني حماد[1]، على أن هذا الأسلوب الذي نجده منفذا في المسجد الجامع بتلمسان قريب الشبه بطراز العصر الأموي بالأندلس، حيث يعطينا جامع قرطبة نموذجا حيا عنه، وقد شملت هذه التأثيرات العناصر المعمارية والزخرفية في آن واحد، ولقد تعرض هذا الجامع في عهد "علي بن تاشفين" لتجديد مس واجهة المحراب والقبة التي تتقدمه، حيث أقيمت هذه القبة على ضلوع متقاطعة تنطلق من قاعدة القبة وتتقاطع في نهاية القبة مكونة بينها فضاء صغيرا تغطيه قبة صغيرة مقرنصة[2]. وقد فرغ من بناء هذه القبة سنة 530هـ/1136م، كما هو معروف من الكتابة التأسيسية التي تحيط برقبتها، وبطبيعة الحال فإن هذا الأسلوب البنائي المتبع في هذه القبة مأخوذ عن القباب المضلعة التي ظهرت في القرن الرابع الهجري العاشر الميلادي في جامع قرطبة، ومسجد باب المردوم بطليطلة، ثم انتشرت بعد ذلك في المباني الأندلسية[3]، وإذا كان من المسلم به أن فكرة هذه القبة مقتبسة

---

1 ـ MARÇAIs (G): Revue De L'Art Musulman, P: 416.

2 ـ أنظر الصفحة 55

3 -LAMBERT(E): Les voûtes nervées hispano musulmanes du XI siècle Et Leur Influences Possibles sur l'art chrétien, In Hesperis, T VIII, 1928, P: 147.

من قباب جامع قرطبة، فإن البناء في عهد المرابطين لم يبق على فكرتها المعمارية البحتة المتمثلة في العقود الحجرية المتينة، بل إنه استطاع أن يطورها لتؤدي الغرض المعماري والفني في الوقت نفسه، إذ استعمل المهندس المقرنصات   في تحويل المربع إلى المثمن وهو الشيء الذي تفتقده القباب المضلعة في جامع قرطبة، كما أن طراز الضلوع الرفيعة والتي تحوي بينها مساحات زخرفية مخرمة تدل على مدى النضج الفني الذي بلغه المرابطون (لوحة 13، ص: 2)، ومدى درجة التحول الحضاري الذي عرفوه في عهد علي بن تاشفين، وإن كنا نرجح أن يكون بناء هذه القبة قد تم على يد بعض الفنانين الذين استقدمهم علي بن يوسف من الأندلس.

وإذا انتقلنا بالحديث إلى محراب الجامع، فإننا نجد أن الأسلوب المتبع فيه يغلب عليه الطابع الأندلسي سواء كان ذلك في زخارف واجهته أم   في شكل تجويفته الداخلية (لوحة 11، ص:1)، إذ يعتبر هذا المحراب أول مثال للمحاريب المضلعة في المغرب الأوسط، ذلك أن شكل المحاريب السابقة ـ بما في ذلك محراب المسجد الجامع بالجزائر ـ اسطوانية[1]، فلا يستبعد أن يكون

---

1 - BOUROUIBA(R): L'Art Religieux; Fig 12.

هذا الشكل الجديد في المحراب قد نقل إلى المغرب الأوسط مع جملة التأثيرات التي تلقتها هذه المنطقة من بلاد الإسلام في ظل حكم دولة المرابطين.

يستمد محراب جامع تلمسان تخطيطه العام من باب سان استيبان (باب الوزراء) (لوحة 20، ش:1) ويكمن الاختلاف بين هذين العنصرين في مادة البناء فقط، ذلك أن الأسلوب المتبع في باب سان استيبان معماري بحت استعملت فيه الحجارة على نحو الأسلوب المعروف بالأبلق، والذي تعطينا عقود البوائك في بيت الصلاة صورة واضحة عنه، ولما كان غرض الفنان المرابطي في تلمسان زخرفيا فقد استعمل الجص في تزيين واجهة المحراب حيث استعان بتخطيط واجهة باب سان استيبان بجامع قرطبة وزخارف محرابه، ووظفها في محراب جامع تلمسان، مكونا منه وحدة فنية متكاملة يغلب عليها الطابع الفني الأندلسي.

وقد كان لتنقل الفنانين الأندلسيين إلى المغرب في ظل الحركة الثقافية النشطة التي شهدها المغرب منذ اتحاده بالأندلس أثره على الجانب الفني في المباني المرابطية، ذلك أن الزخارف النباتية المنقوشة على الألواح الخشبية التي تشكل سقف جامع تلمسان، والتي نراها اليوم منفذة على الجص في واجهة المحراب وفي القبة المضلعة قريبة الشبه بزخارف جامع قرطبة، حيث

مازالت تسيطر عليها المسحة البيزنطية التي تميز زخارف العصر الأموي بالأندلس، فقد رسم الفنان مروحة النخيل المسننة الطويلة والقصيرة على النحو السائد في جامع قرطبة وقصر الجعفرية بسرقسطة[1] (لوحة 56، ش: 2)، كما انتقل تأثير فن قصر الجعفرية أيضا إلى جامع الجزائر حيث تشكل حشوات المنبر الخشبي (490 هـ/1096م) لهذا الجامع طرازا فنيا يشبه الزخارف النباتية في قصر الجعفرية[2].

وأما الزخارف التي تزين الأشكال الهندسية المثلثة الممتدة بين عروق القبة المضلعة بجامع تلمسان والتي تشغلها المراوح النخيلية، فلا يوجد لها مثال آخر في المغرب الأوسط، كما يرى توريس بالباس أنها تشبه مجموعة من الزخارف النباتية نقشت على قطع من الجص عثر عليها في منية المورور بغرناطة وأخرى عثر عليها بين أطلال قصر الكاستييخو بمرسيه (لوحة 56، ش: 2) ولا تزال هذه القطع محفوظة إلى الآن في متاحف أسبانيا[3].

1 ـ شيده أبو جعفر المقتدر الذي حكم في الفترة ما بين

(438 هـ ـ 474 هـ/ 1046 ـ 1081 م).

2 - MARÇAIS (G): L'Architecture Musulmane, P:175.

- W ET G MARÇAIS: Les Monuments Arabes, P: 152.

3 ـ توريس بالباس: الفن المرابطي والموحدي، من ترجمة الدكتور سيد غازي ص 46.

وفيما يتعلق بورقة الأكانتس فقد قلد الفنان المرابطي زميله الفنان الأموي الأندلسي في رسمها، حيث تدل النماذج التي تزين واجهة محراب المسجد الجامع بتلمسان على تأثرها بأوراق الأكانتس بجامع قرطبة، هذا وقد امتدت التأثيرات الأندلسية إلى الزخارف الخطية أيضا، حيث تميزت النقوش الكوفية في جامع تلمسان وتلك التي نقشت على بعض الألواح الخشبية المتبقية من منبر جامع ندرومة، وعلى منبر جامع الجزائر بسيادة الطابع الأندلسي   في الكتابة.

ويرى توريس بلباس أن زخارف الأخشاب المحفوظة حاليا بمتحف تلمسان، والتي كانت فيما مضى تمثل سياج مقصورة الجامع، قريبة الشبه بالزخارف الأندلسية بل يمكن نسبتها إلى الأندلس[1]، ويستنتج من ذلك أن التأثيرات الأندلسية على المغرب الأوسط أيام المرابطين لم تخص جانبا   من العمارة أو الفن دون الآخر، بل امتد هذا التأثير ليمس جميع الجوانب الزخرفية والمعمارية في العمائر الدينية التي ترجع إلى هذه الفترة، وهذا يفسر أيضا ذوبان المغرب في الحضارة الأندلسية ، مما جعله يأخذ من شتى فنونها،

---

1 ـ توريس بلباس: المرجع السابق، ص 56.

ومن مختلف مناطقها دون تخصيص ـ على الرغم من قصر عمر الدولة المرابطية ـ مما يبين مدى قابلية المجتمع المغربي في عهد المرابطين لتقبل مظاهر الحضارة الأندلسية في وقت وجيز.

2- التأثيرات الأندلسية على المغرب الأوسط في العهد الزياني و المريني:

إذا كان عهد الموحدين لم يخلف لنا من عمارته وفنونه شيئا يذكر نظرا لانشغالهم بحكم المغرب الأقصى والأندلس، فإن بعض التأثيرات الأندلسية على المغرب الأوسط انتقلت مباشرة من الأندلس إلى المغرب الأوسط ـ كما هو الحال في عهد المرابطين بينما ساهم الموحدون بقسط كبير في ربط حلقة الاتصال لوصول هذه التأثيرات إلى المغرب الأوسط في عهد بني زيان وبني مرين، إذ يعتبر فن الموحدين همزة وصل بين المغرب الأوسط والأندلس، ذلك أن الموحدين تأثروا بفنون الأندلس فقلدوها، كما أنهم أثروا بدورهم في الفنون المرينية والزيانية مما أدى إلى انتشار الأساليب الأندلسية في العمارة المرينية و الزيانية.

وهكذا فقد حمل إلينا عهد الزيانيين والمرينيين عدة أساليب معمارية وفنية شاع
استعمالها في بلاد الأندلس على عهد أمراء بني الأحمر[1] وأفضل العمائر التي تجسد لنا هذا
التأثير مسجد سيدي أبي الحسن (696 هـ 1296م) حيث يمثل أجمل مثال في المغرب
الأوسط للطراز الأندلسي المغربي في الفن والعمارة، ذلك أن بعض عناصره المعمارية قريبة
الشبه في طرزها من مباني مدينتي غرناطة وإشبيلية، حيث يدل محراب المسجد الجامع
بتلمسان الذي ظهرت بوادر عمارته الأولى على أيدي فناني العهد الأموي بالأندلس في
محراب جامع قرطبة وفي واجهة باب سان استيبان بالجامع نفسه على التأثير المباشر
للفنون الأندلسية على المغرب، ثم أن هذا التأثير لم يمتد بعد المسجد الجامع بتلمسان إلى
مسجد سيدي أبي الحسن فحسب، بل تعداه إلى مسجد سيدي أبي مدين وسيدي الحلوي
وكلاهما من العهد المريني، إذ أصبح الطابع العام المميز لمحراب جامع قرطبة هو المتبع
في زخرفة محاريب مساجد المغرب الأوسط، كما تدل القبيبة المقرنصة التي تغطي محراب
مسجد سيدي أبي الحسن أيضا   على سيادة الطابع الغرناطي والإشبيلي في المقرنصات
(لوحة18، ش:1)

---

1 ـ حكمت هذه الأسرة مدينة غرناطة، وقد أسس هذه الدولة الأمير محمد بن الأحمر واستقر حكمه فيها إلى
سنة 635 هـ/ 1238م.

ويتجلى تأثير عمارة غرناطة على مسجد سيدي أبي الحسن في تيجان الأعمدة التي تشبه إلى درجة كبيرة في هيكلها العام تيجان أعمدة بهو السباع بقصر الحمراء (لوحة 21، ش: 3).

وإذا كانت هذه الأخيرة تتميز بالرشاقة والاستطالة، فإن تيجان مسجد سيدي أبي الحسن تتميز بغلبة العرض على الطول، وهي بذلك تشبه تيجان أعمدة ضريح سيدي أبي مدين (لوحة 48، ش:4).

وقد كان لمئذنة الخيرالدا بأشبيلية (لوحة57) أثر كبير على المآذن المغربية بصفة عامة ومآذن المغرب الأوسط على وجه الخصوص، ذلك أن أقدم النماذج لمآذنه ترجع إلى العهد الزياني، فالمآذن التي نراها اليوم في المساجد المرابطية في المغرب الأوسط، هي من الأعمال التي ألحقها أمراء بني زيان بهذه المساجد ـ كما سبق أن أشرنا إلى ذلك، وإن كانت مئذنة جامع إشبيلية تبدو تأثيراتها واضحة في المآذن التي زود بها الموحدون أنفسهم المساجد التي شيدوها بالمغرب الأقصى، فإن هذا التأثير سرعان ما انتقل منها إلى المآذن الزيانية والمرينية في المغرب الأوسط بعد انهيار دولتهم، حيث أصبحت مئذنة جامع الكتبية بمراكش مصدر إيحاء للبنائين الزيانيين والمرينيين، وخير دليل على ذلك الطابع المعماري للمئذنة نفسها الذي يجسده برجا المئذنة، برج سفلي

كبير يعلوه جوسق صغير، ولا نجد أثرا للمئذنة المربعة التي تتكون من ثلاثة أبراج كمئذنة جامع القيروان مما يبين أن العمائر الدينية بالمغرب الأوسط كانت خاضعة في كثير من عمارتها إلى التأثيرات الآتية من الغرب لقرب هذا الجزء الغربي من المغرب الأوسط من المغرب الأقصى والأندلس، والذي تتمركز فيه جل العمائر الدينية التي أنشئت في المغرب الأوسط في الفترة الممتدة من القرن السادس إلى نهاية القرن الثامن الهجري.

كما امتدت أيضا تأثيرات جامع الكتبية إلى التشبيكات الزخرفية التي تزين الواجهات الأربع للمآذن الزيانية والمرينية[1]. وخلاصة القول أن مآذن جامع أغادير، والمسجد الجامع بتلمسان وجامع الجزائر، ومسجد سيدي أبي الحسن ـ وكلها تعود إلى العهد الزياني ـ ومئذنتي جامع سيدي أبي مدين وسيدي الحلوي ـ وكلتاهما ترجع إلى العهد المريني ـ تحمل جميعها الدليل الواضح على التأثيرات الأندلسية المختلفة التي تلقاها المغرب الأوسط.

وإذا ما انتقلنا بالحديث إلى الفنون الزخرفية، فإن مسجد سيدي أبي الحسن لم ينج من التأثيرات الأندلسية، فنجد أن الزخارف الكتابية به يغلب

---

1 - GOLVIN (L): La Mosquée, P: 56.

عليها الطابع السائد في زخارف قصر الحمراء بغرناطة وقصر الجعفرية بسرقسطة، وأن الخط الكوفي امتد تأثيره ليشمل بعض مباني المرينيين مثل مسجد سيدي أبي مدين.

كما أن الزخارف النباتية التي استخدمت في تزيين مسجد سيدي أبي الحسن تعطي شبها كبيرا بالزخارف الأندلسية المعقدة والملتوية التي تمثل إطارا رسمت داخله أشكال دائرية رسمت بها أزهار صغيرة متعددة الأشكال وقد ظهر هذا الطراز من الأوراق في كنيسة سانتا ماريا لا بلانكا بطليطلة[1].

وفي الختام نستخلص مما سبق أنه إذا كان اتحاد المغرب والأندلس قد تميز من الجانب الفني والمعماري بانتقال التأثيرات الأندلسية إلى المغرب وانصهارها في العمارة المغربية، فإن هذا لا يعني أنه لم يكن للمغرب ابتكارات حديثة، أو أنه لم يتلق بعض التأثيرات الفنية من جهات أخرى، بل بالعكس، فإن التأثيرات المشرقية مازالت منتشرة في عمارة المغرب الأوسط، بالرغم من التحول الهائل للمغرب الأوسط تجاه الأندلس نتيجة الظروف التي أوجدها اتحاد المغرب والأندلس فقد ساهمت هذه الظروف الاجتماعية والسياسية

---

1 - W ET G MARÇAIS: Les Monuments Arabes, P: 181.

في تخلي المغرب بصفة عامة، والمغرب الأوسط بصفة خاصة عن الطرز الفنية والمعمارية المشرقية، واتجاهه نحو الأندلس نظرا للتقارب السياسي والاجتماعي الذي تم بينهم منذ قيام دولة المرابطين، تاركا وراءه الأساليب الفنية والمعمارية المشرقية والتي كانت منتشرة في الجزء الشرقي من المغرب الأوسط.

وقد نتج عن هذا انطباع العناصر المعمارية، والأساليب الفنية الأندلسية على المباني الدينية في المغرب الأوسط، فقد كانت مباني المغرب الأوسط في الفترة الأولى من عهد المرابطين تمثل نقطة التقاء التأثيرات المشرقية والأندلسية، كما يمكن اعتبارها في الوقت نفسه نقطة انتقال أو تحول من التأثيرات المشرقية إلى التأثيرات الأندلسية.

وإذا كانت التأثيرات الأندلسية على العمارة الدينية في المغرب الأوسط قد ظهرت عليها بوضوح ابتداء من فترة حكم علي بن يوسف بن تاشفين فهذا أيضا لا ينفي وجود بعض التأثيرات المشرقية على المغرب الأوسط، مثل (نظام الأبواب البارزة ـ المقرنصات)، إذ استمرت هذه التأثيرات متبادلة بين المغرب والمشرق الإسلاميين حتى عهد الزيانيين والمرينيين، ويستنتج من ذلك أن الفنانين المغاربة قد ابقوا على الأساليب الفنية والمعمارية الأندلسية التي أعجبوا بها في الأندلس، والتي وصلتهم بفضل احتكاك المجتمع المغربي

بالمجتمع الأندلسي على مر الزمن، حتى اكتسبت المباني الدينية في المغرب الأوسط الطابع العام للمباني الدينية الأندلسية، خاصة في عهدي بني عبد الواد وبني مرين، ومع أن بعض العمائر أو عناصرها لا تشبه إطلاقا مثيلتها في العمائر الأندلسية، فإن الشكل العام للمبنى يغلب عليه الطابع الأندلسي.

وإذا كان المغرب الأوسط قد تعرض لهذه التأثيرات الهائلة من الأندلس وبعض التأثيرات الأخرى من المشرق، فهو أيضا قد أكسب بعض المباني المشرقية طابعا فنيا يقترب من طابع المغرب الأوسط، ومثال ذلك الكتابات التي تزين جامع الحاكم بأمر الله "الملك بالله" كتبت بخط كوفي يشبه كتابات مسجد سيدي أبي الحسن 696هـ/1296م[1]، فهذا إن دل على شيء فإنما يدل على الدرجة الرفيعة التي بلغها الفن المغربي في عهد الزيانيين، هذا وأن الفن الإسلامي بالمغرب لا يختلف في طوره الحضاري عن أي فن ينشأ متأثرا بما سبقه من فنون ومعايشا لما حوله من حضارات ثم يخرج من مرحلة التأثر إلى مرحلة النضج والتطوير ثم الابتكار والإبداع ومن ثم الإشعاع والتأثير فيمن حوله.

---

1 - MARÇAIS (G):Les Echanges Artistiques Entre L'Egypte Et Les pays Musulmans Occidentaux,

In Hesperis, T XIX; 1934, P: 149.

الخاتمـة

تعرض المغرب الأوسط منذ الفتح الإسلامي إلى تعاقب الدول على حكمه مما جعل عمارته وفنونه تتسم بالسمة المعمارية والفنية الخاصة بكل دولة من تلك الدول، ولا تزال العمائر المتبقية بالمغرب الأوسط الدالة عن هذه الدول تشهد بالطابع الفني لكل منها لما تحمله من بصمات فنية لأيدي المهندس والفنان مشيرة إلى درجة التحضر والتقدم التي وصلت إليها تلك الدول، وإذا كانت هذه الآثار قد حملت ألينا مميزات فنون كل دولة وعمارتها، فقد كشفت لنا أيضا عن التأثيرات التي تلقتها عن الحضارات الإسلامية المجاورة لها والمعاصرة لها في نفس الوقت، وأيضا السابقة لها.

ومن خلال الأسلوب الفني والمعماري العام المتبع في عمارة المغرب الأوسط يمكن تقسيمه إلى قسمين متباينين:

- **القسم الشرقي:** وقد حكمه الزيريون والحماديون، حيث استمر حكمهم إلى منتصف القرن السادس الهجري، وامتدت معه الأساليب المعمارية والفنية التي كانت سائدة في تلك الفترة، وقد دلت بعض آثار المباني الدينية الزيرية والحمادية والمتمثلة في بعض المساجد التي مازالت قائمة حتى الآن، أن هذه الأساليب المتبعة في بنائها مستوحاة من

المساجد الشرقية، كمساجد أفريقية ومصر، فقد جاءت مخططات هذه المساجد وعناصر عمارتها مشابهة لعناصر عمارة المساجد السابقة. وبناء على ما سبق فإن عمارة هذا الجزء من المغرب الأوسط كانت متأثرة في شكلها وعناصر عمارتها بالمباني المشرقية.

- **القسم الغربي:** إذا كان الجزء الشرقي من المغرب الأوسط قد خضع لنفوذ الزيريين والحماديين، فإن الجزء الغربي منه، وابتداء من الربع الأخير من القرن الخامس الهجري، أصبح خاضعا لدولة المرابطين حيث امتد نفوذ هذه الدولة ـ التي قامت في المغرب الأوسط ـ حتى بلغ الأندلس وقد كان شعار هذه الدولة في الأيام الأولى من قيامها نبذ الفساد، والجهاد في سبيل الله، غير أنهم سرعان ما انحرفوا عن هذا المبدأ بمجرد امتداد نفوذهم إلى بلاد الأندلس، ذلك أن أمراء المرابطين قد تأثروا بما شاهدوه في هذه البلاد من مظاهر الحياة الكريمة، فانعكست عليهم مظاهر هذه الحضارة وأثرت في نفوسهم فكان هذا التأثر باديا في عمائرهم الدينية التي شيدوها بالمغرب الأوسط، فبعد أن كانت هذه المبادئ تتسم بالخشونة والتجرد من الزخرفة أصبحت تعرف بزينتها وزخرفتها، مما جعل عمائر المغرب الأوسط في هذه الفترة

تمثل مرحلة انتقال من الأساليب المعمارية والفنية المشرقية إلى الأساليب الوافدة إليها

من بلاد الأندلس.

ويتجلى ذلك بوضوح في المساجد التي خلفها لنا المرابطون في المغرب الأوسط ،
حيث تتميز هذه المساجد بعدة خصائص منها: امتداد المسجد طوليا أي على طراز جامع
قرطبة (جامع تلمسان)، وامتداد البلاطات عموديا على جدار القبلة، وتعددها في الرواقين
الجانبيين واستخدام الدعامات الضخمة بدلا من الأعمدة التي استخدمت في المساجد
الزيرية والحماية، وتوظيف العقود المنكسرة والمفصصة.

كما أن المحاريب أيضا لم تستثن فقد امتدت إليها يد التطوير، فبعدما كان
محراب جامع الجزائر يتميز بالاستدارة في تجويفه، ظهر في جامع تلمسان أول نموذج
للمحاريب المضلعة، والتي يتكون تجويفها من ستة أضلاع تغطيها قبيبة مضلعة. ولعل
أهم عنصر في جامع تلمسان والذي يعتبر دليلا واضحا على التأثيرات الأندلسية على
المغرب الأوسط، القبة المضلعة التي تتقدم المحراب، فقد استوحى البناء في عهد المرابطين
هذه القبة دون أدنى شك من قبة جامع قرطبة، ومع أن مهندس أو بناء العهد الأموي
قد استخدم هذه القبة في جامع قرطبة باعتبارها عنصرا معماريا قويا، فإن مهندس العهد

المرابطي قد جمع فيها بين العمارة والفن في آن واحد في جامع تلمسان، فاستخدمت كعنصر معماري يغطي المساحة المربعة التي تتقدم المحراب، وفي نفس الوقت راعى فيها البناء الجانب الفني حيث جعل منها تحفة معمارية وفنية متكاملة، قلما نجد مثيلا لها في المغرب الإسلامي قاطبة.

هذا وتعطينا هذه القبة أيضا مثال للمقرنصات في المغرب الإسلامي ذلك أنها ترتكز على حنايا ركنية تزينها مقرنصات يعود الفضل في استعمالها لأول مرة في زخرفة أركان قاعدة القبة إلى الفنانين المرابطين، مما يدل على أن فترة حكم "**الأمير علي بن يوسف**" تعد أزهى فترات الحكم المرابطي تقدما ورقيا حيث تجسد ذلك في العمارة والفن ولعل أصدق دليل على ذلك محراب جامع تلمسان وقبته.

وفيما يتعلق بالعناصر الزخرفية في عصر المرابطين فقد غلب عليها الطابع البيزنطي ، إذ تميزت هذه الزخارف برخاء كبير وتنوع في عناصرها لاستخدام الفنان السيقان النباتية المختلفة الأشكال، والمراوح النخيلية الملساء والمسننة، والبسيطة والمركبة وتتخلل هذه الأوراق من حين لآخر كيزان الصنوبر وبعض العناصر النباتية المحورة، وجميعها توحي بسيادة الأسلوب

الزخرفي المنتشر في الأندلس قبل هذه الفترة، ولا تزال هذه العناصر الزخرفية قائمة حتى الآن.

أما الزخارف الجصية التي تزين قبة المحراب بجامع تلمسان وواجهته، والنقوش الخشبية التي تزين الألواح والكوابيل الخشبية المستعملة في سقفه، وكذلك نقوش منبر جامع الجزائر، فما هي إلا دليل واضح على قوة التأثيرات الفنية الأندلسية على هذه المباني الدينية.

وقد حكم المغرب الأوسط بعد المرابطين الموحدون، غير أنهم لم يتركوا لنا عمائر في المغرب الأوسط حيث شيدوا مبانيهم في المغرب الأقصى، وبعد انهيار دولتهم، خلفهم بنو عبد الواد الذين خلفوا لنا عدة مساجد صغيرة تتمثل في مسجد أبي الحسن، وأولاد الإمام، وسيدي إبراهيم وتتميز هذه المساجد عموما بصغر مساحتها، كما ظهر فيها طراز جديد في تخطيط المساجد والذي يمثل المسجد كله بيت الصلاة، مع الاستغناء عن الصحن والأروقة الجانبية، ويمثل هذا الطراز مسجد أبي الحسن، وأولاد الإمام، كما يمثل مسجد سيدي إبراهيم مرحلة ثانية في بناء المساجد الزيانية فقد عاد فيها الزيانيون إلى التخطيط العام للمساجد الإسلامية المتكونة من صحن تحيط به الأروقة، ويمثل مسجد سيدي أبي الحسن أهم نموذج للمساجد الزيانية حفاظا على

عناصره المعمارية والزخرفية، إذ يعتبر المبنى الذي يمكن بواسطته تقييم المستوى الذي بلغه الفن في عهد بني عبد الواد، حيث تدل العناصر المعمارية والزخرفية بهذا المسجد، وبعض العناصر الأخرى في مسجدي أولاد الإمام وسيدي إبراهيم على تلقيها تأثيرات المباني المرابطية والموحدية، فقد تميزت العناصر الزخرفية بالوفرة فنقشت على الجص والخشب ورسمت على الخزف الذي احتلت بلاطاته مكانة كبيرة فوق المآذن الزيانية هذا، وقد دفعت الحاجة إلى زخرفة المساحات الداخلية لجدران المساجد إلى اتخاذ أشرطة عريضة من الزخارف الهندسية كررت فيها بعض العناصر الزخرفية، وتخللها من حين لآخر بعض الزخارف النباتية والكتابة، استخدمت هذه الزخارف في تغطية واجهات الجدران والعقود والسقف على درجة لم تترك فيها مساحة صغيرة إلا وزينت بهذه الزخارف على غرار الأسلوب المتبع في قصر الحمراء بغرناطة.

وكما ذكرنا فيما سبق ـ فقد تعرض حكم بني عبد الواد للمغرب الأوسط لعدة غزوات قام بها المرينيون، وقد نجم عنها إلحاق المغرب الأوسط لفترات متقطعة بحكمهم في مراكش، وأثناء تولي المرينيين الحكم بالمغرب الأوسط قاموا بتشييد عدة مساجد تميزت بالعودة إلى النظام العام لتخطيط المساجد الإسلامية المشتملة على صحن تحيط به أربعة أروقة وبامتداد عمقها

عن العرض، كما يشكل بيت الصلاة فيها أهم عنصر، حيث يتكون الرواقان الجانبيان من بلاطة واحدة فقط لكل رواق، ولعل أهم هذه المساجد مسجد سيدي أبي مدين الذي تم فيه ـ ولأول مرة ـ استخدام الأبواب البارزة التي يغطيها ساباط يمتد بين الباب الخارجي وصحن المسجد. وللساباط قبة تغطيه زادت من جماله، وقد جاءت مقرنصات هذه القبة على هيئة خلية نحل، تعتبر فيما أعلم أول نموذج لهذه القباب في المغرب الإسلامي قاطبة، كما يحتفظ لنا هذا المسجد ايضا بنظام جديد في التغطية يتمثل في سقوف جصية على شكل قبوات تزينها زخارف مختلفة الأشكال وتعتبر هذه القبوات أيضا أول مثال لهذا النظام من السقوف، وأما مسجد سيدي الحلوي فهو لا يختلف   من حيث شكله وعناصره المعمارية والزخرفية عن مسجد سيدي أبي مدين، فيما عدا استخدام الأعمدة بدلا من الدعامات في مسجد سيدي أبي مدين، واستعمال السقوف الخشبية بدلا من الجصية.

أما العناصر الزخرفية المرينية في كلا المسجدين فيغلب عليها الطابع الغرناطي ، كما استخدم الخزف في زخرفة المآذن، والذي ظهر في عهد بني عبد الواد لأول مرة في المغرب الأوسط.

وخلاصة القول، أن العمارة الدينية في المغرب الأوسط قد سايرت الأساليب المعمارية في العمائر الدينية بالأندلس، فنرى عمائر عهد المرابطين بالمغرب الأوسط قد غلب عليها الطابع المعماري والفني لقرطبة بينما غلب على عمائر عهد بني عبد الواد وبني مرين طابع العمائر الغرناطية، وقد اصطلح على تسمية الفن المغربي في هذه الفترة بالفن الأندلسي المغربي، فكان دلالة على الطابع الموحد للفن الذي ميز عمائر المغرب والأندلس في هذه الفترة.

قائمة اللوحات

خريطة رقم 1 عن الأطلس التاريخي للعالم الإسلامي في العصور الوسطى

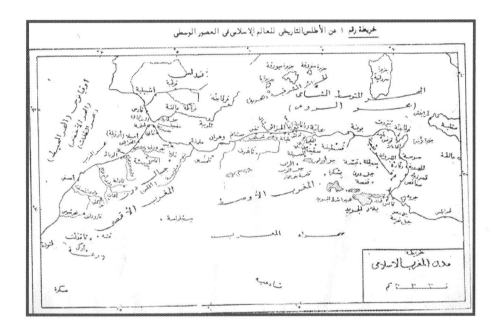

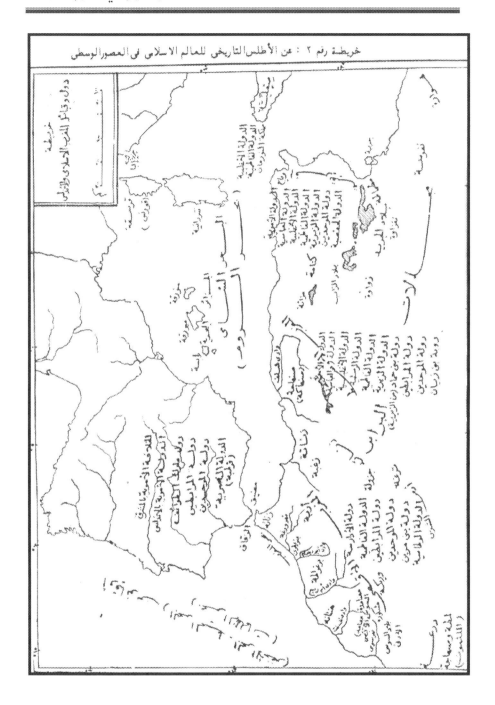

خريطة رقم ٢ : عن الأطلس التاريخي للعالم الاسلامي في العصور الوسطى

خريطة رقم ٣ : من محمود بوعياد

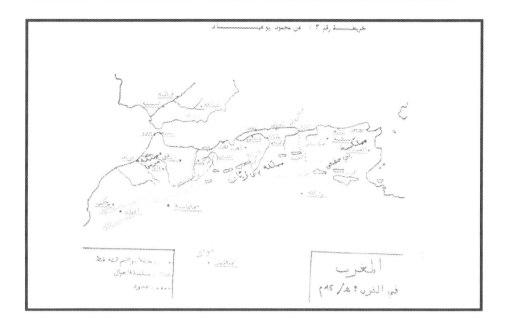

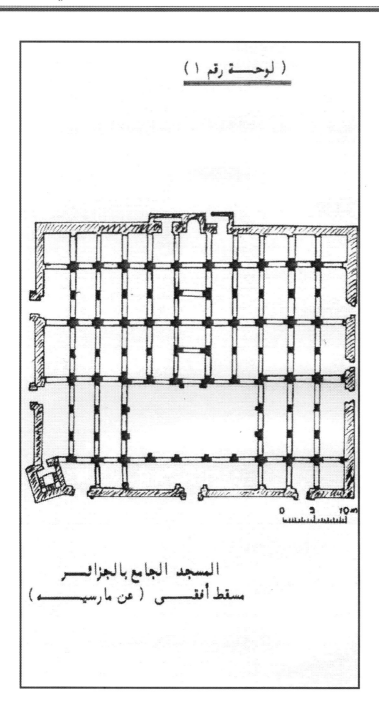

(لوحـــــة رقم ١)

المسجد الجامع بالجزائـــر
مسقط أفقـــــى (عن مارسيـــــه)

لوحة رقم ٢

المسجد الجامع بالجزائر
عقد حدوة الفرس المدبب (عن مارسيه)

المسجد الجامع بالجزائر
العقد المفصص (عن سلسلة الفن والثقافة)
وزارة الثقافة الجزائرية)

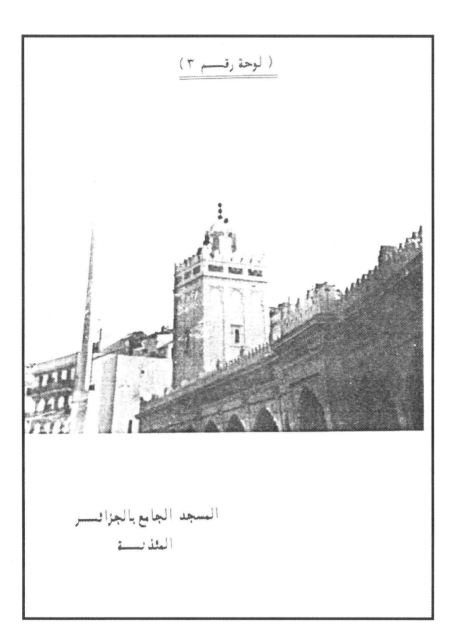

(لوحة رقــم ٣)

المسجد الجامع بالجزائـر
المئذنـة

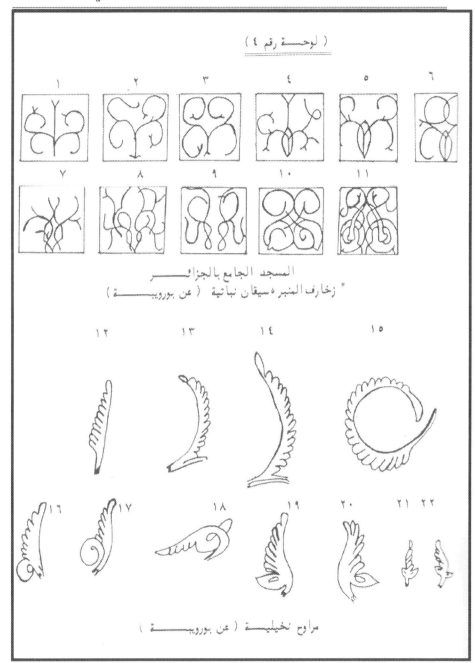

(لوحـــة رقم ٤)

المسجد الجامع بالجزائـــــر
" زخارف المنبر ه سيقان نباتية (عن بورويبـــــة)

مراوح نخيلـيـــة (عن بورويبـــــة)

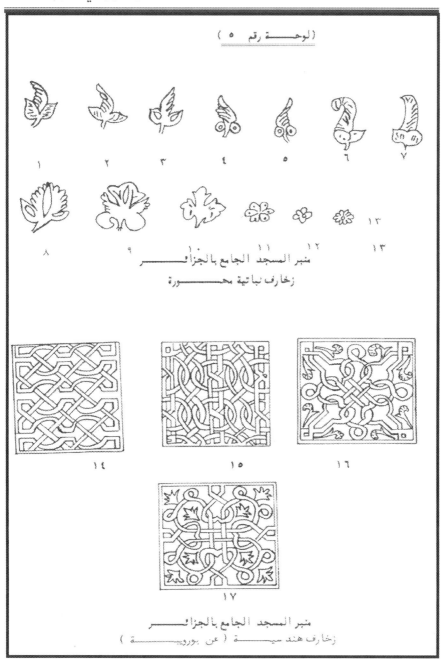

(لوحـــــة رقم ٥)

منبر المسجد الجامع بالجزائــــــر
زخارف نباتية محـــــــورة

منبر المسجد الجامع بالجزائــــــر
زخارف هندسيــــــة (عن بوروييــــــــة)

(لوحة رقم ٦)

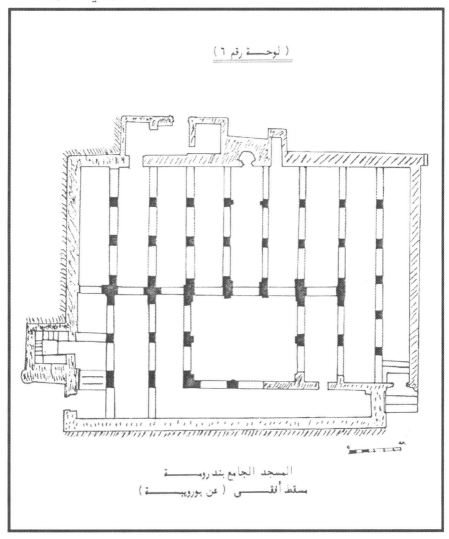

المسجد الجامع بندرومة
مسقط أفقي (عن بورويبة)

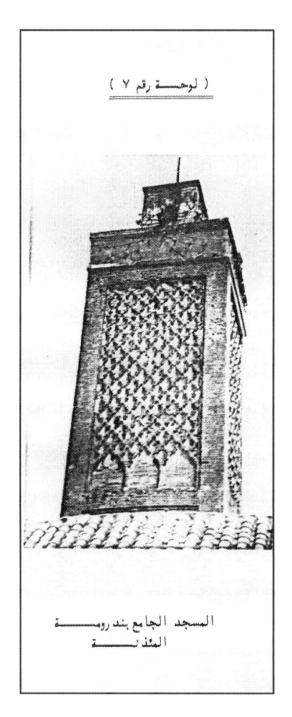

(لوحـــــة رقم ٧)

المسجد الجامع بندرومـــــة
المئذنــــة

(لوحة رقم ٨)

المسجد الجامع بندرومة
النقش التأسيسي للمئذنة (عن بورويبة)

(لوحة رقم ٩)

شكل ١: جامع حسن بالرباط زخارف المئذنة (عن جلفان)

شكل ٢: جامع القصبة بمراكش
زخارف المئذنة (عن مارسيه)

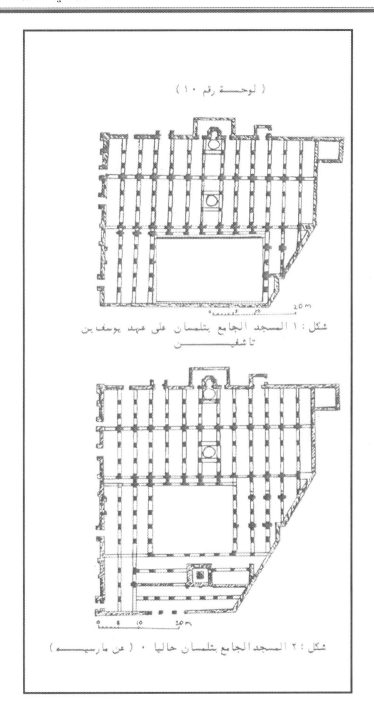

(لوحــــة رقم ١٠)

شكل : ١ المسجد الجامع بتلمسان على عهد يوسف بن تاشفيــــــن

شكل ٢٠ المسجد الجامع بتلمسان حاليا ٠ (عن مارسيــــــه)

(لوحـــة رقم ١١)

شكل ١: المسجد الجامع بتلمسان . المحراب

شكل ٢: المسجد الجامع بتلمسان . قبيبة المحراب

(لوحة رقم ١٢)

شكل : ١ المسجد الجامع بتلمسان ، عقود بيت الصلاة

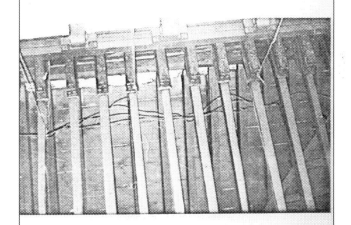

شكل : ٢ المسجد الجامع بتلمسان ، أخشاب سقف بيت الصلاة

(لوحة رقم ١٣)

شكل : ١ المسجد الجامع بتلمسان • القبة الزيانيـــــة

شكل : ٢ المسجد الجامع بتلمسان • القبة المخرمـــــة

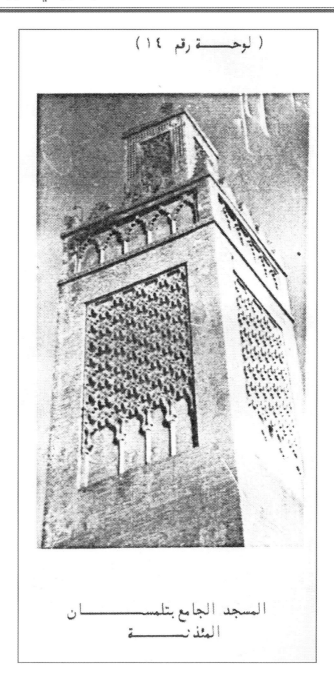

(لوحــــة رقم ١٤)

المسجد الجامع بتلمســـــان
المئذنـــــة

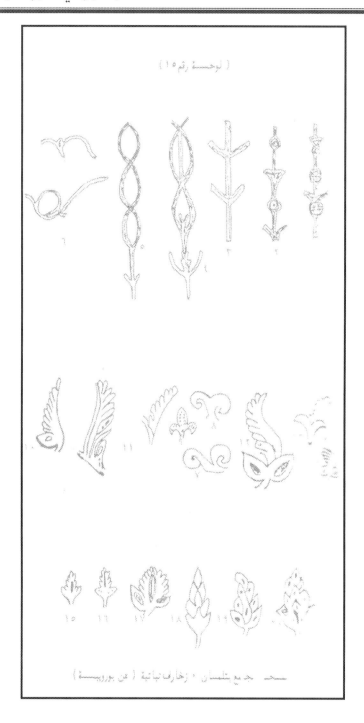

(لوحـــة رقم ١٥)

مسجد جامع تلمسان ، زخارف نباتية (عن بورويبة)

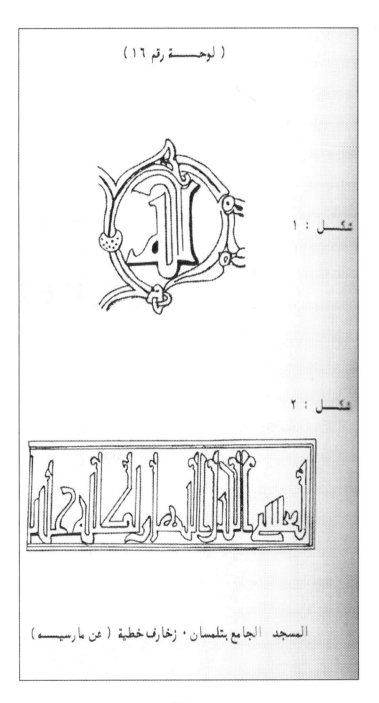

(لوحــــة رقم ١٦)

شكـل : ١

شكـل : ٢

المسجد الجامع بتلمسان ، زخارف خطية (عن مارسيــــه)

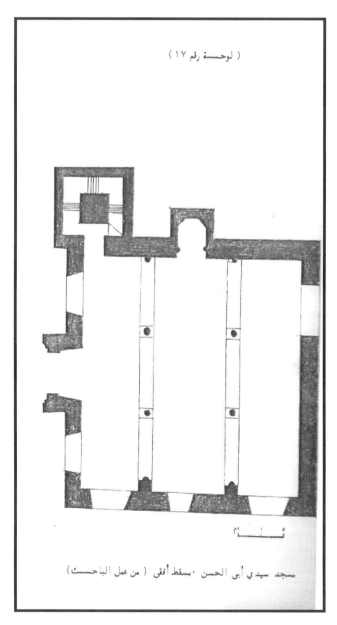

(لوحـــة رقم ١٧)

مسجد سيدي أبي الحسن : مسقط أفقي (من عمل الباحـــث)

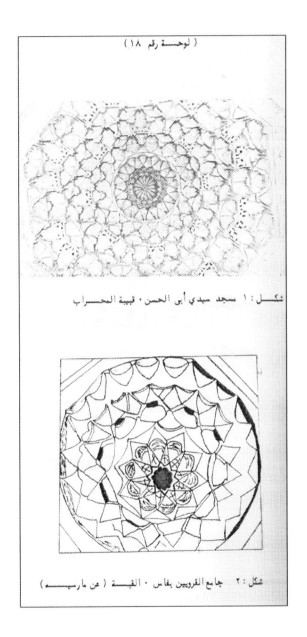

(لوحـــة رقم ١٨)

شكـــل : ١ مسجد سيدي أبي الحسن ، قبية المحـــراب

شكل : ٢ جامع القرويين بفاس ، القبـــة (عن مارسيـــه)

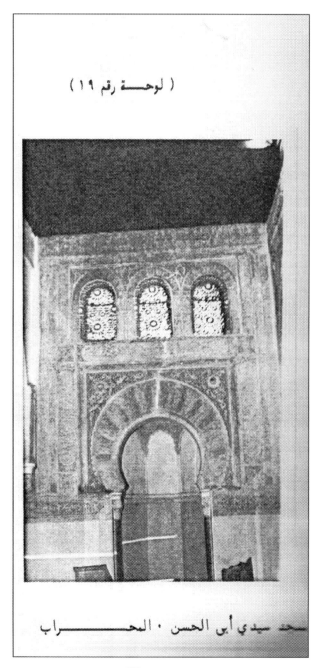

(لوحـــة رقم ١٩)

ـجد سيدي أبي الحسن . المحـــراب

(لوحــــة رقم ٢٠)

شكل : ١ المسجد الجامع بقرطبة ، واجهة باب سان استيبان
(عن مارسيـــه)

شكل : ٢ مسجد سيدي أبي الحسن ، حشوة جدارية (عن مارسيه)

(لوحة رقـــم (٢)

شكل : ١ مسجد سيدي أبي الحسن ، تاج عمود (عن مارسيـــه)

شكل : ٢ باب مدينة شالـــة بالمغرب الأقصى ، تاج عمـود (عن تيـراس)

شكل : ٣ قصر الحمراء ، بهو السباع
تاج عمود (عن مورينـــــو)

(لوحــــة رقم ٢٢)

شكل ١ : مسجد سيدي أبى الحسن ـ زخارف جدارية

شكل ٢ : مسجد سيدي أبى الحسن ـ زخارف أخشاب السقف

(لوحــة رقم ٢٣)

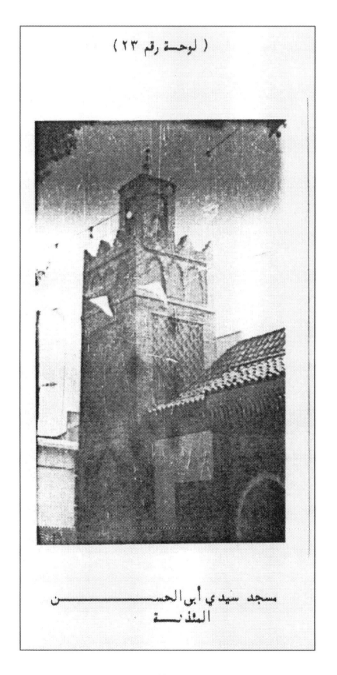

مسجد سيدي أبي الحســـن
المئذنــة

(لوحــــة رقم ٢٤)

مسجد سيدي أبي الحسن ـ زخارف نباتية (عن بورويبــــــــة)

مسجد اولاد الامام ـ زخارف نباتيــــــــة (عن بورويبــــــة)

(لوحـــة رقم ٢٥)

شكل : ١ مسجد سيدي أبي الحسن ، زخارف خطيـــة
(عن مارسيـــه)

شكل : ٢ مسجد سيدي أبي الحسن ، زخارف هندسيـــة
ـ الطبق النجمي ـ (عن مارسيـــه) .

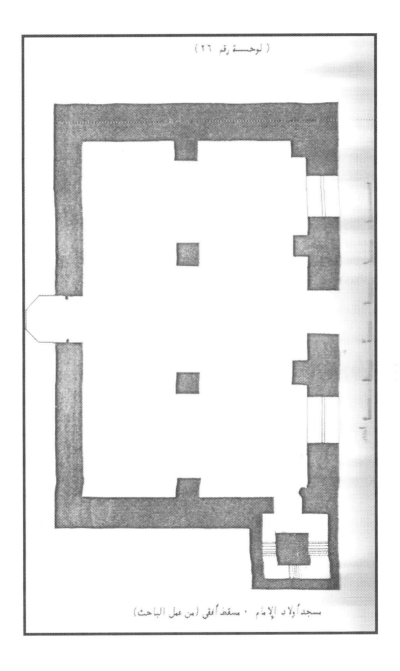

(لوحة رقم ٢٦)

مسجد أولاد الإمام ، مسقط أفقي (من عمل الباحث)

(لوحــــة رقم ٢٧)

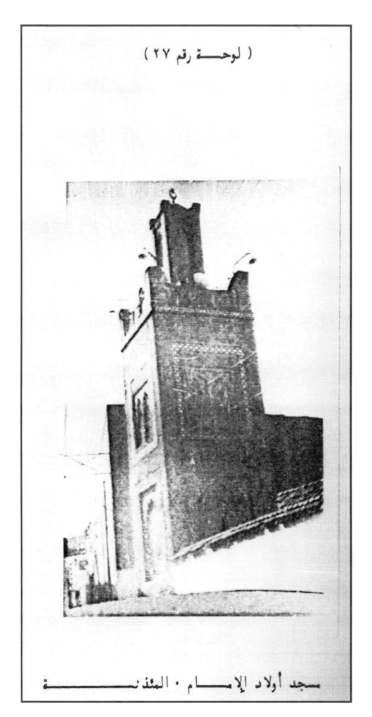

سجد أولاد الإمــام • المئذنــــة

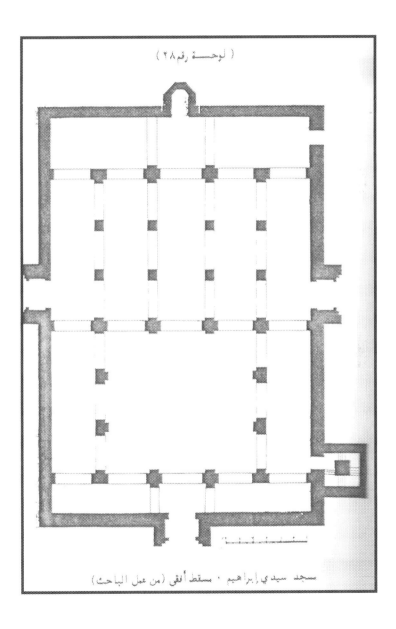

(لوحـــــة رقم ٢٨)

مسجد سيدي إبراهيم • مسقط أفقي (من عمل الباحث)

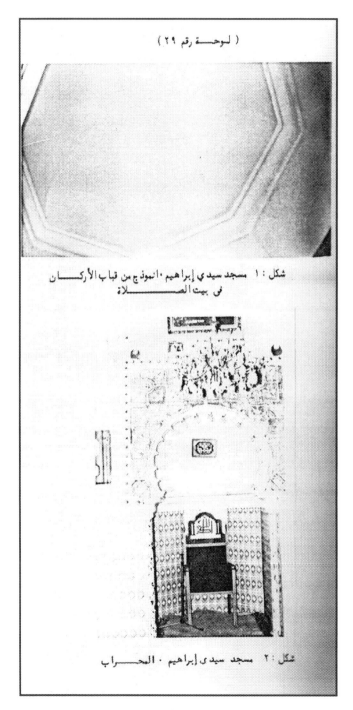

(لوحـــة رقم ٢٩)

شكل : ١ مسجد سيدي إبراهيم ٠ أنموذج من قباب الأركـــان في بيت الصـــــلاة

شكل : ٢ مسجد سيدي إبراهيم ٠ المحـــراب

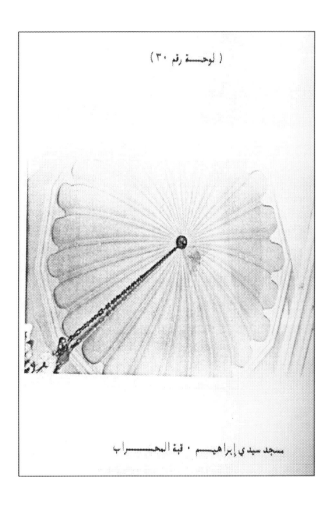

(لوحـــة رقم ٣٠)

مسجد سيدي إبراهيـــم ٠ قبة المحــــراب

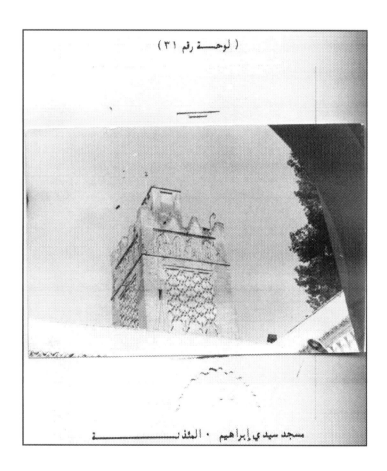

(لوحــــة رقم ٣١)

مسجد سيدي إبراهيم ٠ المئذنــــــــة

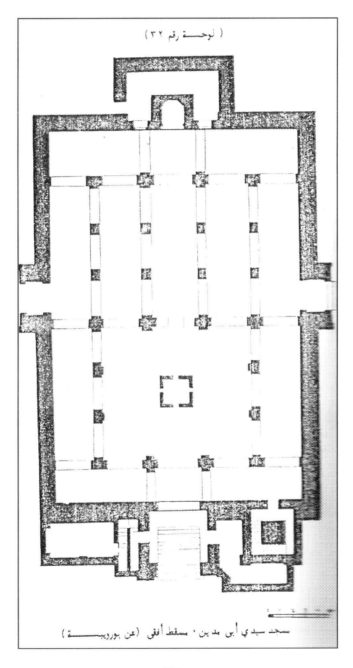

(لوحـــة رقم ٣٢)

مسجد سيدي أبي مدين : مسقط أفقي (عن بوروبيـــة)

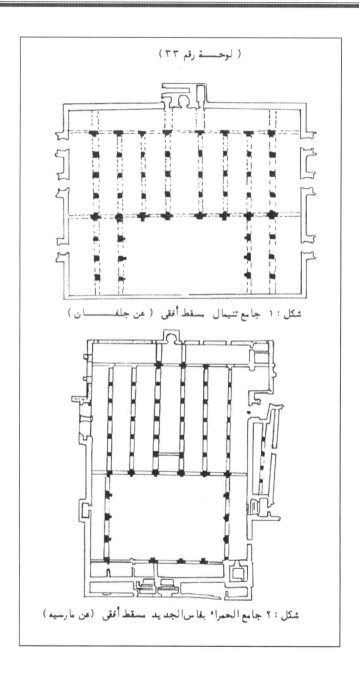

(لوحـــــة رقم ٣٣)

شكل : ١ جامع تنيمال مسقط أفقي (عن جلفـــــــان)

شكل : ٢ جامع الحمراء بفاس الجديد مسقط أفقي (عن مارسيه)

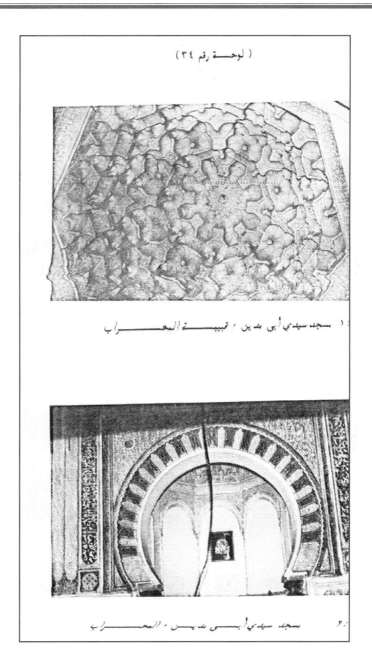

(لوحة رقم ٣٤)

١ - مسجد سيدي أبي مدين ، قبيبة المحراب

٢ - مسجد سيدي أبي مدين ، المحراب

(لوحــــة رقم ٣٥)

كل ١ :   مسجد سيدي أبى مدين ٠ بوائك بيت الصــــــلاة

ل ٢:   مسجد سيدي أبى مدين ٠ سقف بيت الصــــلاة

(لوحة رقم ٣٦)

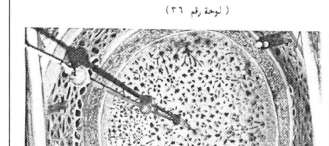

شكل : ١   مسجد سيدي أبي مدين ٠ قبة المحــراب

شكل : ٢   مسجد سيدي أبي مدين ٠ المئذنــــــة

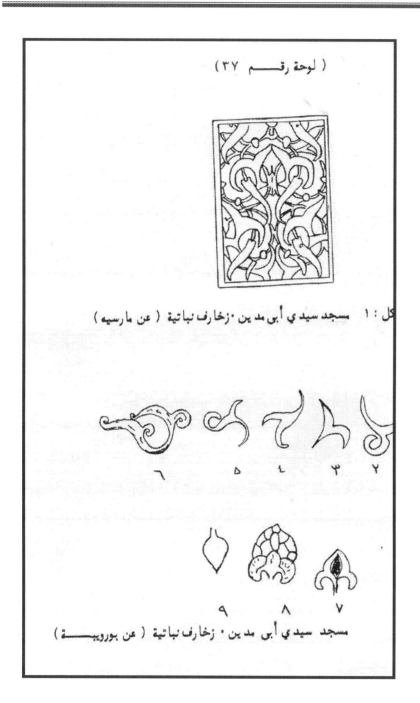

(لوحة رقم ٣٧)

كل : ١ مسجد سيدي أبي مدين ، زخارف نباتية (عن مارسيه)

مسجد سيدي أبي مدين ، زخارف نباتية (عن بورويبة)

(لوحـــة رقم ٣٨)

شكل : ١

شكل : ٢

شكل : ٣

سجد سيدي أبي مدين ، زخارف خطبـــة (عن مارسيـــه)

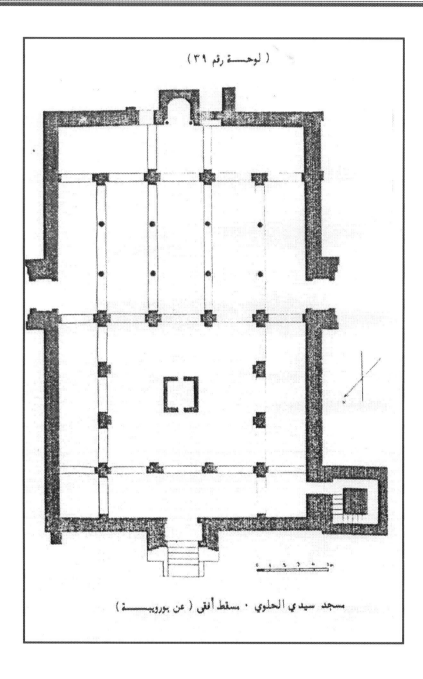

(لوحــــة رقم ٣٩)

مسجد سيدي الحلوي ٠ مسقط أفقي (عن بورويبـــة)

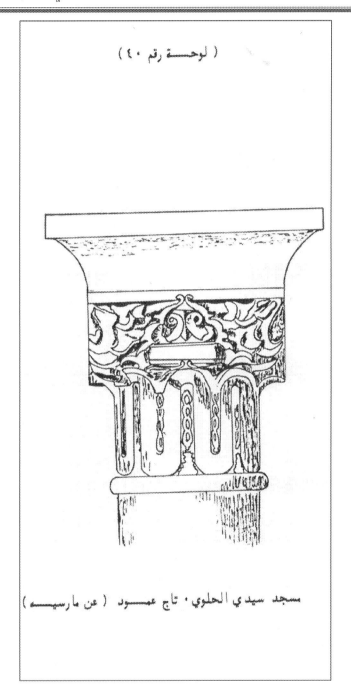

(لوحـــة رقم ٤٠)

مسجد سيدي الحلوي، تاج عمـود (عن مارسيـه)

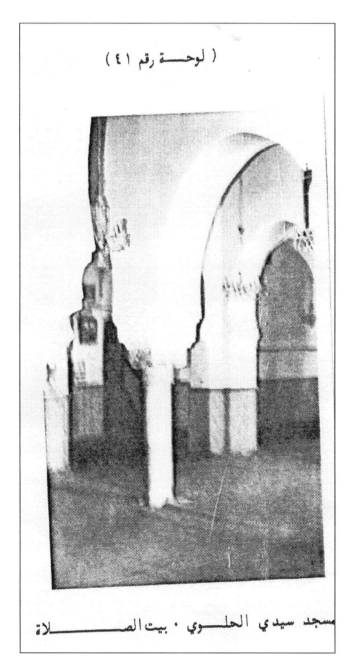

(لوحـــة رقم ٤١)

مسجد سيدي الحلـــوي · بيت الصـــــلاة

(لوحة رقـــم ٤٢)

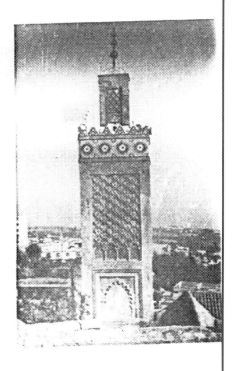

سجد سيدي الحلوي ــ المئذنـــــــــــــة

(لوحـــة رقم ٤٣)

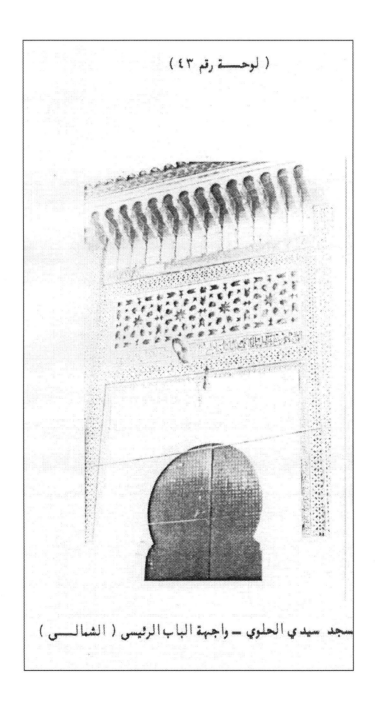

سجد سيدي الحلوي ــ واجهة الباب الرئيس (الشمالـــي)

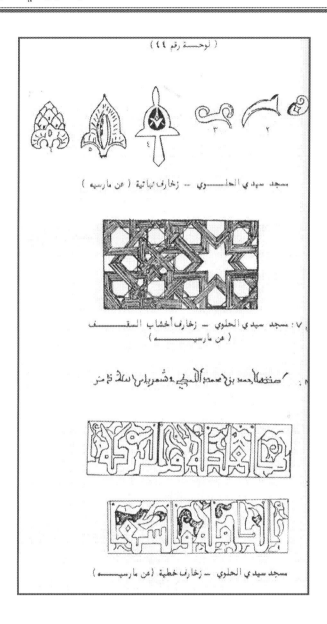

(لوحـــة رقم ٤٩)

مسجد سيدي الحلـــــوي ـــ زخارف نباتية (عن مارسيه)

٧ : مسجد سيدي الحلوي ـــ زخارف أخشاب السقـــــف
(عن مارســـــــــــه)

مسجد سيدي الحلوي ـــ زخارف خطية (عن مارســـــه)

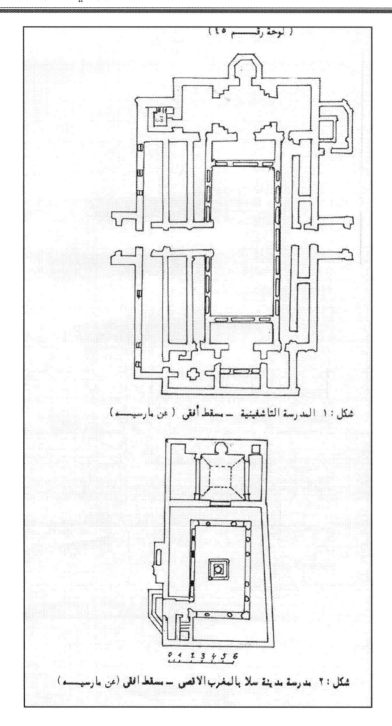

(لوحة رقم ٤٥)

شكل : ١ المدرسة التاشفينية ـ مسقط أفقي (عن مارسيه)

شكل : ٢ مدرسة مدينة سلا بالمغرب الاقصى ـ مسقط افقي (عن مارسيه)

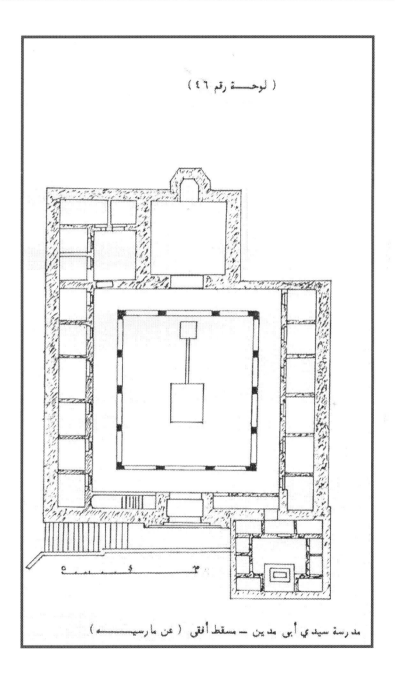

(لوحــــة رقم ٤٦)

مدرسة سيدي أبي مدين ــ مسقط أفقي (عن مارسيـــه)

(لوحة رقـــم ٤٧)

شكل : ١ مدرسة سيدي أبي مدين ، المحـــــراب

شكل : ٢ مدرسة سيدي أبي مدين ـ قبة المصلـــى

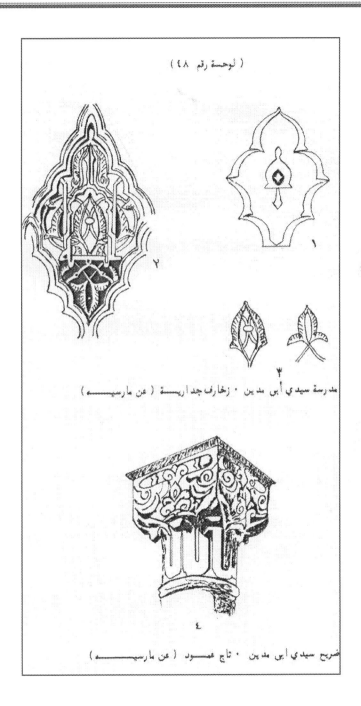

(لوحـة رقم ٤٨)

٣

مدرسة سيدي أبي مدين ٠ زخارف جدارية (عن مارسيـه)

٤

ضريح سيدي أبي مدين ٠ تاج عمـود (عن مارسيـه)

(لوحـــة رقم ٤٩)

شكل : ١ ضريح سيدي أبي اسحاق الطيار ـ العقود

ضريح سيدي ابي اسحاق الطيار ـ المدخـــل

(لوحـــة رقم ٥٠)

شكل : ١ ضريح سيدي أبي مديــــن ــ المدخــــل

شكل : ٢ ضريح سيدي أبي مدين ــ الحنايا الركنية لقاعة الضريح

(لوحـــة رقم ٥١)

شكل ١ : ضريح سيدي أبي مدين ـ البلاطات الخزفية لقاعة الضريح

شكل ٢ : ضريح سيدي أبي مدين ـ حشوات زخرفية جدارية

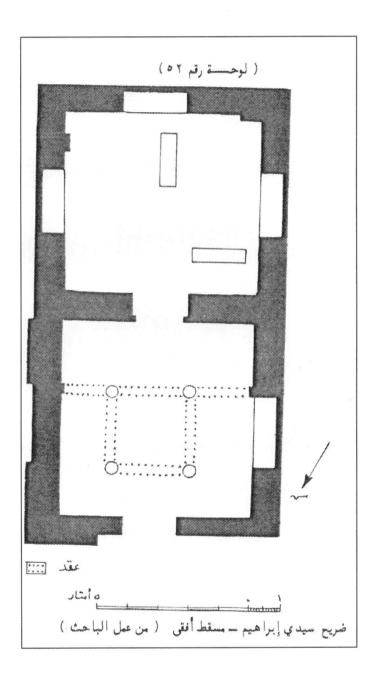

(لوحـــة رقم ٥٢)

عقد

ه أمتار

ضريح سيدي إبراهيم ــ مسقط أفقي   (من عمل الباحث)

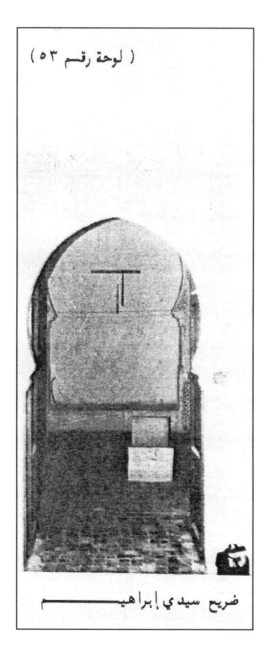

(لوحة رقم ٥٣)

ضريح سيدي إبراهيم

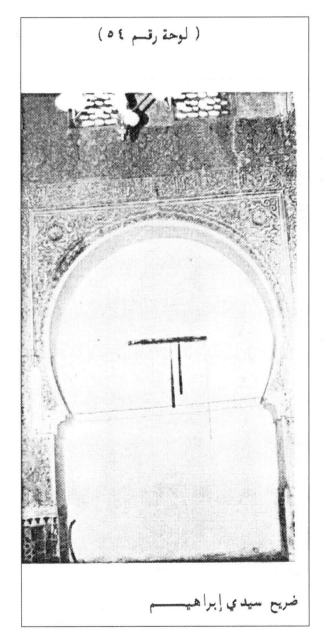

(لوحة رقم ٥٤)

ضريح سيدي إبراهيـــم

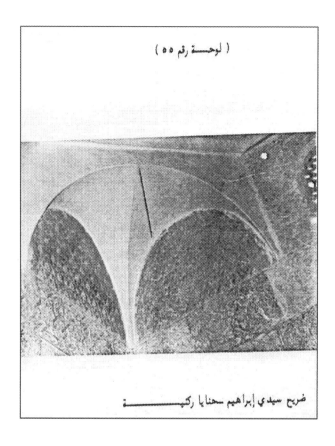

(لوحــــة رقم ٥٥)

ضريح سيدي إبراهيم ـ حنايا ركيــــــة

(لوحة رقم ٥٦)

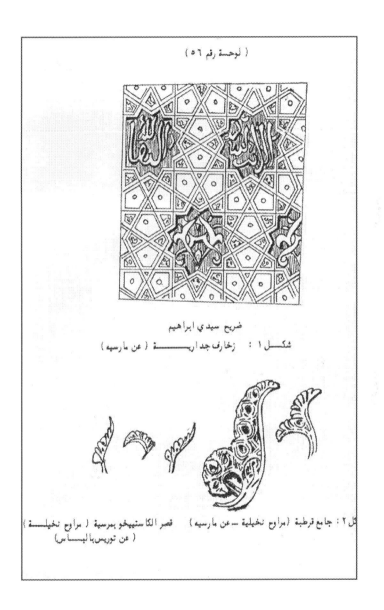

ضريح سيدي ابراهيم

شكل ١ : زخارف جدارية (عن مارسيه)

ل ٢ : جامع قرطبة (مراوح نخيلية – عن مارسيه) قصر الكاستييخو بمرسية (مراوح نخيلة)
(عن توريس بالباس)

لوحـــة رقم ٥٧

مئذنة جامع اشبيلية

(عن د . السيد عبد العزيز سالــم)

قائمة المصادر والمراجـع

أولا- المصادر العربية:

■ **ابن أبي زرع (علي بن محمد الفاسي):**

1 ـ الأنيس المطرب بروض القرطاس وتاريخ مدينة فاس، تعليق محمد الهاشمي، الرباط، 1936.

■ **ابن الأحمر (أبو الوليد إسماعيل):**

2 ـ روض النسرين في دولة بني مرين، تحقيق الأستاذ: عبد الوهاب بن منصور، المطبعة الملكية، الرباط 1962.

■ **ابن الخطيب (لسان الدين محمد):**

3 ـ كتاب أعمال الأعلام فيمن بويع قبل الاحتلام من ملوك الإسلام نشره ليفي بروفنسال، رباط الفتح، 1934.

■ **ابن الزيات (أبو يعقوب يوسف):**

4 ـ التشوف إلى رجال التصوف ، نشره أدولف فور، مطبوعات إفريقيا الشمالية الفنية، الرباط، 1985.

■ **ابن خلدون (عبد الرحمن):**

5 ـ كتاب العبر وديوان المبتدأ والخبر في أيام العرب والعجم والبربر ومن عاصرهم من ذوي السلطان الأكبر، دار الكتاب اللبناني، بيروت 1983.

- ابن خلدون (يحي):

6 ـ بغية الرّواد في ذكر الملوك من بني عبد الواد، تحقيق الدكتور عبد الحميد حاجيات،الجزء الأول، المكتبة الوطنية الجزائر 1980.

- ابن مريم (محمد):

7 ـ البستان في ذكر الأولياء والعلماء بتلمسان، تحقيق محمد بن شنب، الجزائر، 1908.

- ابن عذاري(أبو العباس أحمد) :

8 ـ البيان المغرب في أخبار الأندلس والمغرب، دار الثقافة، بيروت 1980.

- ابن قنفد القسنطيني (أبو العباس أحمد الخطيب):

9 ـ أنيس الفقير وعز الحقير، نشره محمد الفاسي وأدولف فور، المركز الجامعي للبحث العلمي، الرباط (بدون تاريخ).

- الإدريسي (الشريف أبو عبد الله محمد):

10 ـ نزهة المشتاق في ذكر الأمصار والأقطار والبلدان والجزر والمداين والآفاق، نشره دي غويه ودوزي ليدن، 1894.

- البكري (أبو عبيد الله عبد الله بن عبد العزيز):

11 ـ المغرب في ذكر بلاد إفريقية والمغرب، نشره دي سلان، باريس 1965.

■ **البيـــدق (أبو بكر الصنهاجي):**

12 ـ كتاب أخبار المهدي بن تومرت وابتداء دولة الموحدين، نشره ليفي بروفنسال بولس كتنر الكتبي، باريس1928.

■ **التنسي (محمد بن عبد الـلـه بن عبد الجليل) :**

13 ـ تاريخ بني زيان ملوك تلمسان، تحقيق محمود بوعياد، المؤسسة الوطنية للكتاب والمكتبة الوطنية الجزائرية الجزائر 1985.

■ **التنبكتي (أحمد بابا):**

14 ـ نيل الابتهاج بتطوير الديباج، فاس، 1307 هـ .

■ **الحميري (ابن عبد المنعم) :**

15 ـ الروض المعطار في خبر الأقطار ، تحقيق إحسان عباس، بيروت 1975.

■ **المقـري(أحمد بن محمد):**

16 ـ نفح الطيب من غصن الأندلس الرطيب، وذكر وزيرها لسان الدين بن الخطيب، تحقيق محي الدين عبد الحميـد، مطبعة السعادة القاهرة، الطبعة الأولى، 1942.

■ **السـلاوي (أبو العباس أحمد بن خالد الناصري) :**

17 ـ كتاب الاستقصاء لأخبار دول المغرب الأقصى، الدار البيضاء، 1950.

■ مؤلف مجهول:

18 ـ كتاب الحلل الموشية في ذكر الأخبار المراكشية ، تونس 1329 هـ

ثانيا- المراجع باللغة العربية:

■ أمين (د . حسين):

19 ـ تاريخ العراق في العصر السلجوقي ، منشورات المكتبه الأهليه في بغداد ، مطبعه الإرشاد ، 1965.

20 ـ المدرسة المستنصرية ، وزارة الأوقاف ، مطبعة شفيق ، 1960.

■ بن تاويت (محمد) وعفيف (محمد) :

21ـ الأدب المغربي، دار الكتاب اللبناني، بيروت، الطبعة الثانية، 1969.

■ بن قربــة (الأستاذ صالح):

22ـ المآذن الأندلسية المغربية في العصور الوسطى، المؤسسة الوطنية للكتاب، الجزائر، 1986.

■ التازي (الأستاذ عبد الهادي):

23 ـ جامع القرويــين، المسجــد والجامعــة، بمدينة فاس، المجلد الأول، دار الكتاب اللبنــاني، المطبعــة الأولى (بدون تاريخ) .

- **التلمساني (عبد الحميد حميدو):**

24 ـ السعادة الأبدية لأبي مدين شعيب فخر الدين التلمسانية، المطبعة الجديدة ، فاس 1935.

- **الجنـابي (الدكتور كاظم إبراهيم):**

25 ـ المآذن نشأتها وتطورها في آثار العراق إلى نهاية العصر السلجوقي، رسالة دكتوراه ، كلية الآداب، جامعة الإسكندرية، 1964.

- **حميد (عبد العزيز) والعبيدي (صالح) وجمعة (دكتور أحمد قاسم) :**

26 ـ الفنون الزخرفية العربية الإسلامية ، بغداد، 1982.

- **مـرزوق (الدكتور عبد العزيز):**

27ـ الفنون الزخرفية الإسلامية في المغرب والأندلس، بيروت(بدون تاريخ) .

28 ـ الإسلام والفنون الجميلة، دار الكتب المصرية، القاهرة، 1944.

- **مؤنـس (الدكتور حسين):**

29 ـ ابن بطوطة ورحلاته، دار المعارف، القاهرة ، 1980 .

- **صالح (زكي):**

31 ـ الخط العربي، الهيئة المصرية العامة للكتاب، القاهرة، 1983.

▪ عبد الحميد (الدكتور سعد زغلول):

32 ـ العمارة والفنون في دولة الإسلام، منشآة المعارف، الإسكندرية 1986.

▪ علاء (عبد اللـه):

33 ـ الدولة الموحدية بالمغرب في عهد عبد المؤمن بن علي، دار المعارف، القاهرة ، 1971.

▪ فكـري (الدكتور أحمد):

34ـ مساجد الإسلام، المسجد الجامع بالقيروان، دار المعارف، القاهرة 1936.

35ـ مساجد القاهرة ومدارسها (المدخل)، دار المعارف، القاهرة، 1961.

▪ سامح (الدكتور كمال الدين):

36 ـ العمارة في صدر الإسلام ، الهيئة المصرية العامة للكتاب، 1987.

▪ سالم(الدكتور السيد عبد العزيز):

37 ـ تاريخ المغرب الكبير، المغرب الإسلامي، ج2، الإسكندرية 1966.

38ـ تاريخ المغرب في العصر الإسلامي، مؤسسة شباب الجامعة، الإسكندرية (بدون تاريخ).

39ـ في تاريخ وحضارة الإسلام بالأندلس، مؤسسة شباب الجامعة، الإسكندرية 1984.

40 ـ قرطبة حاضرة الخلافة، ج1، 2، مؤسسة شباب الجامعة، الإسكندرية 1984.

41 ـ تاريخ الإسكندرية وحضارتها في العصر الإسلامي، نشر مؤسسة شباب الجامعة، الإسكندرية 1982.

42 ـ بيوت اللـه مساجد ومعاهد ، الجزء الثاني ، مطابع الشعب، 1960.

43 ـ المآذن المصرية عامة عن أصلها وتطورها منذ الفتح الإسلامي حتى الفتح العثماني، مؤسسة شباب الجامعة، الإسكندرية (بدون تاريخ).

■ سالم (الدكتورة سحر السيد عبد العزيز):

44 ـ التاريخ السياسي لمدينة بطليوس الإسكندرية ، رسالة ماجستير، كلية الآداب ، جامعة الإسكندرية 1984.

45 ـ كتالوج معرض الفن الإسلامي في مصر من 1969 إلى 1917، وزارة الثقافة ، القاهرة ، 1969.

المراجع الأجنبية المترجمة :

■ إرنست كونـل:

46 ـ الفن الإسلامي، ترجمة: أحمد موسى، مراجعة: محمود إبراهيم الدسوقي، مطبعة أطلس، القاهرة 1961.

■ خـذا بخـش:

47 ـ الحضارة الإسلامية، ترجمة: علي الخربوطي، دار إحياء الكتب العربية، ص 1960.

■ ديـمـانـد(م س):

48 ـ الفنون الإسلامية، ترجمة: أحمد محمد عيسى، دار المعارف، القاهرة، ط2، 1985.

■ ليفي بروفنسال:

49 ـ الإسلام في المغرب والأندلس، ترجمة: الدكتور السيد عبد العزيز سالم والأستاذ محمد صلاح الدين حلمي، مكتبة نهضة مصر، القاهرة، 1958.

■ ليوبولد وتوريس بالباس:

50 ـ الفن المرابطي و الموحدي، ترجمة الدكتور: سيدي غازي، دار المعارف، مصر 1971.

ثالثا - المراجع الأجنبية:

* BARGES (J J Labbe) :

51 – Telemcen capitale du royaume de ce nom, paris, 1888.

* BASSET (Rêne) :

52 – Nedromah et les Traras, Ernest Leroux, paris, 1901.

* BERQUE (A) :

53 – L'Algérie terre d'art et d'histoire Alger, 1937.

54 – Art Antique et art Musulman en Algérie S.I.N.D. n°8. cahiers du centenaire d'Algérie,

Tome VI.

* BOUROUIBA (Rachid) :

55– l'Art Religieux Musulman en Algérie S.N.E.D, Alger, 1983.

56– Les Inscriptions Commémoratives des Mosquées d'Algérie, Alger, 1984.

57 – l'art musulman en Algerie S.N.E.D, Alger, 1972.

* Colin (Habriel) :

58 – Corpus des inscriptions arabes et turques d'Algérie n°1, paris, 1901.

العمائر الدينية في المغرب الأوسط

- **Colvin (Lucien) :**

59 – Essai sur l'architecteur religieuse musulmane, T1, Klinsksieck France 1970.

90 - Essai sur l'architecteur religieuse musulmane, T4, Klinsksieck France 1979.

61 – La mosquée ses origines, sa morphologie ses diverses fonction, son rôle dans la vie musulmane plus spécialement en Afrique du nord, Alger, 1960.

- **COMBE (E) SAUVAGET (J) et WIET (G) :**

62 – Répertoire chronologique d'épigraphie arabe, le Caire, 1937.

- **Diez (Ernest):**

63– L'art de l'Islam, vol 20^{el} petite bibliothèque, Payot, paris, sans date.

Lambert (Elie):

64 – l'art musulman d'occident des origines a la fin de XV^c siecle,paris 1966.

- **LEOPOLDO Torres Balbas :**

65 – ARS Hispaniae, ARTE Almohade, ARTE Nazari? ARTE Mudejar, T4, editorial plus ultra, Madrid, 1949.

■ LEZINE (Alexandre) :

66 – Sousse les monuments musulman ed cerces production.

67 – Le Ribat de Sousse suivi de notes sur le ribat du Monastir ed la rapide Tunis, 1956.

■ MARÇAIS (Georhes) :

68 – Manuel d'art musulman ed Auguste Picard Paris, 1926.

69 – L'art de l'islam, paris, 1946.

70– l'Architecture musulmane d'occident, arts et métiers graphiques,

Paris, 1954.

■ MARÇAIS (Georhes):

71– Les villes d'art célèbres, paris, 1950.

72–Remarques sur les medersas funéraires en berbérine, imprimerie de l'institut français

d'Archéologie, le Caire, 1973.

73 – La Chaire de la grande mosquée de Nedroma, Alger, 1932.

■ MARÇAIS (Willian et Georhes):

74 – Les Monuments arabes de Tlemcen, Fontemoing, paris, 1903.

■ Martin (henry):

75 – La Grammaire des styles l'art musulman, Paris, 1926.

   ■   **MASLOW (B) :**

76 – Les Mosquées de Fès et du nord de Maroc, Paris, 1937.

   ■   **PIQUET (Victor) :**

77 – Autour des Monuments Musulmans du Maghreb, T1, Paris, 1848.

   ■   **TERRASSE (Henry) et HAINAULT (Jean) :**

78 – Les Arts décoratifs au Maroc, Henry Laurens, Paris 1925.

رابعا- الدوريات باللغة العربية:

- **جمعة (الدكتور أحمد قاسم) :**

79 ـ أهم التأثيرات المعمارية والفنية المتبادلة بين العراق والمغرب العربي في العصر الإسلامي ، العدد 29 ، 1978.

- **عكاشة (الدكتور ثروت) :**

80 ـ التصوير الإسلامي بين الحظر والإباحة، مقال بمجلة عالم الفكر، المجلد السادس، العدد الثاني، 1975.

- **بن عبد الله (عبد العزيز) :**

81 ـ الفردوس المفقود ، الفن الأندلسي ، مقال بجملة الدارة ، العدد الرابع، 1983.

- **سالم (الدكتور السيد عبد العزيز) :**

82 ـ العمارة الإسلامية في الأندلس وتطورها، مقال بمجلة عالم الفكر، المجلد الثامن، 1977.

83 ـ بعض التأثيرات الأندلسية في العمارة المصرية الإسلامية، مقال بمجلة المجلة ، العدد 12، 1957.

84 ـ روائع الآثار الإسلامية بجمهورية الجزائر، مقال بمجلة المجلة، العدد 29، 1959.

85 ـ حول أمثلة الابتكارات المعمارية في المسجد الجامع بقرطبة، مقال بمجلة المنهل،

العدد 454 ، السنة 53 ، المجلد 48 ، 1978.

خامسا- الدوريات الأجنبية:

◼ **BASSET (H) et Terrasse (H):**

86 - Sanctuaires et forteresses almohade, in Hesperi, 1932.

◼ **BEL (Alfred):**

87 – Trouvailles Archéologiques à Tlemcen, in revue africaine, 49ᵉ Année, 1905.

88 - L'Islam mystique, in revue africaine, t 69, 1928

◼ **BROSSELARD (Charles):**

89 – Mémoire épigraphique sur les tombeaux des émirs Beni Zeyan et Boabdil, in journal asiatique, 1986.

◼ **Brosselard (Charles):**

90 – Les Inscriptions arabes de Tlemcen, in revue africaine,

février, 1959.

◼ **BRUNSHWIG (Robert):**

Quelques remarques historiques sur les medersas de Tunisie, in revue tunisienne, 1ᵉʳ Trimestre, 1931.

◼ **CANAL (J):**

92 - Tlemcen depuis la conquête française, in revue Afrique Française, 1888.

- **Dessus Lamare (A) et (G) Marçais:**

  93 – La Mosquée du vieux Tenes, in revue africaine, 1924.

- **DEVOULX (A):**

  94 – Les Edifices religieux de l'ancien Alger, in revue africaine, 1870.

- **Duthoit:**

  95 – rapport sur une mission scientifique en Algérie, archives

  des missions scientifiques, 3eme série, T1, 1873.

- **Felix hernandez:**

  96 – El minbar Movil Del Siglo x de la mezquita de cordoba, in

  Alandalus, vol^{XXIV}, 1959.

- **Lambert (e):**

97 – les mosquées de types andalou en Espagne et en Afrique du

nord, in alandalus, vol xtv, 1949.

- **Lambert (e):**

98 – Les Coupoles de grandes mosquées de Tunisies et d'Espagne,

in Hesperis, 1936.

99 – Les Voutes nervées hispano musulmanes du xi siècle et leur

influences possible sur l'art chrétien, in Hesperis T ^{VIII}, 1928.

* LEVI Provençal:

100 – un nouveau texte d'histoire Merinide, le Musnad d'Ibn

Merzouq, in Hesperis, 1925.

* LOUIS piesse:

101 – Tlemcen domination musulmane, in revue Afrique Française1888.

* MARÇAIS (G) :

102 – la chaire de la grande Mosquée d'Alger, in revue Hesperis 1921.

103 – note sur la chaire à prêcher de la grande mosquée d'Alger, in Hesperis, 1926.

104 – sur la grande mosquée de Tlemcen, in annales des études orientales T .VII 1949 – 1950.

105 – Revue de l'art musulman en Berberie, extrait de la Revue Africaine, Alger 1907.

106 – Les Echanges artistiques entre L'Egypte et les pays musulmans occidentaux, in Hesperis, T^{XIX}, 1934.

* VICTOR Waille:

107 – Autour des Mosquées d'Alger, in Revue Africaine, 1889.

فهــرس اللوحـــات

لوحة 1 :   المسجد الجامع بالجزائر ، مسقط أفقي (عن مارسي) .

ش 1: المسجد الجامع بالجزائر ، عقد حذوة الفرس المدبب.

لوحة 2 :

(عن مارسي) .

ش 2: المسجد الجامع بالجزائر ، العقد المفصص (عن سلسلة الفن والثقافة)

لوحة 3 :   المسجد الجامع بالجزائر ، المئذنة.

لوحة 4 :   من ش1ـ11: منبر المسجد الجامع بالجزائر ، سيقان نباتية (عن بورويبة).

من ش 12 ـ 22: منبر المسجد الجامع بالجزائر، مراوح نخيلية (عن بورويبة).

لوحة 5 :   من ش1 ـ 13: منبر المسجد الجامع بالجزائر 'زخارف نباتية محورة(عن بورويبة).

من ش14ـ17: منبر المسجد الجامع بالجزائر، زخارف هندسية (عن بورويبة).

لوحة 6 :   المسجد الجامع بندرومة ، مسقط أفقي (عن بورويبة) .

لوحة 7 : المسجد الجامع بندرومة ، المئذنة .

لوحة 8 : المسجد الجامع بندرومة ، النقش التأسيسي للمئذنة .(عن بورويبة) .

لوحة 9 : ش 1 : جامع حسن بالرباط ، زخارف المئذنة (عن جلفان) .

ش 2 : جامع القصبة بمراكش ، زخارف المئذنة . (عن مارسي) .

لوحة10: ش1: المسجد الجامع بتلمسان على عهد يوسف بن تاشفين ، مسقط أفقي .

ش 2 : المسجد الجامع بتلمسان حاليا ، مقسط أفقي (عن مارسي) .

لوحة11 : ش 1 : المسجد الجامع بتلمسان ، الحراب .

ش 2 : المسجد الجامع بتلمسان ، قبيبة المحراب .

لوحة12 : ش 1 : المسجد الجامع بتلمسان ، عقود بيت الصلاة .

ش 2 : المسجد الجامع بتلمسان ، أخشاب سقف بيت الصلاة .

لوحة13 : ش 1 : المسجد الجامع بتلمسان ، القبة الزيانية .

ش 2 : المسجد الجامع بتلمسان ، القبة المخرومة .

لوحة14 : المسجد الجامع بتلمسان ، المسجد الجامع بتلمسان ، المئذنة .

لوحة15 : ش 1 ـ 6 : المسجد الجامع بتلمسان ، سيقان نباتية .

ش 7 ـ 14 : المسجد الجامع بتلمسان ، مراوح نخيلية .

ش 15 ـ 20: المسجد الجامع بتلمسان، زخارف نباتية محورة. (عن بورويبة).

لوحة16 : ش 1 ـ 2 : المسجد الجامع بتلمسان ، زخارف خطية . (عن مارسي) .

لوحة17 : مسجد سيدي أبي الحسن ، مسقط أفقي.

لوحة18 : ش 1 : مسجد سيدي أبي الحسن ، قبيبة المحراب.

ش 2 : جامع القرويين بفاس ، القبة (عن مارسي).

لوحة19 : مسجد سيدي أبي الحسن، المحراب.

لوحة20 : ش 1 : المسجد الجامع بقرطبة ، واجهة باب سان استيبان (عن مارسي).

ش 2 : مسجد سيدي أبي الحسن ، حشوة جدارية.(عن مارسي).

لوحة 21 : ش 1 : مسجد سيدي أبي الحسن ، تاج عمود (عن مارسي).

ش2: باب مدينة شالة بالمغرب الأقصى ، تاج عمود (عن تيراس).

ش 3: قصر الحمراء ، بهو السباع، تاج عمود (عن مورينو).

لوحة 22 : ش 1: مسجد سيدي أبي الحسن، زخارف جدارية.

ش 2 : مسجد سيدي أبي الحسن ، زخارف أخشاب السقف.

لوحة 23 :   مسجد سيدي أبي الحسن، المئذنة.

لوحة 24 :   ش 1 ـ 7 : مسجد سيدي أبي الحسن ، مراوح نخيلية (عن بورويبة).

ش8 ـ 12: مسجد سيدي أبي الحسن، مراوح نخيلية (عن بورويبة).

ش3 ـ 15: مسجد أولاد الإمام ، زخارف نباتية (عن بورويبة).

لوحة 25 :   ش 1: مسجد سيدي أبي الحسن ، زخارف خطية (عن مارسي).

ش 2: مسجد سيدي أبي الحسن . زخارف هندسية (عن مارسي).

لوحة 26 :   مسجد أولاد الإمام ، مسقط أفقي.

لوحة 27 :   مسجد أولاد الإمام ، المئذنة.

لوحة 28 :   مسجد سيدي إبراهيم ، مسقط أفقي.

لوحة 29 :   ش1: مسجد سيدي إبراهيم ، أنموذج من قباب الأركان في بيت الصلاة

ش 2: مسجد سيدي إبراهيم ، الحراب.

لوحة 30 :   مسجد سيدي إبراهيم ، قبة المحراب.

لوحة 31 :   مسجد سيدي إبراهيم المئذنة.

لوحة 32 : مسجد سيدي أبي مدين، مسقط أفقي (عن مارسي).

لوحة 33 : ش1: جامع تنيمال ، مسقط أفقي(عل جلفان).

ش2: جامع الحمراء بفاس الجديد ، مسقط أفقي (عن مارسي).

لوحة 34 : ش1: مسجد أبي مدين ، قبيبة المحراب.

ش2: مسجد سيدي أبي مدين ، المحراب.

لوحة 35 : ش1:مسجد سيدي أبي مدين، بوائك بيت الصلاة.

ش2: مسجد سيدي أبي مدين، سقف بيت الصلاة.

لوحة 36 : ش1: مسجد سيدي أبي مدين ، قبة بيت الصلاة.

ش2: مسجد سيدي أبي مدين ، المئذنـــة.

لوحة 37 : ش1: مسجد سيدي أبي مدين ، سيقان نباتية (عن مارسي).

ش2 ـ 7: مسجد سيدي أبي مدين، مراوح نخيلية(عن بورويبة).

ش7 ـ 9: مسجد سيدي أبي مدين ، زخارف نباتية محورة (عن بورويبة).

لوحة 38 : ش1، 3،2: مسجد سيدي أبي مدين ، زخارف خطية (عن مارسي).

لوحة 39 : مسجد سيدي الحلوي، مسقط ألفقي (عن بورويبة).

لوحة 40 : مسجد سيدي الحلوي، تاج عمود (عن مارسي).

لوحة 41 : مسجد سيدي الحلوي، أعمدة ودعامات بيت الصلاة.

لوحة 42 : مسجد سيدي الحلوي، المئذنـة.

لوحة 43 : مسجد سيدي الحلوي، واجهة الباب الرئيسي (الشمالي).

لوحة 44 : ش1 ـ 6 : مسجد سيدي الحلوي ، زخارف نباتية(عن مارسي).

ش 7 : مسجد سيدي الحلوي ، زخارف أخشاب السقف(عن مارسي)

ش8 ـ 9 : مسجد سيدي الحلوي ، زخارف خطية (عن مارسي).

لوحة 45 : ش1 : المدرسة التاشفينية ، مسقط أفقي (عن مارسي) .

ش2 : مدرسة مدينة سلا ، مسقط أفقي (عن مارسي) .

لوحة 46 : مدرسة سيدي أبي مدين ، مسقط أفقي (عن مارسي) .

لوحة 47 : ش1 : مدرسة سيدي أبي مدين ، المحراب .

ش2 :مدرسة سيدي أبي مدين ، قبلة المصلى .

لوحة 48 : ش1 ،2 ،3 : مدرسة سيدي أبي مدين ، زخارف جدارية (عن مارسي) .

ش4 : ضريح سيدي أبي مدين ، تاج عمود (عن مارسي) .

فهرس المحتويات

بسم الله الرحمن الرحيم

و ما توفيقي إلا بالله

صدق الله العظيم

Printed in the United States
By Bookmasters